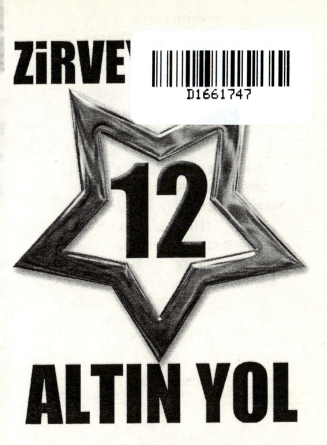

# ZİRVEYE 12 ALTIN YOL

**Çevirenler**
Selim Yeniçeri - Hülya Sürgen

**KİŞİSEL GELİŞİM** 10
**ISBN** 978-605-384-217-0 **SERTİFİKA NO** 16238
**1. BASKI** HAZİRAN 2010

| | |
|---:|:---|
| **YAZAR** | KEVIN HOGAN |
| | DAVE LAKHANI |
| | MOLLIE MARTI |
| **ÇEVİRİ** | SELİM YENİÇERİ-HÜLYA SÜRGEN |
| **YAYIN YÖNETMENİ** | ENDER HALUK DERİNCE |
| **GÖRSEL YÖNETMEN** | FARUK DERİNCE |
| **YAYIN KOORDİNATÖRÜ** | ALEV AKSAKAL |
| **EDİTÖR** | CEYLAN ŞENOL |
| **İÇ TASARIM** | ZİHNİ KARA |
| **BASIN ve HALKLA İLİŞKİLER** | AKİF BAYRAK |
| **MÜŞTERİ TEMSİLCİSİ** | RAMAZAN YORULMAZ |
| **BASKI** | MELİSA MATBAACILIK |
| | Çifte Havuzlar Yolu |
| | Acar Sitesi No: 4 |
| | Davutpaşa/İSTANBUL |

---

**İNTERNET ALIŞVERİŞ**
www.dr.com.tr • www.ideefixe.com • www.kitapyurdu.com • www.hepsiburada.com

Gürsel Mah. Alaybey Sk. No: 7/1 Kağıthane/İSTANBUL
Tel: 0212 222 72 25 Faks: 0212 222 72 35
E-posta: info@yakamoz.com.tr

Copyright © 2008 Kevin Hogan, Dave Lakhani ve Mollie Marti
Jon Wiley&Sons
Tüm hakları saklıdır.
Bu çeviri lisans izniyle yayımlanmıştır.

# ZİRVEYE GİDEN

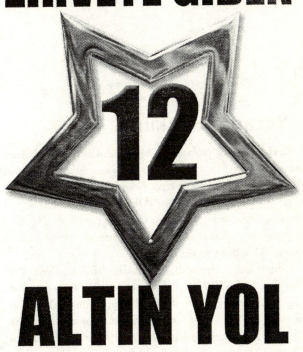

# ALTIN YOL

# Yazarlar Hakkında

**Kevin Hogan**, psikoloji alanında doktora yapmıştır ve aralarında *The Secret Language of Business, Selling: Powerful New Strategies for Sales Success, Covert Persuasion, The Science of Influence, The Psychology of Persuasion, Talk Your Way to the Top, Irresistible Attraction, Covert Hypnosis* ve *The New Hypnotherapy Handbook* adlı eserlerinin de içinde bulunduğu 18 kitabın yazarıdır.

Hogan bir beden dili uzmanıdır. BBC'de, *New York Post*'ta ve *InTouch, First for Women, Success!* ve *Cosmopolian* gibi düzinelerce popüler dergide bilinçaltının etkileri üzerine yazılar yazmaktadır. Önemli Beyaz Saray verilerini analiz etmede başvurulan kaynak hâline gelmiştir. Hogan St. Thomas Management Center Üniversitesi'nde "İkna Etme ve Etkileme" dersleri vermektedir ve sık sık medyaya konuk olmaktadır. Onun tarafından ve hakkında yazılan makaleler *Success!, Redbook, Office Pro, Selling Power, Cosmopolitan, Maxim, Playboy* gibi sayısız yayında yer almaktadır. Polonya'nın önde gelen 350 satış müdürüne ikna etme ve etkileme becerilerini öğrettikten sonra şu aralar bu ülkedeki yarım düzine dergiye (*wProst* da dâhil) konu olmuştur.

Kevin Hogan genellikle ülkenin en önemli beden dili uzmanı olarak kabul edilmiştir. Kevin dinamik, tanınmış uluslararası bir konuşmacı, danışman ve kurumsal bir eğitmendir. Polonya hükümetindeki liderlere, Boeing, Microsoft, Starbucks, Cargill, Pillsbury, Carlson Companies, Fortis Insurance, Great Clips, 3M ve sayısız diğer Fortune 500 şirketine ve Minnesota Eyaleti, Birleşik Devletler Posta Servisi'ne ikna etme, satış ve pazarlama becerileri eğitimi vermiştir. Geçenlerde The Inner Circle'da ve Las Vegas'ta Million Dollar Roundtable kongresinde konuşma yapmıştır.

Kevin'in temel düşünceleri, seminerleri ve atölye çalışmaları şirketlerin; ürünlerini etkili bir şekilde satmalarına, pazarlamalarına ve iletişim kurmalarına yardımcı olmaktadır. Zihne yönelik en ileri araştırması ve müşteri davranışı hakkındaki keskin anlayışı daha önce halka hiç açıklanmayan eşsiz bir bilgi damıtımı ortaya çıkarmaktadır. Yönettiği her özelleştirilmiş program, herhangi bir grubun ya da organizasyonun ihtiyaçlarına belirli bir biçimde uyarlanmaktadır. Kevin mükemmelliğe ulaşmak için seyircilerine yeni ve uygulaması kolay fikirler vermektedir.

**Dave Lakhani**, ülkenin ilk iş hızlandırma stratejileri firması olan Bold Approach'un başkanıdır. İş hızlandırma stratejisi firması, *hızlı bir şekilde* müşterileri ikna etmeye, ilişkiler kurmaya, zihin farkındalığının en üst düzeyine hâkim olmaya ve etkili kişisel ve şirket markaları yaratmaya yardımcı olan bir şirkettir.

Dave geçtiğimiz 10 yıl içinde 500'den fazla işletmede rekor kıran büyüme ve satış artışı sağlayan dinamik stratejiler geliştirmiştir. Dave, fikirleri Birleşik Devletler'de IBM, Amerikan ordusunu, Rogers Media, Micron, GE, Wizard Academy gibi daha birçoğunu içeren bazı büyük kuruluşlarca aranılan bir konuşmacı, yazar ve eğitmendir. Dave'in tavsiyeleri genellikle aralarında *Selling Power, Sales and Marketing Management, Entrepreneur, Business Solutions, Retail Systems Reseller, Integrated Solutions, Home Office Computing, PC Magazine*'in de bulunduğu dergilerde ve *Business Radio Network, The Business Connection, The Today Show* ve daha onlarca medya organında sıklıkla görülmektedir. 50'den fazla kitapta konu olarak kendisine yer verilmiştir.

Dave'in şirketi, Bold Approach, Inc., *Fast Company* dergisinin Fast 50 şirketleri için aday gösterilmiştir ve Dave 2007 American Business Awards'da Amerika'nın En İyi Satış Eğitmeni ikincisi olmuştur.

www.boldapproach.com, www.howtopersuade.com ya da www.powerofanhour.com adreslerinden Dave'e ulaşabilirsiniz.

Dave, *Persuasion - The Art of Getting What You Want, The Power of an Hour - Business and Life Mastery in One Hour a Week, Subliminal Persuasion - Influence and Marketing Secrets They Don't Want You Know*, ve *Making Marketing Work* (sesli kitap) adlı kitapların yazarıdır.

**Dr. Mollie Marti**, rekabet ortamında performans alanında uzmanlaşan bir psikologdur. Iowa Üniversitesi'nde Psikoloji Bölümü'nde misafir Profesör olarak çalışmakta, psikoloji ve insan davranışıyla ilgili akademik dergilerde sıkça yer almaktadır. Marti aynı zamanda *Selling: Powerful New Strategies for Sales Success* adlı kitabın da yazarıdır. Aktif bir araştırmacı ve öğretmen olarak motivasyon ve performans verimliliği bilgisiyle performans konularında ön sıralara yükselmektedir. Büyümeyi hızlandırmak, üretkenliği geliştirmek ve kazancı artırmak için iş gücünü motive ederek ve verimli satış, pazarlama, işletme ve liderlik stratejileri yaratarak kurumsal müşterilere eşsiz bir değer katmaktadır.

Mollie bir psikolog, avukat, danışman, performans koçu, başarılı bir girişimci, çalışan bir anne ve daha fazlası olarak zengin ve çeşitli deneyimlerine ait araçları ve dersleri paylaşmaktadır. Bir eğitmen ve konuşmacı olarak takımları motive eden ve onlara öncü olan zengin bir kişisel geçmişini başkalarının tatmin edici ve başarılı hayatlar yaşamaları için güçlendiren gerçek bir tutkuyla birleştirmektedir. Liderlik, satış, ekip kurma, iş stratejisi, uyuşmazlık çözümü, hayat dengesi ve kendine hâkim olma becerileri konularında kurumlara eğitim verirken derin bir ikna edicilikle ömür boyunca oluşturduğu başarılarından konuşmaktadır. Gerçek dünya aklı ve bilimsel araştırma ikilisini etkileyici ve mizahi hikâyelerle sonuç üretmek için motive olmuş ve hareketlenmiş dinleyicilere sunar.

Mollie, kocası Monte, üç çocukları, yaramaz iki sarı labradorları, büyük bir kedi ailesi ve çeşitli diğer hayvanlarıyla birlikte Iowa, Mount Vernon'da bir elma bahçesinde yaşıyor. Ailesiyle maceralar yaşamaktan, seyahatten, şarap tadımından, kitaplardan ve üstü açılabilen Volkswagen arabasıyla gezintiye çıkmaktan hoşlanan bir sağlık ve fitnes tutkunudur. Daha detaylı bilgi için www.molliemarti.com sitesini ziyaret edebilirsiniz.

**Kevin Hogan:**
Katie, Jessica ve Mark Hogan'a…

**Dave Lakhani:**
Stephanie ve Austria'ya…
İkisi de başarımın anahtarı ve örneği.
Ve çalışmamı okuyan sizlere teşekkür ederim.

**Mollie Martie:**
Monte, Nathaniel, Alaina ve Erin'e…
Eğer bir şey bizim için işe yaramıyorsa benim için de işe yaramıyordur. Bu projeyi işe yarar kıldığınız için teşekkürler.

# Teşekkür

## Kevin Hogan

Wiley'deki editörümüz Matt Holt'a özel teşekkürler.

Bir kitap yazmak, sizi en çok birlikte olmak istediğiniz insanlardan genellikle uzaklaştırır. Bu yüzden Katie, Mark ve Jessica'ya çok teşekkür ediyorum.

Michelle Drum, Jennifer Battaglino, Lisa McLellan, Ken Owens ve Mark Ryan hayatımı daha iyi hâle getirdiler ve sık sık fikirleri ve destekleriyle yanımda oldular. Teşekkürler, çocuklar.

Özel bir teşekkür, sevgili dostlarım Scott ve Carmen Schluter ile Devin ve Rachel Hastings'e gidiyor.

Ve elbette ki ortak yazar arkadaşlarım olmasaydı bu kitap çok daha kısa olurdu, ikisi de harika!

## Dave Lakhani

Konuşmamı dinleyen ve sözlerimden etkilenerek harekete geçen herkese çok teşekkür ederim. Her yıl aldığım binlerce mektup, e-posta ve telefon böyle kitaplar yazmayı çok zevkli kılıyor.

Ayrıca değerli görüşleri ve riske girmek konusundaki istekliliğiyle yazarlığı kendisi için zevk hâline getiren Matt Holt'a da teşekkür etmek istiyorum.

Kevin ve Mollie, sizinle birlikte yazmak sıra dışı bir deneyimdi. İkiniz de beni daha iyi bir yazar olmaya, daha derinlere inmeye ve daha fazlasını paylaşmaya teşvik ettiniz. İkiniz de benim için birer ilhamsınız.

Son olarak, başarı hakkındaki temel inançlarımdan birini kanıtlayan eşime ve kızıma teşekkür etmeden geçemem. Onların desteği olmasaydı, başarı bu kadar tatlı olmazdı.

## Mollie Marti

Teşekkürlerim, yazma ve yaptığım işi yapma ihtiyacımı çok iyi anlayan Monte, Nate, Alaina ve Erin'le başlıyor. Kendi tutkularınızı izlerken benim de sizin arkanızı kolladığımı biliyorsunuz. Sizin hayalleriniz, benim hayallerimdir.

12 inanılmaz kardeşime de teşekkürler. Sizlerle birlikte zaman geçirmek, her seferinde yuvaya dönmek gibi geliyor. Ve beni kendi kızları gibi seven Harold ve Shirley Marti'ye de teşekkürler.

Hayatlarından en yüksek verimi almaya çalışan yıldızlarla birlikte çalışma, onları izleme ve onlardan ilham alma fırsatı verdikleri için sıra dışı müşterilerime de teşekkür ediyorum. Başladığım her projede muazzam moral desteği ve bilgece geribildirimler sunan Leah Badertscher, Patty Kuehn ve Sheila Deininger'e özellikle teşekkür ederim.

Harika editörümüz Matt Holt ve muhteşem yönetim desteği için Linda Charbonneau'ya da teşekkürler.

Ve hayatlarıma girdiklerinden beri derslerini ve desteklerini benden asla esirgemeyen Kevin Hogan ve Dave Lakhani'ye en derin şükranlarımı sunuyorum. Teşekkürler, çocuklar!

# İçindekiler

**Önsöz** .................................. 15
**Giriş** .................................... 17

1 İçsel Disiplin .......................... 21
2 Oyun Planı ............................ 37
3 Yönelimli Eylem ...................... 51
4 Karar Verme .......................... 75
5 Tutku ................................... 95
6 Güven ................................. 107
7 Eleştiriyle Başa Çıkma ............... 121
8 Öz Denetim .......................... 139
9 Esneklik ............................... 157
10 Zenginlik Oluşturma ............... 177
11 Destek Yapıları ...................... 205
12 Başarı Zihni ......................... 229

**Kaynakça** ............................. 263

# Önsöz

*Simpleology*'nin kurucusu Mark Joyner tarafından yazılmıştır.

İş başarısı için gerçekten başka bir kitaba ihtiyacımız var mı?

Peki, eğer bu konuda tüm yazılan ve okunanlara bakarsanız ve bunu ortalama bir insanın yaşamındaki şanslılığıyla kıyaslarsanız görünürde cevap "evet" olur.

Bu önsözü ilk yazmaya başladığımda zihnimde klişe sözler tasarlıyordum: "Başarının mesajı farklı şekillerde tekrar tekrar söylenmiştir, fakat bu hiç değişmedi. Yapmanız gereken, siz o mesajı alana kadar farklı şekillerde duymaya devam etmenizdir."

Anlamsız.

İşin gerçeği, başarı hakkında son yüzyılda yazılan eserlerin çoğu düpedüz saçmalıktır.

Bunların çoğu, yaşamlarında hiçbir şey başaramayan kişiler tarafından yazılmıştır. Onların görüşüne göre "iş başarısı araçlarını yaratan ve satan insanlar, çok para kazanır; bu yüzden ben de yapmalıyım" şeklindedir ve bu fikirden yola çıkarlar.

Bundan dolayı, başarı üzerine *sözde* otoriter kitaplar

okuduğunuzda bunu aklınızda tutun. Otoriteyi ortaya çıkarmaktansa düşünmesi daha kolaydır.

Kişisel gelişim sanayinin basit -ve bazen baştan sona yalan- mesajlarını tekrarlamak ve kendilerince adlandırmak yerine, bu kitabın üç ortak yazarı çok daha faydalı bir şey yapmayı tercih etti ve bu görüşlerin her birine şu soruyu getirdi: "Bu gerçekten doğru mu?"

Varsayımları, özellikle de popüler olanları sorgulamak kolay değildir.

Ancak, tarihin kalıcı başarıları nadiren kolay şeyleri yapmaya kalkışanlar tarafından gerçekleştirilmiştir.

Aslında, biraz durun.

Bu son ifadeyi doğru buldunuz mu?

Şüphesiz kulağa hoş geliyor, fakat bu gerçekten doğru mu?

Bilmiyorum. Bu, sadece yazının akıcılığında ortaya çıktı ve onu yazdıktan sonra bir an duraksayarak kendi kendimi sorguladım. Silmek üzereydim, ancak bunun yerine size bir örnek oluşturması için bırakmam gerektiğini düşündüm.

Saçmalık, bazen çok güzel bir pakete sarılmış olarak gelebilir.

Gerçek şu ki birçok büyük, olağanüstü başarı; kolay şeyleri yapmaya kalkışan kişiler tarafından da elde edilebilir. (Bu saçma bir söylem ve bunun doğruluğunu o ya da bu şekilde nasıl değerlendirebildiğimi hayal edemiyorum.)

Elinizdeki kitap, bu zarif paketi açmayı ve kutunun içinde gerçekte ne olduğunu sormayı hedefliyor. Bulacaklarınız sizi gerçekten hayrete düşürebilir.

# Giriş

Herkes başarmak ister.
Hepimiz herhangi bir şeyde iyi olmak isteriz.
Bazılarımız birçok şeyde iyi olmak ister.
Hepimiz mutlu ve başarılı olmak isteriz.

Bu kitapta "başarı" sözcüğünü çok kullandık. Bu kelime ne anlama gelir? Biz başarıyı, basit hâliyle, yaşamınızda her ne yapmaya koyulduysanız onu başarmanız olarak tanımlarız. Bu zihinsel ifade, tüm yetenek ve kapasitenizle amaçlarınıza ulaşmanızı ve hayatınızı yaşamanızı sağlar. Başarının tanımı tamamen kişiseldir ve sizin tarafınızdan belirlenir.

Siz başarıyı nasıl tanımlarsınız? Eğer henüz bu soruya verilecek belli bir yanıtınız yoksa bu kitabı okuduğunuzda olacak.

Nereye gitmek istediğiniz hakkında netlik kazandığınızda, birçok insanın tutunduğu birkaç hatalı ve ısrarcı düşüncenizi değiştirdiğinizde ve doğru yönde birkaç adım attığınızda hayret verici şeyler olabilir.

Bu kitap başarı ve kazanç hakkında size anlatılan ve öğretilen birçok şeyden farklı, hem de çok farklı olacaktır.

Zirveye giden 12 altın yolu açığa çıkarırken aynı zamanda başarı hakkındaki efsaneleri ve mitleri ortadan kaldıracağız. En iyiyi zirveye gerçekte neyin taşıdığını size göstereceğiz. Ayrıca, gerçekten işe yarayan somut başarı eylemlerini size vereceğiz. Güçlü yönlerinizi nasıl keşfedeceğinizi, geliştireceğinizi ve onlara nasıl kaldıraç gücü uygulayacağınızı öğrenerek başarınızı tamamen yeni bir seviyeye taşıyacaksınız.

Her birimiz dünya çapında topluluklara sunum yapmanın yanı sıra, yüksek seviyede koçluk ve danışmanlık yapıyoruz. Bu demektir ki başarılının daha başarılı oluşunu ve sıradanlığın ötesinde hareket etmeye karar vermiş insanları izlemeyi öğrendik.

Müşterilerimiz bizzat ve e-posta yoluyla soru sordukça onları dinledik. Gerçek hayatta nelerin işe yaradığıyla ilgili en güncel bilgileri dikkatlice ve en ince ayrıntısına kadar ustalıkla inceleyerek cevapladığımız bu soruların bir kısmını kitaba dâhil ettik. Gerçek hayat, her gün başaracağınız ya da başarısızlığa uğrayacağınız yerdir. Sorularınızın çoğunun bu kitapta yanıtlanacağına inanmaktayız. Birçok kez duvara, koltuğa ve kahvenize sorduğunuz sorular.

Daha fazlası var.

Her birimiz çok dikkatli birer öğrenciyiz. Görüşlerimiz, bu gezegendeki en başarılı insanların görüşleriyle benzer. Eskisinden daha iyi olan yeni bir bilgiyle karşılaşırsak gerektiğinde onu eskisiyle değiştirmekten memnun oluruz. Bu noktada herhangi bir bilgiye sıkı sıkıya bağlı değiliz. Bunlar sadece başarının çalışılan, araştırılan, düzeltilen ve kanıtlanan nitelikleri ve unsurlarıdır.

İnsanların, hangi yönü seçerlerse seçsinler, başarılı olabilmelerinden önce yaşamlarında kazanacakları ve geliştirecekleri birtakım özellikler ve yetenekler vardır. Disiplinli olmayı, doğru eylemde bulunmayı, kararlar almayı, hırs duymayı ve kendinden emin olmayı içeren bu vasıflar, başarının yapı taşlarıdır. Bu temel yetenekler yanında öğrenme, eleştirme, iradeyi harekete geçirme, esnekliği güçlendirme, varlığı inşa etme ve destekleyici yapıları yerleştirme gibi işte ve hayatta başarı kazanmak için gerekli olan daha gelişmiş yetenekleri yakından inceleriz. "Başarı Zihni" bölümünde kapsamlı bir sonuca varıp çok başarılı kimselerin dünyayı nasıl düşündüğüne ve gördüğüne içeriden göz atmaktayız.

Bu başarı becerileri olmadan da bir hayat kurabilirsiniz. Ama güçlü temel atmadan bir ev inşa etmek gibi, ilk kuvvetli rüzgârda ya da sağanakta, bu hayat tehlikeye atılmış olacaktır. Yaşamda biraz daha fazlasıyla karşılaşacağınızı bilmek için birinin bunları size anlatmasına ihtiyacınız yoktur.

## Başarının Başlangıcı: Davranışa Karşı Niyet

Noel hediyesi hazır değildi. Oğlan için olan hediyenin içinde pil yoktu. Bu özel günde yemek, her yönüyle istediğiniz kadar iyi değildi. Fakat hiç kimse bunları çok da fazla umursamaz, çünkü niyetiniz iyidir.

İyilik ve ilgi konularında işler ters gitse bile niyet önde gelir. Fakat niyet sadece budur. Planın bir parçasıdır. Bazı insanların planları bir umuttur. Ben "işlerin iyi bir şekilde sonuçlanacağını umuyorum." Başarı, bundan daha fazlasını gerektirir.

Başarı niyetle başlar. Niyet birinci günde oluşur, o bugündür ve bugün *o* çok önemlidir. Ama zaman geçtikçe niyet nadiren önemli olur.

İnsanların gerçek davranışlarına karşılık fikirleri gözlemlendiğinde büyük farklılıklar görüldüğünü biliriz. İnsanların ne söylediklerini değil, ne yaptıklarını izlemeyi öğrenmişizdir. Başarı amaçla birlikte yürür, ancak eylem gerektirir. Gerçek eylem!

Başarı ve kazanmak, sizin kendi zihninizde başlayıp biten büyük parçalı süreçlerdir. Eylemleriniz ve dış etkenler başarınız üzerinde açıkça büyük bir etkiye sahip olmasına rağmen başarmak aslında ne yaptığınızdan çok, onu nasıl yaptığınızla ilgilidir.

Her gün yaptıklarınızı nasıl yapıyorsunuz? Eylemlerinizi değiştirirseniz sonuçlarınızı değiştirirsiniz. Fikirlerinizi değiştirirseniz sonuçlarınızı değiştirirsiniz. Fikirleri ve eylemleri değiştirmek ve birçok şeyi başarmak, çoğu insanın ulaşabileceği sınırlar içindedir. Bunun olduğunu defalarca gördük. Şimdi sıra sizde!

Bu kitap, sizi zirve performanslı biri olmayı istemekten alıp başarınıza uzanan yolu inşa etmeye götürecek. Bu oldukça sıkı bir yolculuktur ve başlamak için şimdiden daha uygun bir zaman yoktur. Haydi başlayalım!

# 1
# İçsel Disiplin

İçsel disiplin, bir şeyin daha iyi olması adına anlık zevkleri reddetmektir. Gelecekte çok daha önemli ve faydalı olacak iyi bir fırsat ya da ödül için geçici hazlardan ve tatminlerden vazgeçmektir. İçsel disiplin, bir eylemi yetenek veya yetkinliğiniz artana kadar defalarca yapma zorluğuna katlanma gücüdür.

İçsel disiplin, bir zamanlar bir Amerikalının öz niteliğiydi. Bu, 300 yıl kadar devam etti. Fakat şimdi içsel disiplin, nadir bulunan bir eşyanın parçasına dönüşmekte. Bu vasfı kaybetmek, bir insanın ya da bir ulusun kaderini değiştirecektir.

Gerçek şu ki çoğu insan içsel disipline hâkim olamaz. Büyük bir değişiklik yaratmak ya da biri disipline girmediğinde ölümle sonuçlanan otoriter bir davranış biçimi izlemek ihtiyacıyla karşı karşıya kalındığında bile bu geçerlidir. Bu olgu aynı sonuçlarla tekrar tekrar incelenmiştir. Yaşam tarzlarında önemli değişiklikler yapmadıkları takdirde ölümle yüzleşecek insanlar bile gerekli değişiklikleri yapmakta sık sık başarısızlığa uğrarlar. Örneğin, tıp okulunun dekanı ve "John Hopkins Üniversitesi"nde Hastane Genel Müdürü olan Dr. Edward Miller'in gözlemine göre, "koroner damar baypas ameliyatı geçiren insanlara iki yıl sonra baktığınızda % 90'ının yaşam tarzlarını değiştirmediklerini görürsünüz." (Deutschman 2007). Yaşam ve sağlık kalitenizin içsel disipline dayandığını söylemek abartı olmaz.

Hayallerinize ve hedeflerinize ulaşmanız da başarının bu kritik bileşenine hâkim olma kabiliyetinize bağlıdır. Uzun vadeli ve yinelenebilir başarı yaratma becerisi oluşturmak istiyorsanız bu disiplini geliştirmelisiniz. Bu demektir ki yeteneğinizi ya da yetkinliğinizi artırmak ve sonuçlara ulaşmak için yapmanız gereken her neyse defalarca tekrarlanmayı gerektirir. Kendinizi, -ya da başkalarını- davranışlar belirginleşip kendi kendini yenileyebilir hâle gelene kadar plan ve çaba ile disipline sokmalısınız.

Bu hafta markete gidip yiyecek aldınız mı?

Büyük bir ihtimalle evinizden biri her hafta alışverişe gider. Diyelim ki bu kişi sizsiniz. Eğer siz yapıyorsanız karnınız doyar. Eğer yapmıyorsanız o zaman bir bedel ödersiniz. Televizyon seyretmek veya uyumak ya da çizgi roman okumak yerine e gidersiniz. Neden? Sadece yaparsınız.

Aslında şöyle olmalı. Eğer yemek istiyorsanız gitmekten başka alternatifiniz yoktur. Bu, alışkanlığa dönüşüp hakkında daha fazla düşünmeyeceğiniz bir şey hâline gelene kadar siz isteyerek ayağa kalkacak, arabaya binecek ve e gidecek davranışı ortaya koyarsınız. Bu, artık sıradan işlerinizin olağan bir parçasıdır.

İçsel disiplin başarıya götürür. Her ne olursa olsun, hedeflediğiniz davranış alışkanlığa dönüşene kadar onu her gün tekrarlamalısınız. İkinci doğanız hâline gelene kadar. İstemsiz bir şekilde. Bu, davranışlarınızı sizi başarıya götürecek şekilde programlamakla ilgilidir.

İçsel disipline sahip olan birinin tutumu nasıldır? "Ben

davranışlarımdan sorumluyum." İçsel disiplin, başarmanın davranışıdır. "Onu her gün yaparım. Davranışımı kontrol ederim. Yaşamımda ne istediğime ben karar veririm. Hayatımı ben yönetirim." Niyetiniz değil, davranışınız olursunuz ve bunu yaparak yalnızca daha iyi bir insan değil, aynı zamanda çok başarılı bir kimse olursunuz.

Bahsedeceğimiz içsel disiplin başarının en kritik yönlerinden biridir. Üzerine ekleyeceğimiz bir yapı taşıdır. İçsel disiplin elbette ki ne başlangıç ne de sondur. İçsel disiplininiz olsa bile başarısız olabilirsiniz. Disipline olmak için daha sert olabilirsiniz, çünkü duygudan ya da yaptığınız şeyi neden yaptığınıza dair daha derin bir anlayıştan yoksun olabilirsiniz. İçsel disipline sahip olabilirsiniz, ama kayda değer hiçbir şey yapmazsınız. Bunların hepsi olası sonuçlardır. Ama içsel disiplin olmadan hedefe ulaşamazsınız. Başarılı olamazsınız.

İçsel disiplin olmadan bir oyunu kazanabilirsiniz. Ancak Süper Kupa, Dünya Serisi ya da Dünya Kupası turnuvalarından birini içsel disiplin olmadan kazanamazsınız.

İçsel disiplin en iyi şu kelime ile özetlenebilir: "Tamamlanma." Yaptığınız şeyi sadece *tamamlanana* kadar yaparsınız.

Direnme ve yeniden doğuş, içsel disiplinin önemli bileşenleridir.

Direnme, içsel disiplinin itici faktörüdür. Direnmek, durmayı reddetmek demektir. Bir sonuca doğru, sabit ve kararlı hareket etme konumunu sağlamak demektir. Giriştiğiniz bir şeyi bırakmazsanız başarısızlığa uğrayamazsınız. Planladığınız bir şey ilk seferinde yolunda gitmezse o zaman istediğiniz sonuca ulaşmak için değişik yöntemler kullanarak tekrar tekrar denemelisiniz.

Direnme duygular üzerinde (yorgunum), 'yerleştirme düşünce'yi (ne yapılması gerektiğiyle ilgili objektif değerlendirme) gerektirir. Duygularınız yerine düşüncelerinizle hareket etmeyi öğrenmelisiniz. Duygularınıza hâkim olun ve düşüncelerinizi ortaya koyun. Duygularınızın düşünceleriniz üzerindeki etkisiyle ilgili güçlü bir bilinç geliştirirseniz ve bedeniniz hareketsiz kalmak isterken hareket edebilirseniz daha yüksek bir seviyeye ulaşırsınız.

Yeniden doğuş, bir amaç güttüğünüzü düşünmek zorunda olmadan bir güne veya günün her bölümüne başlamaktır. Kısaca, nerede bıraktıysanız oradan tekrar başlarsınız. Dün yeni kitabınızda 248'den 254'e kadar olan sayfaları yazdınız. Bugün 255'ten 261'e kadar yazarsınız. Yapmanız gerekenler listenizde ne olduğu ya da günün devamında neler olacağının önemi yoktur. Yapmaya karar verirsiniz ve gerçekleşene kadar yapmaya devam edersiniz.

"Acaba bugün bunu yapsa mıydım?" şeklinde asla düşünmezsiniz. Bu cümle sizi ebedî bir başarısızlığa sürükler. Ne zaman vakit buldunuz? Ona öncelik tanıdınız. Yapılmasını sağladınız. Her şey bundan sonra gelir.

*Yaptınız*, çünkü yapmaya karar verdiniz. Kendinize güvenirsiniz ve yapmaya karar verdiğiniz şeyi yaparak güvenmeye değer biri olduğunuza dair kendinizi eğitirsiniz.

Bunu anlamak çok önemlidir: Kendi kararlarınızı uygulamak için kendinize inanamazsanız, bir işin sonunu getirmek için kendinize güvenemezseniz başarısız olursunuz. Gezegendeki tüm olumlu düşüncelere sahip olabilirsiniz, ama hiç hareket edemezsiniz. Kararlar alıp onları gerçekleştirmezseniz başarısızlığa uğrarsınız. Karar almayan ve kararlarını yerine getirmek için kendilerini disipline etmeyen kişiler daha üst bir seviyeye ulaşamazlar.

Kararı takip eden eylem, öz güveni yaratır. Eğer öz güvene sahip olursanız diğerleri de size güvenmeye başlar ve sizin etrafınızda olmak isterler. Daha fazla başarı için ivme kazanmaya başlarsınız.

Karar verin ve gerçekleşene kadar uygulayın.

**Soru: Ben iyi bir fikir ve başlangıç adamıyım. Büyük ve gelecek vaat eden fikirlerim var ve onları gerçekleştirme yönünde harekete geçmeye başlarım. Ama bu noktada genellikle bir sonraki büyük fikrim için çok heyecanlanırım ve üzerinde çalıştığım diğer fikrimi gerçekleştirmeden bırakırım. Bir işi bitirmenin sırrı nedir?**

İnsanların bir şey gerçekleşene kadar üzerinde sebatla çalışmaya devam etmemesinin bir yaygın nedeni, gerçekten işi bitirebileceklerine inanmamalarıdır. İnsanlar daha fazlasını başarabileceklerine inanmazlarsa direnmezler ve en yüksek gayreti göstermezler. Bu sizi tarif ediyor mu?

Bir görev çok fazla çaba gerektirirse ona değmeyeceğini mi düşünüyorsunuz?

Çalışmanız gerekenden biraz daha sıkı çalışmaktan sürekli olarak kaçınıyor musunuz?

Büyük çapta başarıların sadece gerçekten kabiliyetli ve şanslı insanlar için olduğunu, bu yüzden elinizden geleni yapmanın bir anlamı olmadığına mı inanıyorsunuz?

Siz -çoğu insanın yanında- şu ana kadar başardıklarınızın birkaç kat daha fazlasını yapabilirsiniz gibi görünüyor. Buna inanmakta zorlanıyor musunuz ya da midenizde bu durumun doğruluğunu kanıtlayan bir sancı mı hissediyorsunuz? Eğer gerçekten daha fazlasını başarabileceğinize inanmıyorsanız o zaman zaten azami seviyede çaba harcıyorsunuz demektir. Bununla birlikte, eğer sadece daha fazlasını yapabileceğinizi düşünmek için istekli olursanız yaşamınızı değiştirmek için doğru yolda olursunuz.

Araştırmalar göstermektedir ki insanlar eğer daha iyisini gerçekleştirebileceklerine ve performanslarını yönettiklerine inanırlarsa daha iyi çalışmaktadırlar. İlk adım sadece daha fazlasını yapabileceğinizi düşünmek için istekli olmaktır.

Bu zamana kadar olan başarılarınız hakkında bir dakika düşünün ve daha iyi yapabileceğiniz şeyler hakkında kendinize karşı dürüst olun. İşleri bitirmede başarısız oldunuz. Başka? Belki de işinizde artan sorumluluktan çekindiniz ve bir terfi kaçırdınız ya da çok zor görünen bir hayalinizi gerçeğe dönüştürmeyi bıraktınız.

Davranışınızı değiştirmek için ilk olarak mevcut koşullarınızın genellikle şimdiye dek yürüttüğünüz eylemlerinize, daha önemlisi ortaya koyduğunuz çabanın kalitesine ve yoğunluğuna bağlı olduğunu kabul etmeniz gerekir. Bir merkezinde "Şu anda buradasınız" şeklinde bilgi veren haritalardan birinin önünde durduğunuzu hayal edin. Nerede olduğunuzu bilirseniz herhangi bir yere gitmek için kolayca plan yapabilirsiniz.

Bugüne kadar olan başarısızlıklarınız için kendinizi çok sertçe yargılamamanız önemlidir. Bazı insanlar için suçluluk duyguları daha katı davranmalarına, tedbirli ve odaklanmış şekilde hareket etmelerine neden olur. Fakat çoğu insan için bu olumsuz duygular hiçbir şeyin üstesinden gelmez.

Asıl konu nerede olduğunuza dair belli bir anlayış kazanmak ve nereye gitmek istediğinizi çözmektir. Elinizdeki kaynaklarla yapabileceğinizin en iyisini yaptığınızı kabul edin, ama şu anda daha iyisini yapmak ve daha fazlası olmak için hazırsınız.

## İçsel Disiplin

Bu, rahatsız edici bir alıştırma olabilir, çünkü bir bakıma gelişiminizi kendi kendinize engellediğinizi kabul etmeniz demektir. Bununla birlikte nerede olduğunuzu kesin olarak bilmeniz sizi daha iyi bir yere taşıyabilir.

**İşe Yarayan Başarı Eylemleri:** Bu bölüm sizin için başlangıç yeridir. İçsel disiplin. Başarıya giden yola doğru hareket etmelisiniz. Bazı baskın, kötü alışkanlıkları çiğnemelisiniz.

Bitirmeyi değil, başlamayı alışkanlık edindiniz. Son projenize nasıl emek harcadığınızın önemi yok, eski kökleşmiş alışkanlıklarınız tamamıyla gerçek. İnsanların yaptığı en büyük hatalar, değişiklik yapmaya başladıklarında gerekli olacak enerji miktarını genellikle küçümsemelerinden kaynaklanır.

Aşina olduğunuz bir iş yapmak çok az enerji alır ve onun herhangi başka bir şeye göre önceliği yoktur. İşleri belirli bir şekilde yapmaya alışkınız ve bu konforlu eski alışkanlıkları değiştirmeye çalışırsak gergin ve rahatsız hissederiz.

Bitirmeye dayalı yeni bir alışkanlıkla rahat olmak istiyorsanız bu davranış huy hâline gelene kadar üzerinde yeterli süre çalışmaya devam etmeniz gerekir. Bunu söylemek, yapmaktan çok daha kolaydır. Olmak istediğiniz yer tam olarak orası olmasa da bulunduğunuz yerde nasıl rahat hâle geldiğinizi anımsayın.

Bir danışman ya da yaşam koçu arayarak gerçek ve kalıcı değişim için şansınızı artırırsınız. Çoğu başarılı insanın yol boyunca onlara yardım edecek koçları ve danışmanları vardır, çünkü başarı denklemindeki bazı şeylerde çok fazla hareketsizlik bulunmaktadır. Bu destekleyici insanlar, her hafta dışarıdan yardıma ihtiyaç duymayacak noktaya gelene kadar başladığınız işi bırakmayacağınızdan emin olmanıza yardım edebilirler.

Eski alışkanlıkları değiştirmek için önemli miktarda eylem, odak ve istek gereklidir. İyi haber şu ki bir kere değiştirildiklerinde, çimento gibi kalıcı hâle geldiklerinde o davranışları bilinçsiz olarak sergilersiniz.

*Soru:* **Ne kadar süre dayanabilirsiniz? Okuduğuma göre başarılı insanlar asla bırakmazlar. Aynı zamanda bazen farklı bir sonuç bekleyerek başınızı duvarlara vurmamanız -deliliğin bir tanımı- gerektiğini de okudum. Eğer başarılı değilseniz ne zaman bırakacağınızı nasıl anlarsınız?**

Tavsiyemiz tutarsız gibi gözüküyor. Biri başarana kadar direnin diyor, diğeri batan gemiyi terk etmenizi söylüyor. Ana fikir, bir şeyi bir kez denedikten sonra işe yaramıyorsa yola işe yarayan bir şey ile devam etmenizin zamanı geldiğidir. Özellikle boşa kürek çektikten sonra kendinizi hayal kırıklığına uğramış hissettiğiniz durumdan kaynaklanan karmaşanızı çok iyi anlıyorum.

Kısa cevap, yaptığınız işe olan inancınızı kaybettiğinizde bırakmanızdır.

Uzun cevap, başarılı olmak için yaptıklarınızı dikkatlice değerlendirmeniz gerektiğidir. Gerekli adımları atmaktansa birçok angarya iş yapma ve konuşma olasılığınız yüksektir. Bir şey sizin için mümkün olmadığından başarılı olmadığınıza ya da bir işin sonuca ulaşmasına yetecek kadar sıkı bir çalışma göstermediğiniz için başarıya ulaşmadığınıza dikkatlice karar vermelisiniz. Eğer gerçekten hedeflediğiniz bir şey varsa ve siz başarıya ulaşmak için henüz elinizden gelen her şeyi denememişseniz o zaman bırakmayın. Eğer sizin için mevcut olan tüm olasılıkları tükettiyseniz ve hâla bir sonuç almıyorsanız ve alamayacağınıza inanıyorsanız durma zamanı gelmiştir.

## İçsel Disiplin

Hedefiniz artık geçerli ve faydalı olmadığı zaman da onu bırakmalısınız. Hedeflerinizde ilerledikçe üzerinde çok çalıştığınız hedeflerinizden birinin sizi yanlış yola sevk ettiğini fark edebilirsiniz. Hatanızın farkına vardığınız anda durmalısınız. Ona daha fazla zaman ve emek harcamayın. Bu enerjiyi daha anlamlı başka bir hedefe verin.

Bir yazarın kişisel hayatından bir örnek belki yardımcı olabilir. İşte Kevin'in ilk kitaplarından birini basıma gönderirken yaşadığı deneyim:

"'Pelican Publishing' tarafından kabul edilmeden önce *The Psychology of Persuasion* (*İkna Psikolojisi*) adlı kitabımı 247 kez 247 farklı yayınevine incelemeye sundum. O zaman bile yayıncının -ve benim- kitabın satacağına inancı olmadığı açıktı.

Geçmişe bakarak 247 yayıncıdan herhangi birini suçlayamam. Kitabın satacağına inanmaları için mantıklı bir nedenleri yoktu. Hiçbirinin. İki kitap yazmıştım. Her biri 1,000'den az satan bu kitapları kendim yayınlatmıştım. Bundan başka bir örnek olmamıştı.

Tanınmış bir editör bana kitabın açıkça kötü bir şekilde yazıldığını ve konusunun marjinal olduğunu belirtti. Vay canına.

Bugün, 'Zig Ziglar'ın *See You at the Top* (*Zirvede Görüşürüz*) adlı kitabının yanında *The Psychology of Persuasion*'in 'Pelican'ın en çok satan kitabı olduğuna inanıyorum. Uluslararası pazarda yaklaşık bir milyon adet satıldı. Daha iyi satan çok fazla kitap var, ancak asıl konu kitabın bunu oldukça iyi yaptığıdır.

Bu yüzden bırakmalı ve başka bir şey mi yapmalı mıydım?

Buna cevap oluşturabilecek eski bir örnek yoktu. Cevabı, kişisel dürtüde bulunmalıydı. Kitabın başarılı olacağına önceden karar vermiştim. Kitabı yayınlatmak istiyordum, çok iyi satmasını istiyordum, yani kitabın satışını sağlamak için elimden geleni ardıma koymayacaktım. Gecenin yarısı radyo programları yapacaktım, beş ya da altı kişiden oluşan olabildiğince küçük gruplara seslenecektim, sadece bir iki kişinin geldiği ya da hiç kimsenin gelmediği imza günleri düzenleyecektim.

Kitabın satacağını bildiğimden bunu sonuç olarak belirlemiştim. Konu sadece bunu bilmem ya da böyle hissetmem değildi. Bunun olmasını sağlamak için her gün uğraşacaktım. İlk birkaç yıl boyunca bu iş bunaltıcıydı. Buna rağmen başardım.

Başarana kadar direndim. Ama bu arada, danışmanlık yaptığım insanların % 98'ine muhtemelen 100 ret cevabı aldıktan sonra vazgeçmelerini, hedef değiştirmelerini söylerdim.

Kitap şahsi olarak benim bir simgem oldu, ancak kendimi bir tarafa atmayacaktım. Ben ve kitabım aynı seviyede başarıya ulaşacaktık."

*İşe Yarayan Başarı Eylemleri:* Direnmeye devam etmek ya da gerçekten hareket etmeyi seçmek mi sorusuna vereceğiniz cevap fayda ve karar almaya dayanır. Akıntıyla birlikte gider ve dünyanın sizi nasıl teslim aldığını görürseniz o zaman belki de başarılı olmadığınızı hissederek bırakır ve başka bir yöne doğru hareket edersiniz.

Diğer taraftan, muhtemelen büyük bir bedeli olan bir proje için başarıya karşı güçlü bir istek ve özel bir tutku hissediyorsanız ona sıkı sıkıya sarılın. Sağlam bir plan yapın, işi tamamlayın ve kimsenin sizi durdurmasına izin vermeyin. Başarana kadar direnin.

## İçsel Disiplin

*Soru:* **Başarı için hangisi daha önemlidir: Terlemek mi yoksa ilham mı? Bence sadece çok çalışkan olmaktansa olumlu bir tavır almak daha önemlidir. Bunun hakkında bir araştırma yapıldı mı?**

Genel kanı, olumlu bir zihinsel tutumun başarının tüm kapılarını açtığı yönündedir. Optimizm hakkındaki çalışmalar iyimser insanların daha uzun yaşadığını, daha iyi dereceler aldığını ve daha sağlıklı olduğunu göstermektedir.

Gerçekteyse insanlar bilimde incelenen iyimserlikle olumlu zihinsel tutumu karıştırırlar.

İyimserlik, her zaman sizin hatanız olmadığına inanmaktır. İyimserlik, kötü şeylerin sonsuza kadar süreceği anlamına gelmediğini bilmektir. İyimserlik, hayatın bir alanında sorunlar olduğunda her şeyin kötü gittiği ya da gideceği anlamına gelmediğine inanmaktır. Bilim adamlarının bakış açısıyla iyimserlik yaşam üzerinde yararlı bir bakış açısıdır.

Davranış biçimi hayatın tüm yönlerinde önemlidir. Davranışlar iknada ve etki bırakmada önemlidir. Davranışlar önem taşır. Ama eğer başarılı bir hayata katkıda bulunan şeyleri incelemeye önem veriyorsanız olumlu bir davranış bu etkenlerin sadece küçük bir parçası olabilir.

Olumlu tutum ya da olumsuz tutum büyük ölçüde öznseldir ve bu tutumların başarı üzerindeki etkisi kişiden kişiye değişir. Birçok insan iyi bir tutumu kocaman bir gülümseme ya da mutlu bir görünümle eşit tutuyor. Diğerleri iyi bir tutumu azmin gözle görülebilir bir yüzü olarak tanımlıyor. Başkalarıysa iyi bir tutumun gerçekten odaklanmış bir davranış olduğuna inanıyorlar.

Olumlu tutumun ne olduğunu düşünürseniz düşünün, olumlu tutum çoğunlukla kendi içinde sonuçlanır ve bu da hayal kırıklığına ve hüsrana sebep olur. Bu meydana geldiğinde olumlu zihinsel tutum besleyen kişi için hedefler yok olabilir.

Gerçek nedir? Birçok farklı türde tutumunuz olabilir ve başarılı ya da başarısız olabilirsiniz. Başarı niyetten çok, davranışa bağlıdır.

Parmakları notaların üzerinde bir kuşun kanat çırpması gibi dolaşarak piyanosunu çalan adamı zihnimde hâlâ görebiliyorum. Az önce havalandı. Müzik karmaşık ve güzeldi. Bu adamın piyanist olduğuna inanamazsınız. Gerçekten hayret verici biriydi.

"Bunu nasıl yapıyorsunuz?"

"Annem okuldan sonra her gün bir saat pratik yapmamı sağlardı."

"Ne kadar süre boyunca?"

"Dört yaşımdan başlayarak liseyi bitirene kadar."

"Bunu yapmayı gerçekten istemiş miydiniz?"

"İlk zamanlar değil, uzun süre boyunca istemedim. Fakat sonra evet istedim, ortaokuldayken çok sevmeye başladım."

Lance Armstrong, Kristy Yamaguchi, Carl Lewis, Einstein, Edison, Curie, Bell, Mozart, The Beatles, Gates, Oprah ve Trump'da olduğu gibi. Herhangi bir şeyde başarılı olan herkes gibi. Günlerce ve yıllarca ödül almadan yaşadılar ve çalıştılar. Ödül daha sonra geldi.

*İşe Yarayan Başarı Eylemleri:* Araştırmalar başarı -ve sağlık- için iyimserliğin önemli olduğunu gösteriyor. Ayrıca, olumlu bir zihinsel tutum başarının çarklarını yağlayabilir ve başarıya giden yolda size yardım edebilecek diğer insanlarla iyi anlaşmanıza yardımcı olur. Diğerlerine karşı iyi olduğunuzda daha başarılı olursunuz. Çalışmalar sürekli olarak göstermektedir ki hoşa giden karaktere sahip olan insanlar başarıya daha kolay ulaşıyorlar. Onlar yalnızca işin sorumluluğunu almada akılcı davranmazlar, aynı zamanda yardım etmek için gayretli ve istekli insanları kendilerine çekerler. Nazik ve minnettar olun. Başkalarına karşı gerçek bir ilgi gösterin ve iyi bir espri yeteneğine sahip olun. Başkaları ise iyi bir tutumun gerçekten odaklanmış bir davranış olduğuna inanıyorlar.

Bununla birlikte olumlu tutum kendi içinde bitemez ya da tüm yeteneklerinizi tüketemezsiniz. Eğer seçme şansımız olsaydı ilhamın yerine terlemeyi koyardık. Ama her ikisine de ihtiyacınız var ve onlara sahip olabilirsiniz.

Çoğu durumda davranış tutumdan önde gelir. Davranış (eylem) kendisi için tutkuyu yaratır. Başarılı olmak istiyorsanız başarıya götürecek şeyleri yapın. Olumlu ya da yaratıcı tutum bundan kısa süre sonra gelecektir.

*Soru:* **Yüksek başarı elde etmek için odaklanma ve konsantrasyon ne kadar önemlidir? Bazı günler tam bir kuş beyinli oluyorum. Bu, hayatta ulaşacağım başarının seviyesini etkileyecek mi? Odaklanmamı artırmak için yapabileceğim bir şeyler var mı?**

Odaklanma ve konsantrasyon yüksek bir seviyeye ulaşmak için esastır. Hayat oyununu en iyi sonuçlarla oynamak yoğun bir çaba gerektirir. 2,000 yıldan bu yana, çok başarılı olan insanlar konsantrasyon yeteneklerini yönetirler. Sanat ve bilimde, ticaret ve savaşta, edebiyatta, siyaset ve felsefede insanoğlunun büyük başarıları bu gücün ürünüdür.

Konsantrasyon bir etkinlikte derinlemesine ilgili olmak ve yetki verilmekten ortaya çıkar? Bu, direnme ve Napoleon Hill'in "amacın açıklığı" olarak adlandırdığı durumla yakından ilgilidir. Konsantrasyon şüphe ve kararsızlığın düşmanıdır. Çekingen insanlar alışkanlıklarında düzensizdir. Kayda değer bir şey başarmadan meşgul görünerek sürekli bir işten diğerine geçerler. Konsantrasyon inanılmaz işler başarmamızı sağlar.

Konsantrasyon, bir işi sürekli ve yoğun olarak devam ettirmektir. Konsantrasyonu geliştirmek için odaklanmalısınız. İlk olarak belirli bir zamanda yalnızca tek bir şeyi düşünmek ve yapmak iyi bir şeydir. Aynı 30 günlük dönemde bir kitap yazmakta ve ev dekorasyonuyla ilgilenmekte yanlış olan bir şey yoktur. Fakat projelere başlayıp bitirmiyorsanız her zaman sorun vardır. Bir diğerinin ardından gelen kötü bir alışkanlık, net amaçları yok eder.

Gelişen konsantrasyon uzun vadeli başarının direğidir. Birinin başarılı olup olmayacağını anlamak oldukça kolaydır. Soru şudur: İşlerini tamamlıyorlar mı?

*Siz* tamamlıyor musunuz? Düşüncelerinizin dağınık olduğu anlarda yoğun gayret gücünü bulabiliyor musunuz? Eğer bulamıyorsanız ve değiştirmek için herhangi bir şey yapmıyorsanız geri kalan yaşamınızda her gün aynı işi yapmak sizin kaderinizdir.

İşte uzun vadeli odak noktanızı değiştirebilecek sır: *Sevmediği bir işle hiç kimse derinlemesine ilgilenemez.*

Binlerce insan hayatları boyunca akıntıya karşı mücadele ediyor, çünkü kendilerine uygun olmayan bir işte çalışıyorlar. Yapabileceklerinin en iyisini yapmayı -ve bundan doğan memnuniyeti- asla deneyimleyemezler, çünkü yaptıkları işi sevmezler ve kendilerine saygılarını yitirirler. Siz de onlardan biri misiniz?

Duygusal bir unsurla bütünleştiğinizde genel olarak odak noktasını geliştirmek ve davranışı değiştirmek en kolayıdır. Bu, sadece kararlılık ve sıkı çalışmayla kendinizi zorlamaya gerek duymadan ve çabaladığınızı hissetmeden hedefinize ulaşmak demektir. Böylece çabanıza mantıksal bir bağlantı aramanın ötesine geçebilir ve yaptığınız şeyin duygusal nedenine dayanarak devam edebilirsiniz.

Ne yazık ki odaklanmış olmanızı sağlayacak duygusal unsuru size veremiyoruz. Onu kendiniz bulmak zorundasınız. Sizi eyleme sürükleyen, her şeyden daha önemli olan şey nedir? Bu gerçek olmalı ve sizi bağlamalıdır. Durmak bir alternatif değildir, çünkü hedefi kaybetmenin duygusal unsuru, yeteneğinizi ya da becerinizi geliştirmek için gerekli olan şeyleri yapmamanın geçici hazzından daha bağlayıcıdır. Ayak direme, odaklanma, bir kez daha ayağa kalkma, istemediğiniz zaman da egzersiz yapma, benzerlerinizden daha yükseğe ulaşma ve geçici hazları bir kenara bırakma, yetenekleriniz hedeflerinize daha hızlı ulaşmanızı sağlayacaktır.

*İşe Yarayan Başarı Eylemleri:* Odak kazanmak için iradenizi işinize ve hayatınıza güçlü bir şekilde katmalısınız. Odak becerilerinizi bugün küçük şeyler yaparak geliştirmeye başlayın. Ne yaparsanız yapın yoğun bir odak geliştirin. Kendinize şunu söyleyin: "Yapacağım iş sadece bu ve tamamlanana kadar iyi bir şekilde yapacağım." Nokta. Bu alanda rehber kitaplar okuyarak odaklanma ve projeleri bitirme becerilerinizi geliştirin. Belki her zorluğun odaklanma becerisiyle aşılabileceğini ve işinizi ısrarla devam ettirmenin görünüşte imkânsız olanı başarmanızı sağlayabileceğini anlamanıza yardımcı olacak bir danışmana ihtiyaç duyabilirsiniz.

Yoğun bir odaklanma olmadan zorluklar karşısında azimle direnemezsiniz. Buna karşın güçlü bir istek ve konsantrasyona sahip olan biri engelleri, daha yüksektekilere erişmek için atlama taşı olarak kullanır. Odaklanma, konsantrasyon ve hafızada yetersizlik çeken; ancak kendilerini geliştirmek için en ufak bir çaba göstermeyen insanlardan biri olmayın. Odaklanma, konsantrasyon ve çaba olmazsa dünyadaki hiçbir hedefin anlamı yoktur.

Artmış konsantrasyonun ödüllerinden biri, daha fazla para kazanma ve bunu daha iyi yönetme becerisinin gelişmesidir. Bununla beraber, yoğunlaştırılmış çaba ihtiyacı işin ötesindedir. Gelir getirmeyen faaliyetlere yoğunlaşma yeteneğinizi de geliştirmek isteyebilirsiniz. Yaptığınız her işte yoğun şekilde odaklanın. Neden mi? Çünkü yoğun çabanın gücü organizasyon, dakiklik, mükemmellik, gelişmiş bir hafıza, öz saygı, kendine güven gibi diğer değerli özellikleri geliştirmenize yardım eder. Yoğun bir çaba ile yüksek başarıları yalnızca arzulamakla kalmaz, onlara ulaşırsınız.

# 2
# Oyun Planı

Zirve başarıya sahip olanlar bir oyun planı oluşturur ve uygular. Bir futbol maçını izleyin. Antrenör oyun boyunca iki yüzü lamine olan büyük bir kâğıt parçası taşır. Oyunu yöneten oyuncuya hangi oyunu oynayacağını anlatmak için mikrofona konuştuğunda ağzını bununla kapatır. Bu lamine kâğıt parçası üzerinde yüzlerce oyun vardır.

Bunların hepsi, takımın içinde bulunduğu belirli durumlarla ilgilidir. Oyunda ilerideler mi? Arkadalar mı? Oyun berabere mi? Birinci çeyrek mi, ikinci mi? Topu 20 metre çizgisine mi aldılar? Orta sahaya mı? Yoksa rakip takımın 20 metresinde mi?

Antrenör kendi takımını çoktan analiz etmiştir. Kendi oyuncularının güçlü ve zayıf yönlerini, yeteneklerini ve açıklarını bilir. O ve yardımcı antrenörleri maça hazırlanırken diğer takımda *her durumda* oluşabilecek güçlü, zayıf yönleri ve davranışsal eğilimleri incelemişlerdir.

Örneğin, oyunun üçüncü çeyreğinde gidilecek 6 metre varken rakip takımın sürenin % 85'ini paslarla geçirdiğini, orta sahadayken zamanın % 97'sini paslara ayırdığını bilirler. Böyle bir bilgi diğer takıma karşı savunmayı daha kolay hale getirir.

Neyin gelmekte olduğunu bilirler. Birbirlerinin davranışlarını yıl boyunca izlerler ve belli durumlarda, hatta her durumda, karşılıklı olarak birbirlerinin ne yaptığını bilirler. Zekâlarını bir araya getirip bunu başarı stratejisine katarlar.

*Bir oyun planını bir iş planı ile karıştırmayın.*

Çoğumuzun bir tane yazmayı öğrendiği iş planı büyük bir kâğıt ve zaman israfıdır. Bu, size en iyi olasılığı verir. Bankaya en iyi olasılık senaryosunu verir. İşlerle ilgili gerçekten ne olacağı, bütün durumların nasıl yönetileceği ve hangi oyunlara gereksinim duyulacağı ile ilgili hiçbir bilgi vermez.

İş planı reklamınızın başarısız olacağını kabul etmez, ancak bu olacaktır.

Satış bölümünüzdeki işten ayrılma hızının beklenenden daha yüksek olacağını kabul etmez -bu, olacaktır.

Alışveriş torbası çok ince olduğu için iş yerinizin önündeki kaldırımda tökezleyen adamın size dava açması gibi, iş hayatında sık sık karşınıza çıkabilecek tuhaf durumları hesaba katmaz. Sanırız fikri anladınız.

Bir iş planı çok daha iyi bir şekilde "iş umudu" olarak nitelendirilebilir.

Bir iş planının tamamen ve kesin olarak zaman kaybı olduğunu mu söylüyoruz? Hayır. Milyon dolarlık bir iş için basit bir plan yapmak çok fazla zaman almaz. Peki bu faydalı ve anlamlı mı? Hayır. Kredinizi almanız gerekir mi? Büyük olasılıkla.

İşiniz için bir oyun planı, tüm değişkenler üzerinde bir incelemeye dayanır *ve her belli durum için gerekli olan eylemi içerir.* Bir eleman hırsızlık yaptığında ya da biri basına şirketinizle ilgili gerçek olmayan bir hikâye uydurduğunda ne olduğunu göz önüne alır.

## Oyun Planı

Oyun planı düşünceyi gerektirir. Oyun planı, *durumsal yönetim stratejisi*ni anlamayı gerektirir.

Güçlü oyun planı olan bir iş sahibi hedefine ulaşacaktır.

Fakat durun! Spor takımları da oyun planları kullanır. "The Houston Texas" geçen yıl sadece iki oyun kazandı. Antrenörlerinin mutlaka bir oyun planı vardı, buna rağmen bu onların durumunu iyileştirmedi. Orada neler oluyor?

Orada hiçbir şey olmuyor. Takım beceri ve yetenek seviyesine ulaşıyor. Bu, birbiriyle çalışmayı öğrenen yeni oyunculardan oluşan yeni bir takım. Genel anlamda takım, yetenekli birkaç adamdan oluşuyor; fakat gerçek şu ki takım yarışmak için gerekli beceri ve yeteneğe sahip değil. Buna rağmen iki oyun almaları kazanma isteklerinin kanıtıdır.

Başarı, her zaman kazanç ve kayıplarla ölçülmez; başarının potansiyele oranıyla ölçülür. Profesyonel takımla oynayan bir lise takımınız varsa ve lise takımı oyunda aranın açılmasına izin vermiyorsa yenilgi bile aslında büyük bir başarıdır.

Oyun planı beceri, yetenek ve içsel disiplin eksikliğini tamamıyla telafi edemez, ancak kazanmak ve kaybetmek arasında kesinlikle bir fark yaratabilir. Daha güçlü olan rakibi yenmekte, zayıf olan tarafa bir şans verebilir.

Bir iş planı? Evet, güzel. Eğer bir tanesine sahipseniz bankacılar memnun olacaktır, bu yüzden onlar için yaparsınız.

Kendiniz için? Bir oyun planına ihtiyacınız vardır.

***Soru:*** **Aşırı, dikkate değer hedefler ve kolay, bebek işi hedefler belirlemem gerektiğine dair iki farklı görüş duydum. Bu görüşler birbiriyle çelişmiyor mu? Ya da**

### başarmayı denediğim şeye bağlı olarak farklı türlerde hedefler mi kullanmalıyım?

Genel olarak dikkate değer hedefler daha küçük ve güvenli hedeflere göre daha yüksek bir performans getirecektir. Araştırmalar göstermektedir ki bir hedefin büyük oranda etkili olmasını belirleyen iki şey vardır. Hedefler *zor* ve *belirgin* olmalıdır. Henüz bu, hedefe ulaşacağınız anlamına gelmez. Bu iki unsurun, yüksek performansı ve en iyi kapsamlı sonuçları desteklediğini ifade eder.

Zor hedefler belirlerken hedefleri kamçılayıcı olarak görün, fakat çok zor olarak görmediğinizden emin olun. Eğer bir hedefin imkânsız olduğunu düşünürseniz beyniniz size ona ulaşmaya çabalamak için bir neden olmadığını söyler ve denemek için tüm girişimlerinizi durdurur. Ulaşmak için kendinizi zorlamanızı gerektirecek hedefler belirleyin, ancak onların imkânsız ya da ulaşılmaz görünmemesine dikkat edin.

Hedef daha belirgin ve kamçılayıcı olduğunda yüksek performansı teşvik etmeye daha yatkındır. Diyelim ki önümüzdeki yıl 100,000 dolar kazanmak istiyorsunuz. Bu iyi bir hedef. Daha iyi bir hedef 131,400 dolar kazanmak olurdu. Beyniniz bunu daha belirgin -ve biraz daha zor- olarak algılar ve büyük olasılıkla siz daha iyi bir performans gösterirsiniz.

Herhangi bir belirli hedefe ulaşmaktansa hedef belirlemeyi, performansı geliştirmek için bir yöntem olarak kullanmaktan bahsettiğimize dikkat edin. Genellikle, bir hedefi on ikiden vurmak yaşamda çok önemli değildir. Önemli olan hedefler için uğraşmanın sizi yolunuzda tutmaya yardım etmesidir. Eğer gelir hedefinizi 131,400 dolar olarak belirlerseniz 131,399 dolar ya da 131,401 dolar kazanmanızın *gerçekten* önemi var mıdır? Asıl önemli olan iyi bir performans göstermenizdir.

Ne zaman yakın olduğunuzu bilirsiniz. 131,400 dolarlık bir hedef belirleyip 117,000 dolar kazanmak yüksek performansın bir göstergesidir. 150,000 dolarlık bir hedef belirleyip sadece 105,000 dolar kazanmanız hedefe ulaşma sürecinizce ayarlama yapmanız gerektiğini gösterir. Asıl önemlisi mümkün ve inanılır, belirgin ve zor hedeflerle performansı artırmak ve bunu en iyi şekilde kullanmaktır. Aynı zamanda doğru yolda olduğunuzu bilmenize yarayacak bazı geribildirim sistemleri de kullanmalısınız.

*İşe Yarayan Başarı Eylemleri:* Basit ve bebek işi hedefler koymakta yanlış olan bir şey yoktur. Sadece genel performansınız üzerinde zor hedeflere oranla daha zayıf bir getiri sağlayacağının farkında olun. Daha zor hedefler koyun ve ne olacağını görün. Büyük hedefi bir dizi gerçekçi hedefe bölün. Doğru yolda olduğunuzdan emin olmak için tüm hedeflerinize ulaşıp gelişiminizi düzenli olarak izleyeceğiniz bir zaman çizelgesi oluşturun.

***Soru:* Hedef belirlemek, performansı geliştirmeye nasıl yardımcı olur ve insanların hedeflerini sebatla devam ettirememesinin en büyük nedeni nedir?**

Hedefler performansın değişmesine çok farklı şekillerde yardımcı olurlar. Bunlardan bazıları:

1. Hedefler uygun faaliyetlere karşı kişiyi dikkat ve çabaya yönlendirir (kişinin ne yaptığını bildiğini farz ederek).
2. Görevde gereken seviyeye doğru gayret uyandırırlar.
3. Mantıksal eylem planları ya da görev stratejileri arayışını teşvik ederler.
4. Hedefler direnmek için cesaretlendirir.

Bir hedef koyarken göz yumacağınız en az kabul edilebilir sonuç, verimlilik ve performansın etkili bir ölçümüdür. Bir kâğıt parçasının üzerinde ne yazarsa yazsın genellikle en az kabul edilebilir sonuç, ulaşmak istediğiniz hedeftir.

Hedeflere ulaşmada en büyük düşman, "çabuk tatmin" ifadesiyle özetlenebilir. Hedeflerinize ulaşmak mı istiyorsunuz? Bu yolda çabuk tatminlere duyduğunuz arzuyu durdurmaya odaklanın.

Örneğin, hedefiniz 10 kilo vermek olsun. Ajandanızda olmayan bir yiyeceği görürsünüz. Beyniniz çabuk tatmini ister. Hatta âdeta talep eder. Hedeflerinize ulaşma umudunuz varsa yiyeceği bir kenara bırakmanız, onu kilitlemeniz ve çabuk tatminden kendinizi uzaklaştırmanız gerekir.

İnsanlar zayıflamaya çalışırken her gün yürüyüşe çıkmak gibi şeyler yapmalı. Çünkü bir yürüyüş kalori yakmalarına yardımcı olur. Ama bu, işin sadece bir parçasıdır. Ama yiyecek açlıkları ortadan kalkana kadar 30 dakika boyunca yiyeceklerden uzak durmaları kadar önemli değildir. Yürüyüşe çıktığınızda buzdolabının yanında olamazsınız. İşte orada başarının sırrı vardır. Çabuk tatmin olasılığından uzaklaşmak için bir şeyler yaparsanız, hedefinize daha yakın olursunuz. Eğer bu uzaklaşma, hedefinize ulaşmada katkıda bulunuyorsa çok daha iyidir.

Hedeflerinize başarılı bir şekilde ulaşma şansınızı artırmak için yapabileceğiniz başka neler var? Hedefe varmakla ve yüksek performansla ilgili çok fazla bilgi vardır. Araştırmalara göre, hedefe ulaşmayı etkileyen ve bir kişinin hedefe ulaşmasını daha çok -ya da daha az- mümkün kılan unsurlar vardır. Bunlardan bazıları anlamlılık, geribildirim ve öz yeterliktir.

*Anlamlılık:* Hedefinizin arkasında ne olduğunu bilin.

Bu, hedefin anlamlılığını ve yoğunluğunu artırır. Hedefe ulaşırken "neden" sorusu her şeyden daha önemlidir. Bir şeyi neden yapmak istediğinize dair yeterince zorlayıcı bir sebebiniz varsa hemen her şeyin üstesinden gelebilirsiniz. Hedefe ulaşmanın önemli olduğuna inandığınızda hedefe ulaşmak için en çok görev verilen kişi siz olursunuz.

*Geribildirim:* Yol boyunca düzeltmeler yapabileceğiniz bir geribildirim döngüsüne dâhil olmanız hedefe ulaşma olasılığını artıracaktır. Geribildirimler, hedefe doğru gelişme gösterdiğinde en iyi sonuçları alırsınız. Örneğin, 131,400 dolar kazanmak istiyorsunuz. Temmuz ayında kendinizi 81,000 dolarda görürsünüz ve hedefin basit matematiğine dayanarak doğru yolda olduğunuzu bilirsiniz. Bir diğer önemli geribildirim, hedeflerinizi paylaştığınız ve bunlara ulaşırken sizin gelişiminizi izlemeye devam eden danışmanlar ve sorumluluk ortakları gibi diğer insanlardan gelir.

*Öz yeterlik:* İnsanlar bilgilerine, eğitimlerine ve yeteneklerine dayalı olarak bir hedefi ulaşılabilir göründüklerinde büyük olasılıkla daha iyi çalışırlar. Belirli bir yetenek ya da uzmanlığa sahip olmanız bu alandaki hedeflerinize ulaşabileceğinize dair kendinize olan güveninizi artırır. Yeteneğe sahip olduğunuzu ve sonuçları etkileyebileceğinizi bilmeniz "öz yeterlik" olarak adlandırılır. İnsanlar işlerin yapılabileceğini, çünkü bunları kendilerinin yapacağını bildiklerinde performansları artar.

*İşe Yarayan Başarı Eylemleri:* İşte zirve performanslı biri olmanın sırrı: Herhangi bir şeyde gerçekten iyi olun. Yüksek derecede öz yeterliğe sahip olan insanlar hedef belirlediklerinde daha zor hedefler seçmeye eğilimli olurlar; bu hedeflere ulaşmak için daha çok görev alırlar, daha iyi görev stratejileri belirler ve geribildirimin tüm çeşitlerine daha fazla enerji ile karşılık verirler.

Öz yeterlik arttıkça hedefler daha az gerekli olur. Yüksek derecede öz yeterliğe sahip olan insanlar hedefler olmadan da çok iyi performans gösterirler. Herhangi bir şeyde iyi olmak ve kendine güvenmek daha üst bir seviyeye ulaşmada oldukça yardımcıdır.

Başarılı kimseler olarak kişisel deneyimlerimiz de bu araştırma ile paralellik gösteriyor. Başarılı olduğunuz bir alanda elit seviye bir performans gösterdiğinizde hedef belirleme, proje odağının arka planında kalır. Projeleri üstlenir, taahhütte bulunursunuz ve gelecek üç ya da altı ayda neler yapılması gerektiğini bilirsiniz. Bu işler yapılmalıdır, çünkü siz onları gerçekleştirecek tipte bir insan olmuşsunuzdur. Veya devam eden süreçte daha önemli başka bir şeyin, belirli bir projenin yerini almasına verirsiniz ve diğerinin yerine onu yaparsınız.

Disiplinle ve çok fazla egzersiz yaparak hedef belirlemenin, göreve odaklanmanın, direnmenin ve tamamlanmanın neredeyse fiziksel açıdan bağlantılı olduğunu keşfedersiniz. Giderek daha da yükselen bir seviyede performans gösterdiğinizde hedefler açısından düşünmeyi bırakıp istekler, amaçlar, projeler, sonuçlar ve yolculuklar açısından düşünmeye başladığınızı fark edersiniz. Resmî bir hedef belirleme sistemi kullanmak daha az gerekli olur. Zirve performanslı olanlar ne yapılması gerektiğini bilir ve sadece bu işleri yaparlar.

***Soru:*** **Uluslararası pazarlama işine girmeye çalışıyorum. Öyle görünüyor ki okuduğum birçok destekleyici metin, hızı vurguluyor; ürünleri yurtdışından hızlıca**

edinmek gibi. Belki eski modayım, ama üzerinde ismimin yer alacağı pek de kaliteli olmayan bir şey çıkarmaktan yana değilim. Kalitenin uzun vadeli sonuçlarda yattığına inanırım. **Başarı için hangisinin daha önemli olduğunu düşünüyorsunuz: Hız mı, yoksa kalite mi?**

Her ikisi de.

Kalite önemlidir. Yaşamda ne yaptığınızın önemi yok, onu iyi bir şekilde yapmanız büyük ödüldür. Bu, işinize veya sağlığınıza, ilişkilerinize veya kişisel hedeflerinize uyarlanabilir; yaptığınız her işte kişisel üstünlüğünüze yapacağınız katkı gerçekte memnuniyetten, başarı ve tutkudan oluşan bir hayat kurmanızı garantiler.

Yaşamdaki çoğu şey gibi, karşılaştığımız sonuçlar ortaya koyduğumuz çabanın kalitesi ve yoğunluğuyla orantılıdır. Eğer bunun için gayret etmezsek minimum sonuçlarla karşılaşırız. Eğer tamamıyla en iyimizi ortaya koyarsak sonuç almak için şansımızı artırırız -bu sonuçlar başlangıçta niyet ettiklerimiz olmasa da. Bazen sonuçlar beklediğimizden daha iyi olur.

Bunun yanında hız ve projeleri bitirmek de önemlidir. İşleri bitirmezseniz ödemelerinizi alamazsınız. Genellikle başlangıç çizgisinden ilk çıkan yarışı kazanır. Başarılı kimseler hızlı hareket ederler.

Hızla kalite arasındaki bu dengeye verilecek cevap "azalan verimler yasası"nı anlamada yatar. Bu yasaya göre, bir görevin başlangıç aşamasında kalite, zaman ve çabayla doğrudan bağlantılı olarak artar, ancak belirli bir kalite seviyesine ulaşıldıktan sonra kalitedeki değişiklikleri etkilemek için çok daha büyük miktarlarda zaman ve çaba gereklidir.

Örneğin, yalnızca köşelerdeki çok az bölüm ve döşemenin altındaki merdivenler hariç yarım dönüm çimenliğinizdeki otların % 97'sini keserek 90 dakikada "A" seviyede bir iş yapabilir ya da % 100'ünü eksiksiz keserek aynı yeri 3 saatte tamamlayıp "A+"lık bir iş çıkarabilirsiniz.

Yaşamdaki çoğu şeyde A'dan A+'lık dereceye geçmenin anlamı vardır. Çok az iş mükemmeliyet gerektirir, fakat genellikle % 97'sinin yolu açıktır. Çoğu iş müthiş olmayı gerektirir; ama müthiş, mükemmel demek değildir. Bir pilotun yolcu uçağını kusursuzca indirmesi gerekmez, kusursuz bir güvenle indirmesi gerekir.

Kendileriyle ya da başkalarıyla ilgili mükemmelliğe ihtiyaç duyan insanlar büyük olasılıkla çoğu girişimlerinde başarısız olmuşlardır. Mükemmeliyet çoğu durumda ağırdan almaya ve başarı için bir özre dönüşür. Ertelemek için bir etken olur.

Hemen bütün alanlarda mükemmeliyetçiler, vasat performans gösterenlerdir.

Bir paradoks gibi mi gözüküyor?

Aslında değil.

*Mükemmeliyet ve üstünlüğü birbiriyle karıştırmayın.*

Üstünlük müşterilerinize, arkadaşlarınıza ve tercihinize göre diğerlerine karşı tüm gün boyunca vermek zorunda olduğunuz her şeyi vermeniz demektir. Yaptığınız şeyde harika mısınız? En iyi çabanızı ortaya koyuyor musunuz? Yaptığınız şeye biraz ego katmalısınız, yoksa o işte etkili olamazsınız. İşinizde gurur duygusuna sahip olmalısınız.

Mükemmeliyetin nadiren bir tanımı vardır. Mükemmelin ne olduğunu söyleyen bir kurallar kitabı yoktur. "Mükemmel" hiç hata yapmamanız mı demektir? Bu olmayacaktır. "Mükemmel" herkesin sizi sevdiği anlamına mı gelir? Bu da olmayacaktır.

Profesyonel konuşmacılar olarak bizler üstünlük için mi

çabalarız? Evet. Biz harika olmak zorundayız. Enerji dolu olmak zorundayız. Böylece bizi dinleyenlerin kafalarında soru işaretleri uyandırırız. Herkesin düşünce makinesini çalıştırmamız gerekir. Seyircileri duygusal etki için teşvik etmek ve onlara gerçek hayatta kullanabilecekleri paketler vermek isteriz. En iyi konuşmacı olmak, en iyi yazar olmaktan farklıdır; en iyi girişimcinin en iyi bilgi pazarlamacısından farklı olduğu gibi.

*İşe Yarayan Başarı Eylemleri:* Performansın zirvesi mükemmeliyet değil, üstünlüktür. Konuşma, yazma, yaratma ya da günlük hayatta yaptığınız herhangi bir şeyde mükemmeliyet yoktur. Eğer mükemmeliyet varsa yaratıcılık, arzu, heyecan, aşk, mutluluk, vs. olmayacaktır, sadece mükemmeliyet olacaktır.

Yüksek standartlara sahip olmanız sizin için iyidir. Kişisel üstünlük başarının ön koşuludur. Yüksek standartlarda kalite sağlayın, fakat bunu projeleri bitirememek pahasına yapmayın. Çok iyi bir ürün yaratın. % 97'lik sonucu almak için bir kez daha okuyun ya da bir kez daha gözden geçirin. Sonra işinizi ortaya koyun ve bir sonraki projenize geçin.

**Soru: "Haritalar" ya da "akıl haritaları" ve "oyun planları" hakkında çok fazla söylenti var. Bunlar gerçekten önemli mi ve onları kullanmak için en iyi yol nedir? Tecrübelerime göre haritalar işe yaramıyor.**

Bu soru üç farklı şeyden bahsediyor ve neden karıştığını anlamak zor değil.

İnsanlar haritalara başvurduğunda genellikle "eğer sizi götürecek bir haritanız varsa gittiğiniz her yere daha hızlı ulaşırsınız" diyen bir eşitlik kullanırlar. Sorun şu ki bazı insanlar eyleme giden rotada çok karmaşık ve yedek planlama yapar.

Eğer mevcut durumunuzu, önerilen sonucu ve oraya ulaşmak için ne yapmanız gerektiğini gösteren basit bir "peçete arkası" planı üretirseniz başarı olasılığı açıkça artar. Bu tarz bir harita sizi doğru yolda ve odaklanmış bir şekilde tutar, aynı zamanda yoldan çıktığınızda hızlı bir şekilde düzelmenizi ve tekrar odaklanmanızı sağlar.

Bir oyun planı, bir uygulama planından çok daha fazlasıdır. Diğer bir deyişle, bir işe başladığınızda neyi başarmak istiyorsunuz, bunu nasıl yapacaksınız ve beklenmedik geri bildirimlere nasıl karşılık vereceksiniz? Sporcuların oyun planlarından söz etmeleri çok yaygındır. Maça gittiklerinde ne yapacakları, rakiplerine nasıl karşılık verecekleri, yenilgi ve itirazlarla nasıl başa çıkacaklarıyla ilgili fikirleri vardır. Oyun planı bir haritadan ziyade, aslında zihinsel bir modeldir ve belli stratejilerinizi uygulamaya koymanıza izin verir.

Üst düzey başarı için oyun planları ve stratejileri esastır. Stratejisiz bir başarı yinelenebilir başarı olmaz, bu şanstır. Hedefe nasıl ulaşacağınızla ilgili bir karar verdiğinizde sonuca odaklı kalmanızı sağlayacak bir strateji üretmelisiniz. Bu strateji belirsizlik, stres ya da beklenmeyen sonuçlar durumlarında nasıl karşılık vereceğinizi içermelidir. Ne zaman daha fazla bilgiye ihtiyacınız olduğunu, ne zaman farklı bir taktik ya da strateji uygulamanız gerektiğini ve başarılı olup olmadığınızı nasıl bileceksiniz? İyi bir oyun planı, başarının açık bir tanımıyla başlar.

Haritalar ve planlar büyük boyutlu stratejilerken zihin haritaları taktikle ilgilidir. Bir zihin haritası bilgi önermelerinin anlamsal ağından türeyen bir tür görsel düşüncedir. Zihin haritaları yüzyıllar boyunca çeşitli şekillerde kullanılmıştır, fakat en çok yakın geçmişte İngiliz yazar Tony Buzan tarafından popülerleştirilmiştir.

## Oyun Planı

Eğer fikirleri görünüşte düzenlerseniz başarı için düşüncelerinizi organize etmek ya da kapsamlı bir plan oluşturmak amacıyla zihin haritaları iyi bir yol olabilir. Aslında zihin haritaları başarı için esas değildir ve başarıyla zihin haritaları arasında herhangi bir bağlantı olduğunu ortaya koyan bir kanıt yoktur.

***İşe Yarayan Başarı Eylemleri:*** Genel bir harita ve daha belirgin bir oyun planı, hedeflerinize nasıl ulaşacağınızla ilgili bir yön ve netlik kazanmanıza yardımcı olur. Birçok üst düzey düşünür, zihin haritalarını beyin fırtınası toplantılarında kullanır ve onları düşünmek için yararlı bulurlar. Zihin haritalama, aynı zamanda oldukça etkili bir not alma yöntemidir. Hızlı bir "Google" aramasıyla ya da "Mindjet.com" tarafından geliştirilen yazılımı kullanarak zihin haritalama hakkında bilgi edinebilirsiniz. Ayrıca başarı alışkanlıkları ve planları hakkında daha fazla bilgi için "Bestsuccessfactors.com" sitesini ziyaret edebilirsiniz.

Sonuçta, başarıya ulaşmak için planınızı düzenlerken hangi yöntemi kullanırsanız kullanın, başarı planlamada değil, eylemdedir. Uygulama, değerlendirme ve yeniden düzenleme açısından yoğun çaba içeren basit bir plan, başlangıcı olmayan bir plana oranla daima daha büyük başarı getirecektir.

# 3

# Yönelimli Eylem

Eğer şu an sahip olduklarınızdan ya da kim olduğunuzdan memnun değilseniz durumunuzda ya da hayatınızda değişiklik yapabilecek tek kişi sizsiniz. Bu değişiklik hayatınıza bakış açınızı, kendinize bakış açınızı, önceliklerinizi ya da faaliyetlerinizi değiştirmek anlamına gelir. Kendinizden başka suçlayacağınız kimse yoktur ve yalnızca *siz* hayatınızı değiştirecek güce sahipsiniz.

İnsanların büyük bölümü için etraflarında olanlar içlerinde de olur. Diğer bir deyişle, hayata ne verirseniz onu geri alırsınız. Eğer yardımsever, dürüst ve iyi bir insansanız geri dönüşünü aynı şekilde alırsınız; bu size başarı yolunuzda, özellikle de işyerinizde yardımcı olacaktır.

Değişiklik, tanım olarak, hareketi gerektirir ve hareket tembellik demek değildir; eylemdir.

Bununla birlikte eylemin kendisi başarıya götürmez. *Yönelimli eylem* başarı için zorunludur. Risklerle birlikte planın bir parçası olan yönelimli eylemler başarılı bir değişimin en büyük nedenidir.

Değişim rahatsız edicidir. Bu yüzden, rahatsızlık hissi hakkında sakin olmalısınız. Rahatsız olmayı tercih edin. Rahatsız olmanın iyi sonuçlanacak bir şey yaptığınıza dair, büyük olasılıkla, çok iyi bir işaret olduğunu bilin.

Yönelimli eylem, istediğiniz sonuca odaklanma ve oraya ulaşma sürecidir. Bu, yalnızca olumlu ve ulaşmak istediğiniz sonuca odaklanıp olumsuz ve ulaşmak istemediğiniz sonucu görmezden gelmeniz demek değildir. Yalnızca başarısız insanlar sadece iyi şeyleri gözünde canlandırır ve sonra aptalca bir gururla hareket eder.

Yönelimli eylem, sizin gerçekçi bir iyimser olmanızı gerektirir. Bu, negatif olmayan düşüncenin gücünü ölçen ve *Learned Optimism* (*Öğrenilmiş İyimserlik*) adlı kitabında bunun hakkında yazan ilk araştırmacı olan Dr. Martin Seligman tarafından yürütülen bir araştırmadan ileri geliyor. Norman Vincent Peale de *The Tough-Minded Optimist* (*Katı Zihinli İyimser*) adlı kitabında aynı olgu hakkında yazmıştır.

Negatif olmayan düşünce aslında pozitif düşünce değildir. Herhangi yanıltıcı ve görünmez büyülü bir düşünce de değildir. Negatif olmayan düşünce, aslında gelecek için sonuçları değerlendirmek ve yeniden odaklanmakla ilgilidir.

Gerçekçi iyimserlik, kötü şeyler olacağını bilmenizdir. Nokta. Bu kötü şeyler olduğunda fırtınadan sonra tekrar ayağa kalkıp parçaları toplamak için sıkı çalışacaksınız, böylece arzuladığınız sonuçlara doğru yol almaya devam edeceksiniz

Gerçekçi iyimserlik yenilgiyi kişiselleştirmeniz demek değildir. Elbette, XYZ'yi kaybetmeniz sizin sorumluluğunuz olabilir. Ancak bu, problemin *siz* olduğunuz anlamına gelmez. Hata yaptınız. Ne olmuş?

Gerçekçi iyimserlik, yenilgiyi genelleştirmeniz anlamına da gelmez. Bugün bir şey kaybetmeniz, herhangi bir şekilde hayatın tüm alanlarında kaybedeceksiniz demek değildir.

## Yönelimli Eylem

Yenilginin sonsuza dek süreceğini düşünmeyin. Bugünün yenilgisi bugünündür. Nokta.

Bugünün başarısızlığının yayıldığı, sürekli ya da kişisel olduğu inancına kapılmanıza *asla* izin vermeyin. Çünkü öyle değil.

Gerçekçi iyimserlik; hayatınızı kontrol altında tutma, kendinizden şüphe etmeyi bırakma ve kendi şansınızı yaratmayla ilgilidir. Yıkılan tüm köprülerin planını çizdiniz, varyantlar ve alternatif yollar planladınız. Olumsuz olduğu için yıkılan bir köprüyü göz ardı etmek, sizin adınıza yürüyüşünüzü gerçekleştirmek için yolun başında oturarak senelerce birinin gelmesini beklemek anlamına gelir. Başarılı insan engeller, yıkılan köprüler ve sel alanları hakkında bilgi edindikten sonra yol haritasını çıkarır.

Herhangi birinin "Başarılı olmaktansa mutlu olurum." dediğini duydunuz mu? Bu ifade, bir yönü hariç, tamamen anlamsızdır. Bilirsiniz, bir insan tembelse ve daha fazla başarılı olmak için eyleme geçmiyorsa ne mutlu ne de başarılıdır.

Böyle bir zihniyet içine girmeyin. Başarılı olmak için mutsuz ya da mutlu olmak için başarısız olunması gerektiği inancı gülünçtür. Bu ikisi birbiriyle bağlantılı değildir -insanoğlunun yemek, su, barınma, giyecek ve güvenlik gibi temel ihtiyaçlarının sağlanmadığı durumlar belki hariç tutulabilir.

Kendiniz için daha yüksek standartlar belirleyin. Hayatınızda hem mutluluk hem de başarı talep edin ve yaratın. Bugünden başlayarak başarmak istediğiniz şeye karşı yönelimli eylem uygulayın.

Yeni bir şey başarmak isteyen insanlara danışmanlık yaparken, neredeyse her seferinde, bitirdiğimiz anda atmaları gerekecek tek bir adım veririz. Neden? Çünkü onların bir an önce harekete geçme ve bir sonuç alma deneyimini yaşamalarını isteriz. Çoğu insan daha önce hareket etmeme deneyimini yaşamıştır. Bu, onların neden çoğu hayallerine ve hedeflerine ulaşmadıklarının başlıca nedenidir.

Yön belirlemek ve harekete geçmek *kendinize yatırım yapmak* şeklinde sonuçlanır. Yatırım nedir? Finansal anlamda genişletmek -faiz ya da diğer kazançlarla- veya büyütmek amacıyla -bir fon ya da programla- ayırdığımız paradır, bu sayede daha fazla para kazanırız.

Peki, bu günlük hayatımıza nasıl uyarlanır? Eğer her hareketimizi bir yatırım olarak görürsek muhtemelen verdiğimizden daha fazlasını kazanabiliriz.

Eğer kendi kişisel gelişimimize ve büyümemize yatırım yaparsak kendimizle, arzularımızla ve potansiyelimizle ilgili daha geniş bir anlayış edinebiliriz.

Eğer genel sağlığımıza -ruhsal, fiziksel, duygusal ve tensel- yatırım yaparsak giderek daha güçlü olur ve giderek daha güçlü sonuçlar elde ederiz.

Eğer en iyi gayretimizi ortaya koyarak, eğitimimize devam ederek ve uzun vadeli gelişme için çabalayarak kariyerimize yatırım yaparsak daha fazla para, daha çok iş tatmini ve başarı için daha fazla fırsat kazanırız.

Eğer iletişimimizi güçlendirerek ve sevdiklerimizle nitelikli zaman geçirerek ilişkilerimize yatırım yaparsak ilişkilerimiz gelişir ve hayatımızı zenginleştiren anlamlı bağlara dönüşür. Bu durum, ister tutkularınız ister zorunluluklarınız üzerine çalışın, yaptığınız her şey için aynen geçerlidir.

Yaptığı işe dikkatinin yalnızca yarısını veren bir cerrah tarafından ameliyat edilmek ister miydiniz?

Seyir halindeyken yola bakmayan taksi sürücüsünün arabasına binmek ister miydiniz?

Bir aşçı tarafından hazırlanan yarı pişmiş bir yemeği yemek ister miydiniz?

Neden hayatınızda ürettiğiniz sonuçlar daha az önemli olsun ki? Kendinize yatırım yapın. Yaptığınız her harekete -tamamen, iyice, akıllıca ve sürekli olarak- yatırım yapın.

**Soru: Harekete geçmek, pazarlama elemanları tarafından okunan birçok felsefenin dışında bırakılmıştır. Ekibime düşüncenin önemli olduğunu, fakat harekete geçmek gerektiğini öğretmek istiyorum. Onları nasıl ikna edebilirim?**

Sorunuzu anlıyoruz. Diğerlerinin projeleri bitirmelerini ya da satış ziyaretleri yapmalarını, çocuklarının ödevlerini yapmalarını, çimlerin biçilmesini sağlamakla sorumlu olan insanlar genellikle iyi niyetli düşünceyi görmezden gelemezler.

İşin daha da kötüsü, çoğu yöneticiye cevabın "harekete geç" sloganı olduğu öğretilmiştir. Bu söz kesinlikle iyi amaçla olmasına rağmen, hareket kendi başına yeterli değildir. "Oradan çıkın ve birçok olasılık bulunduğunu görün" "Kitapları açın ve çalışın" ve benzerleri iyi başlangıç adımlarıdır, fakat başarının özüne inemez.

Gerçek şu ki bazı eylemlerde bulunmak büyük olasılıkla hiç eylemde bulunmamaktan çok daha iyidir, fakat gerçek hayatta insanlar çok fazla hareket ederler. Toplantılar, oturumlar ve aslında zaman kaybından farkı olmayan pek çok şey yaparlar.

Genel olarak bir uygulayıcı, sonuç üretmek için görselleştirmeye dayanan birinden daha şanslıdır, fakat bu ikisi nihai başarıda birbirine çok yakındır. Yalnızca harekete geçen insanlar, genellikle tükenişe ve her türlü soruna yol açan yararsız eylemlere yönelirler. Doğru soruları sormanız gerekir. Hangi eylem? Ne zaman? Nasıl? Kiminle? Neden?

Genel olarak mesleğimizin ve hayatımızın büyük bölümünde kesin sonuçlar isteriz. Daha fazla para kazanmak isteriz. Daha ince bir belimiz olsun isteriz. Eskiden olduğundan daha fazla eğlenceli anlar yaşayan bir aileye sahip olmak isteriz. Bu örneklerin hepsinin ortak bir yanı vardır. Hepsi ölçülebilir durumlardır. Tahmin edildiği gibi ölçebildiğiniz zaman başarılı olabilirsiniz.

Diyelim ki daha fazla para istiyorsunuz. Bu sonuçtan geriye doğru baktığınızda sonuca giden birçok yol olduğunu fark edersiniz. Hangi yol üzerinde çalışacağınızı belirlemezseniz büyük olasılıkla başarısız olursunuz.

Para kazanmak için çok fazla yol vardır ve bunu yapmak bilinçli kararlar almanızı gerektirir. Bazı seçenekler şunlardır:

- Para biriktirebilirsiniz.
- Yatırım yapabilirsiniz.
- Daha uzun süre çalışabilirsiniz.
- Daha fazla satış yapabilirsiniz.
- Daha büyük çapta satışlar yapabilirsiniz.
- Aynı kişiye daha sık satış yapabilirsiniz.
- İnsanların ürünlerinizi ve servislerinizi satın alabilecekleri daha çok yere sahip olabilirsiniz.
- İkinci bir işe girebilirsiniz.

Ve benzerleri.

Çok fazla seçenek vardır. Beyniniz için bir "standart" yoktur ve dolayısıyla harekete geçseniz bile herhangi bir şey olmayabilir.

Biri daha fazla para kazanmak istiyorsa bilinçli dikkat, bilinçli niyet ve uygulama şarttır.

## Yönelimli Eylem

Daha fazla para kazanmak için ne yapacağınıza karar vermelisiniz. Bütün değişkenleri değerlendirdikten sonra hangi seçeneklerin sizin kısa ve uzun dönem hedefleriniz için daha anlamlı olduğunu anlar ve bu projeler üzerine her gün çalışmaya başlarsınız.

Sonuç olarak bireysel projeler üzerinde çalışırken yaptığınız bu eylemler, alışkanlığa dönüşecek ve video oyunları oynamak yerine sizi bu eylemlere sevk edecektir. Daha fazla para kazanacaksınız, çünkü sizi bu sonuca ulaştıracak belirli eylemler (projeler) yürüteceksiniz.

Bu ayrım, başarıyı elde etmede en önemli şeylerden biridir. Eğer bir şeye ulaşmak istiyorsanız ya da takımınızın bir şeye ulaşmasını istiyorsanız bunun nasıl olmasını istediğinize karar vermelisiniz. Hangi adımları atacağınızı belirleyin. Sonra her gün alışkanlığa dönüşene kadar bu adımlara çalışın.

Bu gerçekleştiğinde beyniniz sonuç için programlanacaktır. Bu bir kez olduğunda daha fazla para kazanmak için yeni bir alana girene kadar tekrar programlama gerektirmeyecektir.

Çocukken labirent bulmacalar çözdüğünüzü hatırlıyor musunuz? Bir strateji uyguladığınızda daha kolay oluyorlardı. Sondan başlayın ve başlangıca kadar yola devam edin ya da en azından başlangıçtan ulaşılabilen bir noktaya geriye doğru gitmeye çalışın. Bu strateji hâlâ geçerlidir.

Daha önce bahsedilen başka bir örnekteki gibi, bel çevrenizin beş santim daha küçülmesini istiyorsunuz. Bu sonuçtan geriye doğru çalışabilir ve daha az yemek, daha fazla egzersiz ve zamandan oluşan bir kombinasyonla bu sonucu elde edeceğinizi fark edebilirsiniz.

Ailenizle daha fazla kaliteli zaman mı geçirmek istiyorsunuz? Bu amaçtır ve ölçülebilir bir durumdur. Hangi tür deneyimlerin ailenize kaliteli zaman geçirttiğini tanımlayabilirsiniz. Aile fertlerinizi bu belirli faaliyetlere ve deneyimlere katılmaya teşvik ederek büyük olasılıkla istenen sonuca ulaşırsınız.

*İşe Yarayan Başarı Eylemleri:* Harekete geçmek yalnızca başlangıç aşamasında yararlıdır. Bu, her neredeyseniz oradan New York'a gitmek istemenize benzer. "Hareket et!" sözünü duyarsınız ve bu yüzden arabayı çalıştırır ve gidersiniz. New York'a gidebilir, fakat bunun üzerine iddiaya girmek istemezsiniz. Harekete geçmek yola çıkmaktır. Harekete geçmek, başlamak için çok önemli bir noktadır; sonrasında planlanan ve hazırlanan belli bir yol üzerinden ilerlersiniz.

Başlama fikrini küçümsetmek istemiyoruz. Sadece yönelimsiz hareketin, durağanlıktan biraz fazlasını elde etmenizi sağlayacağını daima hatırlamanızı istiyoruz. Başlamak, oturmaktan ve tembellikten daha iyidir. Herhangi bir yere gitme şansınızı artırır. Fakat sizi varış yerinize en hızlı şekilde ulaştırmayacaktır.

Takımınızın başarıya ulaşması için takım üyelerini hızlandırmak istiyorsanız her birinin nereye gitmek istediklerini karar vermelerinde yardımcı olun. Kişisel ve belirli hedeflerine nasıl ulaşacaklarını açıkça belirtin. Oraya ulaşmak için gerçekten ne yapacaklar? Sonra, her gün işlerini yapmaları ve hedeflerine giderek yaklaşmaları için onlara sorumluluk verin.

*Soru: The Secret'da yer alan "Çekim Yasası" hakkındaki düşünceniz nedir? Her şeyi hayatımıza ve işimize çektiğimiz görüşüne katılıyor musunuz?*

Rhonda Byrne'ın *The Secret* adlı kitabında tanımladığı

## Yönelimli Eylem

"Çekim Yasası", iyi ya da kötü, sahip olduğunuz her şeyi yaşamınıza çektiğinizi ön görür. Bu, "bir mıknatıs gibi benzerin benzeri çektiği" kuantum veya atomaltı seviyesinde gerçekleşen evrensel bir prensiptir -bu arada, mıknatıslar benzerlerini değil, zıtlarını çekerler ama burada bu tartışmaya girmeyeceğiz.

*The Secret*'a göre, eğer piyangoyu kazanırsanız onu siz çekmişsinizdir. Eğer bir çocuk yangın kurbanı olur ve ölürse onu siz çekmişsinizdir. Ülkenize saldırılırsa onu siz çekmişsinizdir. Eğer bir kasırga şehrinize isabet eder ve yüz binlerce insanın hayatını yerle bir ederse hepsini siz çekmişsinizdir. Şişmansanız kilo kaybetmek için diğer şişman insanlara bakmamanız gerekir. Ayrıca hayatınıza 10,000 doları çekmek kesinlikle 1 doları çekmek kadar kolaydır.

Bu prensiplere inanan insanların anlattığına göre "Çekim Yasası", yer çekimi yasası gibi bilimsel bir yasadır. Bu dudak uçuklatan bir iddia. Buna kim inanır? Milyonlar inanıyor.

Hayır, yer çekimi yasası gibi işleyen bir "Çekim Yasası" yok. Bunun bilimsel bir yasa olmadığını gösteren birçok sebep var. "Çekim Yasası"nın şu anki "Secret" akımında öğretildiği gibi vaat edilen sonuçları üretmediğini kanıtlayan her türlü kanıt, bir kitabı doldurabilir. Fakat neden kendiniz üzerinde hızlı bir deney yapmıyorsunuz?

Bu senaryo *The Secret*'dan geliyor.

100,000 dolar dileyin.

Paranın kurye tarafından yarın ulaştırılacağını hayal edin.

Zihninizde bunun net bir resmini tasarlayın.

Bunun hakkında iyi hissedin.

Bunun için minnettar olun.

Orada olacaktır.

Bu adımları *The Secret*'da öğretildiği gibi uygulayın. Kendinize bu çekin ulaştığını görün.

*The Secret* kitabında tanımlanan "Çekim Yasası"na inanıp destekleyen masum insanlara çok fazla zarar verildiğini gördük. Bu kitabı yazarken bir yazarımıza "Çekim Yasası"nın klinik depresyonu iyileştirip iyileştiremeyeceğini soran bir e-posta ulaştı. Ne korkunç ve üzücü. *The Secret* milyonlarca insanı sahte bir güven duygusuna, finansal yıkıma, olası fiziksel tehlikeye, kayıp evlere ve yıkılmış ailelere doğru sürüklüyor. İnsanlar bu yasayı kendileri için çalıştıramadıklarında suçluluk duygusu ortaya çıkıyor.

İşte ve yaşamda istediğiniz her şeyin daha fazlasına sahip olmak için beyninizi gerçekten nasıl çalıştırabilirsiniz? İnsan beyni hayret verici bir yaratımdır. Beyin, önemli ya da önemsiz olarak öğretilenlere dayanan sonsuz uyarıcıları süzmenize yardım eder. Orada gerçekten ne olduğuna çok az dikkat edersiniz. Beyin önemli bildiği şeye dikkat etmeniz için sizi yönlendirir.

İşler hakkında düşündüğünüzde veya gördükleriniz ya da duyduklarınız düşüncelerinizi tetiklediğinde beyniniz bu tetikleyicilerle ilgili olan şeyi bulmak için çevreye bakacaktır. Örneğin, telefonun çaldığını duyarsınız. Sesin geldiği yöne doğru bakarsınız. Ayağa kalktığınızda telefonun orada olmadığını görürsünüz, çünkü üst kattadır. Onu aramak ve bulmak için gidersiniz. Bütün bu şeyleri çok düşünmeden yaparsınız, çünkü bunu yapmak için tetiklenmişsinizdir.

Basit bir biçimde beyin tetikleyici arayan bir aygıttır. Yeni ya da daha önce önemli olan bir şeyle bir şekilde ilişkilendirilmiş bir tetikleyiciyle karşılaştığında tetikleyiciyle ilgili olan şeyler üzerine odaklanır.

## Yönelimli Eylem

Eğer okulda kütüphane memuruysanız ve haberler esnasında bilgisayarınızda yazı yazıyorsanız haberler hakkında çok fazla bir şey hatırlamazsınız. Fakat işitme sisteminiz bir okulun bomba tehlikesi altında olduğunu ya da kitap alınması amacıyla bir kütüphanenin büyük miktarda bağışla ödüllendirildiğini algılarsa, sizin okulunuz olmasa bile, başınızı kaldırıp habere bakarsınız. Beyin, sürekli olarak ona önemli gelen şey için "çevreyi" tarar.

Beyniniz bilgiyi çekmez. Size herhangi bir yerden bilgi getirmez. Bilgiyi kendiniz gidip almanız gerekir. Ama genelde eski programlama aracılığıyla fark edemeyeceğiniz şeyleri fark etmenizi sağlayacak şekilde eğitilebilir.

***İşe Yarayan Başarı Eylemleri:*** Hayatınızda ne olmasını istediğinize karar verin. Kiminle tanışmak, hayatınızla ilgili ne yapmak, nasıl bir refah yaratmak, dünyaya ne tarz bir katkı sağlamak istediğiniz hakkında düşünün. Bu şeylerin güzel zihinsel görüntülerini hayal edin. Bu görüntülerde etrafınızda olan başkalarının söyleyeceği sözlere ve başka seslere de yer verin. Açık ve canlı olsunlar. Bir duygu oluşana kadar bunu birkaç dakika yapın.

Bir kez duyguyu hissettiğinizde gerçek dünyada bu görüntülerle ilgili şeylere rastladığında beyninizin algılaması için küçük bir tetikleyici oluşturmuş olursunuz. Sizin için onları her zaman yakalamaz, fakat beyninizin daha önce görmediğiniz fırsatları fark etme şansını artırırsınız.

Bu bir yasa değildir. Oldukça tutarlı bir şekilde çalışan etkili bir stratejidir. Beyni, gelecek herhangi bir uyarıcı ile ilgilenmeye hazırlayabileceğiniz bilimsel bir gerçektir. Her şeyi yakalamaz. Yakalayamaz. Beynin içinde karşılaştığı her şeyi işlemden geçiren yeterli bilinçli yer yoktur. Fakat kesinlikle sizin kaçırdığınız ve başarı için kendinizi programlamada gerçekten bir adım atacağınız yerlerde bazı şeyleri yakalayabilir.

*Soru:* **Birkaç yıl içinde kendi şirketimi açmak için ön hazırlık amacıyla kendi işimde birçok şey öğreniyorum ve bağlantılar kuruyorum. Bu benim için iyi bir atlama tahtası ve her çalışma gününden en yüksek verimi almaya çalışıyorum. Ne yazık ki çoğu iş arkadaşım sadece başka bir işle uğraşıyor gibi görünüyor ve büyük ölçüde dikkatimi dağıtıyor. Diğerlerinin benim değerli vaktimi harcamalarını engellemek için hangi zaman yönetimi stratejilerini uygulayabilirim?**

Sizin için geçerli olan çok şey var. Zamanı başarılı şekilde yönetmenin kilit taşlarından biri, hedeflerinizi belirlemektir. Hedefler, motivasyonunuzu ve odağınızı korumanızı sağlar ki bunlar, üretken olmanın iki temel parçasıdır.

Hedefler ve zaman yönetimi doğal olarak iç içedir. Bir yıl sonra hayatta nasıl bir konumda olmak istediğinize karar verdiğinizde bunların bugün yaptığınız şeyler üzerinde etkisi olacaktır. Avukat olmayı düşleyen biri ilk olarak zamanı, bugünkü ders programına göre çalışmaya ve okula uyarlamazsa bu hedefe ulaşmakta pek başarı kazanamaz.

Birçok uzun vadeli hedefe giden kısa vadeli hedefler vardır. Bu sadece pratik anlamda -bir hukuk okuluna kabul edilmek, bir hukuk firmasına ortak olmaktan daha kısa vadeli bir hedeftir- olmaz, aynı zamanda sizi altüst olmaktan ya da hedeflerinizi görme yetinizi kaybetmekten alıkoyar.

Sınırlı bir zamanınız bulunduğu ve kesinlikle çok değerli olduğu kavramını anladığınızı tahmin ediyoruz. Başarılı kimseler işteki ve evdeki sorumluluklarının o günü nasıl planlayacaklarını belirlediğini, fakat diğer yandan, hedeflerinin çoğunun uyum içinde çalışabileceğini anlıyorlar. Bazıları için bu büyük değişiklikler gerektirir. Sizin için, bu sadece günlük rutininizde bazı düzeltmeler yapmak anlamına gelebilir.

Zihninizde bir hedefle zamanınızı planlamaya başladığınızda yaptığınızın yararlarını anlamak kolaydır ve sizin boşa zaman harcayan faaliyetlere kapılmanızı önler. Bu faaliyetler zamanınızı alır, buna rağmen hem finansal olarak hem de özel yaşamınızda eninde sonunda faydasızdırlar.

Başarıya doğru ilerliyorsunuz. Nereden bileceğiz? Bu oldukça kolay. Üretken olan insanlar daha değerlidir. Verimsiz insanlar daha az değerlidir. Görünüşe bakılırsa organizasyonunuz verimsiz tiplerle dolmuş.

Odağınızı zaman yönetiminden daha çok *zaman üretimi*ne vermeniz için sizi teşvik ederiz. Başarılı insanlar, verimliliğin ve yüksek seviyede enerji elde etmek için daha sıkı çalışmanın önemini anlarlar.

İnsanların iş yaşamında üretkenliği ve kazancı yok ettikleri bazı kilit durumlara bakalım. Yönetmek için biraz zamanınız olmazsa zamanınızı yönetemezsiniz. Bu yüzden boşa harcanan zamandan kurtulmaya başlayın. Ayrıca diğer insanların zamanınızı boşa harcamalarını önlemek için sınırlar çizmeniz gerekecek. Düşünmeniz ve kaçınmanız gereken, boşa zaman harcayan en önemli beş şey şunlardır:

## 1. Toplantılar

Bütün günlerini toplantılarda harcayan insanlar görevlerini yerine getiremezler.

Toplantılar görevlerinin yerini alır (bir yıllık toplantı iyi bir fikir!). Toplantılar grup konularıyla ilgilenmek, plan yapmak ve geribildirim almak için önemli bir yol olabilir.

Buna rağmen, çok az insan başarılı bir toplantının nasıl yapılacağını bilir.

Zamanlarının önemli olduğunu göstermek isteyen yöneticilerin bir toplantı yaparak çalışanlarını bir araya toplaması, fakat herhangi bir plan yapmamaları ya da istedikleri bir sonuç almamaları yaygın bir sorundur. Eğer bir toplantının amacı belirsizse ve katılımcılar hazırlıksızsa ya da sadece kendi farklı gündemleriyle gelmişlerse grup açık ve hızlı kararlar alamayacaktır.

Sizi, katılmayı tercih ettiğiniz toplantıların ne kadar gerekli ve verimli olduğu hakkında düşünmeye davet ediyoruz. Bu kitabı yazarken yazarlarımızdan biri şu e-posta mesajını aldı: "Yarınki toplantının gündemi ektedir. Bu noktada gündemde çok fazla bir şey yok." Yazarımızın toplantıya katılmadığını söylememize gerek yok sanırız.

Toplantıyı organize eden kişiye aşağıdakileri yapıp yapmadığını sorarak toplantılarda boşa zaman harcamaktan kaçınmak için elinizden geleni yapın:

- Bütün maddelere bir zaman payı verin. En önemli konularla ilk olarak ve hızlıca ilgilenmek için gündemdekileri önem sırasına göre koyun.
- Hazırlıklı gelebilmeleri için tüm katılımcılara gündemi gönderin.
- Son dakika toplantılarından kaçının. Toplantıyı en az bir hafta öncesinden planlayın.
- Bir çözüm bulmaya odaklanın, planı sonuçlandırmanın bir parçası sayılabilmesine rağmen başka bir toplantı planlamak bir çözüm olmamalıdır.
- Toplantıları günün sonu için planlayın, böylece katılan herkes iş akışlarını yönetebilir ve ertesi sabah görevlerine atılabilir.

Eğer tartışacak herhangi bir şey yoksa ya da bir konu telefon veya e-posta yoluyla halledilebiliyorsa toplantı yapmayın.

## 2. Telefon Görüşmeleri

Her çaldığında telefona cevap vermek zorunda değilsiniz.

Şunu düşünün: Çocuklarınız güvenli ve iyiyse buna rağmen siz her çaldığında telefona bakıyorsanız kendinizi Pavlov'un köpekleri seviyesine indirgemiş olursunuz.

Zil: Tükürük salgıla.

Telefon sesi: Telefonu aç.

Bunu yapmayın!

Eğer bir görev üzerinde çalışırken kesin bir zaman belirlemişseniz telefon görüşmelerinin hızınızı kesmesine izin vermeyin. Her zaman "beklemede" olmanız gerektiğini hissetmenize rağmen gerçek şu ki iş akışınızı bölen sürekli kesintilere izin verirseniz verimliliğinizi kaybedersiniz.

Başarılı insanlar telefona nadiren yanıt verirler. İstisnalar? Elbette var. Ama telefona yanıt verdiğinizde ne olduğunu düşünün. Konuşursunuz ve konuşursunuz ya da arayan bunu yapar. İşinize geri dönerken daha çok zaman harcarsınız. Bakalım... Nerede kalmıştık?

Telefona cevap vermek için size *para ödenmiyorsa* bırakın çalsın. Aramaya cevap vermek zorundaysanız ve kişi bekleyebiliyorsa ona ne zaman geri arayıp konuyu tartışabileceğinizi sorun. Bu sadece zamanınızla ilgili sınır çizmiş olmaz, aynı zamanda başka oyalayıcı şeyler olmadan görüşmeyle ilgilenmek için hazırlanmanıza yardım eder.

Telefon görüşmelerine vakit harcamaktan kaçınmak istiyorsanız aşağıdakileri deneyin:

- İşinizi yaparken telefonunuzu kapalı tutun. Bu başlangıçta sizin için çok fazlaysa bir ya da iki saatle başlayın.
- Görüşmeleriniz için belirli bir zaman tahsis edin -patronunuz gibi size ulaşmak zorunda olan kişiler istisna olmak üzere.
- Cevapladığınızda arayana bir işin tam ortasında olduğunuzu ve konuyu çözmek için yalnızca birkaç dakikanız olduğunu söyleyin. Bu yapılamıyorsa gün içinde daha sonraki bir zamana görüşme ayarlayın. Geri aramayı kimin ne zaman yapacağına karar verin.

Evdeki telefon görüşmelerinin de zamanınızı harcadığını unutmayın. Bu ailenizle geçirebileceğiniz ya da sizin tercihiniz olan başka faaliyetlerde harcayabileceğiniz bir zamandır. Telefona cevap verme alışkanlığınızdan kurtulmak için şunu deneyin: Telefon eden kişinin, başka biriyle konuşmak için aramış olsa bile telefonu açan kişiyle konuşmak zorunda olduğu bir ev kuralı getirin. Bir mesaj bırakmalarını sağlayın. Gerçekten bu kadar basit olabilir.

### 3. Beklenmedik Ziyaretçiler

"Bir dakikanız var mı?" sorusu, asla gerçekten bir dakikanız var mı anlamına gelmez. Bu her zaman daha fazla sürer.

Beklenmedik ziyaretçileri uzaklaştırın ve onları üç kategori ziyaretçiyle değiştirin. Açık bir davetiyeniz olan kişiler vardır ve bunu onlara söylersiniz. Sizi randevuyla gören insanlar vardır. Sizi görmeyen insanlar vardır. Nokta.

Bir çalışma arkadaşınız bir dakika zamanınızı istemek

için uğramadan bir işi tamamlayamıyorsanız, bu bireyin bir dakikalık konularla zihnini meşgul ettiği gibi, siz de büyük olasılıkla bütün günlerinizi kaybedersiniz. Genellikle bu kişi rahat olacak ve daha çok konuyu tartışmak isteyecektir. İş arkadaşınızı bir terapiste götürün. İşinizi sonuçlandırırsanız, böylece projelerinizi bitirmek ve birlikte olmak istediğiniz insanlarla olmak için zaman bulabilirsiniz.

Bazı pozisyonlar bir açık kapı politikası gerektirdiğinde ya da kapıyı kapatabileceğiniz bir ofisiniz olmadığında listenizdeki işleri bitirmek için programınızda kesintisiz zamanınızın olması önemlidir.

Beklenmedik ziyaretçilerle zaman harcamaktan kaçınmak istiyorsanız aşağıdakileri deneyin:

- Başıboş ziyaretçileri yıldırmak için kapıyı kapatın ya da "rahatsız etmeyin" tabelası kullanın.
- Eğer bir durumla ya da kişiyle ilgilenmek zorundaysanız detayların özet bir açıklamasını isteyin ve oturup bunu tartışmak için bir zaman kararlaştırmayı önerin. Bir toplantı planlayın, böylece iş arkadaşınız konuyu önemli gördüğünüzü görecek ve bunu tartışmak için zaman vermek isteyecektir.
- Başkalarına 'hayır' demenin, kendi önceliklerinize 'evet' demenize izin verdiğini kendinize hatırlatın.

### 4. Yanlış Zamanda Çalışmak

Başkalarının planlarıyla çakışan faaliyetler mi planlıyorsunuz? Telefon görüşmelerine ayırdığınız zamanın -öğle yemeği gibi- kimseyi bulamadığınız anlamına geldiğini mi fark ettiniz? Herkes çok meşgul olduğunda yardım ister gibi mi görünüyorsunuz?

Kaynaklarınızı tüketmeyin. Zamanınızın çoğunu kazanmak için planınızı yeniden düzenlemeniz, ayakaltında dolaşmanızı önleyecektir. Engelleyici önlemler alarak planınızı yeniden gözden geçirmeniz ve işler için en uygun zamanı bulmanız gününüzü çok daha verimli hâle getirecektir.

Kötü planlamadan dolayı zaman harcamaktan kaçınmak istiyorsanız aşağıdakileri deneyin:

- Çalışma gününün sonuna doğru diğerlerinin uğrayıp sizinle konuşmak istediğini mi fark ediyorsunuz? Bu zamanı bütün geri aramalarınızı yapmak için kullanın. Eğer iş arkadaşlarınız sizinle bu zamanda konuşmak istiyorsa işten sonraya kadar beklemeleri gerektiğini onlara anlatın. Bu, sadede gelmelerine yardımcı olacaktır.
- Büyük projeler için sık sık yardıma mı ihtiyacınız oluyor? Önceden planlayın böylece projeleriniz diğer insanların projeleriyle çakışmaz.
- Kendinize ekstra gecikme zamanı verin. İşler her zaman planladığınız gibi gitmez. Kendinize fazladan zaman verin, böylece aksamalar olsa bile işleri teslim tarihine yetiştirebilirsiniz. Devrettiğiniz görevleri zamanında biteceklerinden emin olmak için kontrol edin, aynı zamanda teslim tarihlerini erkene çekin.
- Bu doğrultuda enerji döngülerinin ve zamanlanmış faaliyetlerin farkına varın. Eğer dikkatinizi en çok sabahları toplayabiliyorsanız bu zaman diliminde telefon görüşmelerinin ya da ziyaretçilerin dikkatinizi bölmesini engelleyin. Böylece kendinizi projelerinize adayabilirsiniz.

## 5. Düzensiz Çalışma Ortamı

Zamanınızı iyi kullanmak için düzenli bir çalışma ortamınız olmalıdır. Bir kalem, bir belge ya da kayıp bir dosya aradığınız her an yalnızca boşa zaman harcamış olmaz, aynı zamanda stres düzeyinizi artırır ve çalışmanıza odaklanma becerinizi engellersiniz.

Düzensiz bir çalışma ortamıyla vakit kaybetmekten kaçınmak istiyorsanız aşağıdakileri deneyin:

- *Her şeyin* bir yeri olsun. Bunu evde olduğu kadar masanızda da uygulayın ve buna postalarınız, cep telefonunuz ve anahtarlarınız dâhil olsun.
- Günlük olarak ihtiyacınız olan şeyleri kolay ulaşılabilir tutun. İster arabanızdan ister ofisten çalışıyor olun, telefon listeleri, takvimler ve diğer sıklıkla kullanılan şeyleri kolayca görülebilecek ya da ulaşılabilecek yerlere yerleştirin. Diğer her şeyi uzaklaştırın.
- Kullanılmayan dosyaları ve araçları ortadan kaldırın. Bunu yapmanın en kolay yolu, kendinize şu an ihtiyacınız olandan en az % 50 daha fazla saklama alanı vermenizdir. Eşyaları küçük bir alana sıkıştırırsanız muhtemelen düzenlemenize ayak uyduramaz ve ihtiyacınız olanları bulmakta zorluk çekersiniz.

*İşe Yarayan Başarı Eylemleri:* Kendinizi yukarıda bahsedilen zamanı boşa harcayan beş şeyde gördünüz mü? Bu liste yaşamınızdaki ve işinizdeki diğer fazla zaman harcayan şeyler hakkında düşüncelere mi neden oldu? Bir kez bu zaman harcayanları tanımlayıp üstesinden geldikten sonra gününüzün ne kadar verimli olduğuna şaşıracaksınız.

Bu zaman yönetimi tüyolarını başarı için daha büyük

çözümlerinizin parçası olarak kullanın. Neyi başarmak istediğinizi tanımlayın ve hedeflerinizi zamanı kullanmanızla ilişkilendirin. Daha fazla enerji kazanmak ve daha çok iş yapmak için önemli kararlar alın -yeterli uyku, sağlıklı yiyecekler, egzersiz ve düzenli molalar. Zaman harcayan şeylerden uzak durun ve daha verimli olun, böylece daha büyük sonuçları daha hızlı üretmek için zamanınızı değerlendirmiş olursunuz. Kendi şirketinizi işletirken yükselmenizde bütün bu şeyler çok işinize yarayacak!

*Soru:* **İşleri son dakikaya kadar ertelemek gibi kötü bir huyum var. Genellikle teslim tarihinde bitiriyorum, ancak bu bende çok fazla strese neden oluyor. Bu sorunu nasıl aşabilirim?**

Bazı noktalarda herkes işleri daha sonraya bırakır. Bu konu hakkında çok fazla insandan mektup alıyoruz, dolayısıyla bunu yalnızca sizin yaşadığınız bir şey olarak düşünmeyin. Bununla birlikte kaybetmekte olduğunuz zamanı geri kazanmak için bunu mümkün olduğunca hızlı halletmeniz gerekir. Daha yüksek bir seviyede başarıya ulaşmak için ertelemeyi yenmeniz inanamayacağınız kadar önemlidir.

Ertelemek, bir işi şimdi tamamlamak için yetenek ve zamana sahip olmanıza rağmen başka bir güne bırakmaktır. İnsanlar bunu genellikle bir parça daha eğlenceli hatta daha kolay başka bir şey yapmak istedikleri zaman yaparlar. Çabuk tatmin!

Araştırmalar gösteriyor ki bir projeyi başarılı bir şekilde bitirmeyi umduğunuzda, işi bitirmeye önem verdiğinizde, kısıtlı bir teslim süreniz varsa ve işe karşı kişisel bir antipatiniz yoksa büyük olasılıkla ertelemezsiniz. Bu büyük oranda

## Yönelimli Eylem

işe karşı isteğinizden kaynaklanır. İşi ne kadar cazip bulursanız onunla o kadar uğraşır ve üstesinden gelirsiniz.

İşinizi tamamlamak için son dakikaya kadar beklemek gününüzü ve planınızı baltalayan birçok soruna neden olur. Ertelediğinizde genellikle en iyi çalışmanızı ortaya koymakta yetersiz kalırsınız, bu da birçok şekilde başarı için fırsatları kaçırmanıza neden olur. Ertelemek kariyerinizi mahveder, çünkü bu diğerlerine hedeflerinize ulaşamadığınızı gösterir. Büyük olasılıkla her gün değişen oranlarda ertelersiniz ve bu bölünmelerin farkında olmazsınız.

Öyleyse, nasıl tekrar hareketlenirsiniz? Ertelemeye başladığınızda neler olduğunu tanımlamakla ve nasıl hareket edeceğinizi bilmekle başlayın. Ertelediğinizi ya da ertelemek üzere olduğunuzu fark ettiğinizde davranışınızı durdurabilir ve zamanınızı daha iyi yönetmek için hayatınızı yeniden rayına oturtabilirsiniz. Bu davranışsal bir stratejidir ve iyidir.

İşlerinizin bir listesini tutmanız önemlidir. Bu sayede her şeyi kâğıt üstünde tartabilir ve işlerinizi önem sırasına koyabilirsiniz. Zamanlarını yönetmek için liste kullanmayan insanlar, liste olmadan alışveriş yapanlara benzer. Markete bir listeyle gider, listedekileri satın alır ve 30 dakikada çıkarsınız. Markete liste olmadan giderseniz % 50 daha fazla para harcarsınız ve 15 dakika daha fazla kalırsınız. Aynı şey iş hayatında ve özel yaşamda da geçerlidir. Listeniz var mı? O zaman işi yaparsınız. Listeniz yoksa bu kadar verimli olmazsınız.

İşlerin tamamlanmasında yaşanan gecikmeyle ilgili yaygın bir sorun da, çoğu insanın işleri önem sırasına koyamamasıdır. Diyelim ki bitirmeniz gereken önemli bir iş var. Aynı zamanda bitirmeniz gereken acil bir iş daha var. Önce hangisiyle meşgul olursunuz? Önemli olanı tamamlamalısınız, çünkü o önemli!

Çok fazla insan hemen şimdi tamamlamaları gerektiğini düşündükleri şeyleri yapmaya bakar, önemli olan görevi bırakır ve kendi yararlarına işleri yeniden dengelemek için bir yol ya da zaman bulmaya ihtiyaç duyarlar. Masanızda çalışmakta olduğunuzu ve patronunuzun içeri yürüdüğünü hayal edin. Önemli bir müşteriyle başa çıkmak için size ihtiyacı var. Telefon çalar, işini tamamlamaya çalışan bir iş arkadaşınızdır ve sizden yardım ister. İşinize geri dönersiniz. İş arkadaşınız tekrar arar. Size gerçekten ihtiyacı var. Hangi görevle uğraşırsınız? Önemli müşteriyle mi ilgilenirsiniz, yoksa siz ona yardım edene kadar sizi aramaya devam eden iş arkadaşınızla mı?

Tamamlamanız gereken ilk iş önemli olandır, tüm dikkatinizi vermenizi gerektiren ve size paranın getirdiği en iyi etkiyi verecek olan odur. Müşteriyle ilgilenin ve patronunuzu memnun edin. Ne yazık ki çok fazla insan "acil" olan görevi bitirmeye uğraşır; çünkü o insan aramış, şikâyet etmiş, kafalarına girmiştir ve ne yapmaları gerektiğini söyleyen en yüksek ses onunkidir.

Durun.

İş arkadaşınıza "Hayır!" deyin ve *kendi işiniz* üzerinde çalışmaya devam edin. Şimdi en iyisi, önemli projeniz üzerinde çalışırken telefona bile cevap vermeyin. Tercihler.

***İşe Yarayan Başarı Eylemleri:*** Kendi aciliyetlerini sizin önceliklerinizi hâline getirmeye çalışan birine tepki gösterdiğinizde günün akışını değiştirirsiniz. Eğer bu tarz bir kesilmeyi kabul ederseniz önemli müşteriyle ilgilenme görevinizde stresli olur ve duygularınıza yenik düşersiniz. Aynı zamanda patronunuza müşteriyi neden beklettiğinizi, işin neden yeterince çabuk bitmediğini ve son olarak neden doğru bir şekilde yapılmadığını -çünkü sıkışık bir teslim tarihinin baskısı altında konsantre olamadınız- açıklamak zorunda kalırsınız.

Erteleme huyunuzdan vazgeçmek istiyorsanız zamanınızı daha iyi yönetmek için doğru adımlar atmanız gerekir. Buna, önceliklerini ve işlerini yapan birinin zihin yapısını da ekleyin. Zirve performansçılar, hayatta gerçekte başarmak istedikleri şeyler için sınırlı zamanları olduğunu ve dolayısıyla ertelemenin kendilerine kesinlikle zarar verecek bir zihin yapısı olduğunu bilirler.

# 4

# Karar Verme

Siz karar verene *kadar* kazanmak ve başarmak için yaptığınız her şey zaman kaybıdır.

Karar, içsel disiplinin başlangıç noktasıdır. Karar, başarının başlangıç noktasıdır. Karar vermek, çok büyük bir gücün kaynağıdır.

Hızlıca iyi kararlar vermek başarının direğidir.

*Karar şimdi alınmalıdır. Böylece, yeni baştan karar almazsınız.*

Başarmak ve kazanmak için güvendiğiniz ve inandığınız etkili kararları almayı öğrenme sürecini hızlandırmak çok önemli bir etkendir, fakat bu genellikle görmezden gelinir.

İnsanların büyük bölümü yaşamlarında olmak istedikleri yerde değildirler. Siz elbette yaşamınızda olmak istediğiniz yerde olabilirsiniz; fakat büyük ihtimalle değilsiniz, zararı yok. Her şekilde nerede olduğunuzdan sonuçta siz sorumlusunuz. Aldığınız kararlar sizin kararlarınızdır.

Yalnız bazen sizin sorumlu olmadığınız kötü bir şey ortaya çıkar, yolunuzu keser ve kendinizi hapsolmuş gibi hissedersiniz. Tuzağa düşmüş gibi hissedebilirsiniz. Bu olanlar yüzünden ve yol boyunca aldığınız kararlardan dolayı yolu terk edersiniz.

İşte çok önemli ve sinir bozucu bir gerçek: Çoğu durumda yaşamdaki kötü bir olay, sadece yapılan hazırlığın yetersizliği kadar güçlüdür. Birçok kötü durum biraz öngörü ve hazırlıkla önlenebilir ya da en aza indirilebilir.

İşte burası, insanların "şimdiki zaman"a olan yolculuklarını analiz etmeleri için yeteneklerinin eksik kaldığı yerdir ve doğru bir analiz olmadan insanlar sadece bugünden itibaren verdikleri kararların geleceklerini etkileyeceklerine inanırlar.

Bu doğru değil.

Yıllar boyunca verdiğiniz kararlar sizi bugün bulunduğunuz noktaya getirdi ve birçoğuna yaşamınız boyunca bağlı kalmak zorundasınız. Diğer kararların etkisinden kurtulmanız zaman alacak.

"Ev yoksulu" veya "araba yoksulu" terimlerini hiç duydunuz mu? Bunları her gün görüyoruz. Bir araba almak için 40,000 dolar borçlandınız. Beş yıl içinde 20,000 dolar değerinde olacaktır ve siz tam anlamıyla sadece bu arabayı geri ödemek için çalışacaksınız! Eğer ulaşımı -ya da evi- ödemek ve kira için sadece birkaç yüz dolar biriktirmek için yaşıyorsanız karar oluşturma süreciniz üzerinde çalışmanız gerekecek.

Ulaşım için her ay ne kadar harcıyor olursanız olun bundan en az % 50 daha fazlasını işiniz ya da yatırımlarınız -veya her ikisi- için harcıyor olmalısınız. Bu, *bugün* verdiğiniz bir karardır. Sonra, kötü bir şey olur da çalışamazsanız yaptığınız yatırımlardan dolayı paranız olur. Güvenceniz ve finansal özgürlüğünüz olur.

*Asıl nokta: Siz kendinizden sorumlusunuz.*

Başarılı olmak için kendinize karşı gerçekçi olmanız gerekir. Kendinizi çaresiz durumda hissedebilirsiniz. Vermiş

## Karar Verme

olduğunuz kararlardan dolayı bu şekilde hissedersiniz. Bulunduğunuz yerde kalmaya karar verirseniz böyle hissetmeye devam edersiniz. Herhangi bir şeyi değiştirecek hiçbir şey olmaz -daha kötüsü hariç. İlerleyeceksiniz ve olayların yaşamınızı bozmasına izin vermeyecekseniz birçok karar almış olmalısınız.

İyi kararlar alma alışkanlığı neye benziyor? Daha iyi bir yaşama geçmek için büyük riskler alan ve bu süreçte çok fazla karar alan atalarımıza bakın.

Daha iyi bir yaşam istediklerine karar verdiler.
Enkaz durumundaki yaşamlarından kurtulmak için bir gemiye binmeye karar verdiler.
Gemiyi inşa ettiler.
Bir harita edindiler.
Yelken açtılar.
Kaybolma ya da ölme riskini göze almışlardı.
Tekrar başlamaya karar verdiler.
Birçok yeni sorunla karşılaştılar.
Baştan başlamak için geri gönderilmeye hazırlandılar.
Buna devam ettiler.
Hayallerine ulaşana dek gerekli olduğu kadar tekrar ettiler.

Bu çok fazla karar ve çaba demektir.
Amerika'daki başarının büyük bölümü karar vermekle ve çaba harcamakla kazanılmıştır. Hiçbir şey, bazı göçmenlerin buraya ulaşmak için göze aldığı riskli yolculuklarla karşılaştırılamaz. 'PlayStation'ları, büyük ekran televizyonları ve çok fazla oyuncakları ile birçok Amerikalı çocuk, yaşam ve ölüm kararları veren ve sonrasında bunları fiilen gerçek-

leştiren göçmenlere kıyasla kazanç ve başarı bakımından dezavantajlıdır.

İyi haberse hangi durumdaysanız bundan kurtulup yeni hayatınıza geçmek için kararlar alabileceğinizdir. Başlangıçta çok rahatsız edici ve genellikle korkuya neden olan duygular yaşarsınız. Sonuç olarak bu hisler sizi canlandırır ve güçlendirir. Bunlar başarı yolculuğunuzda ilerlemenize olanak verir.

Artık etrafa bakınıp sizin peşinizde olduğunuz başarılı hayatı yaşadığı kesin gibi görünenleri gözlemlemeye son.

*Karar anı.* İyi kararlar almak, kötü kararlar almaktan daha hızlı bir şekilde sizi başarıya sevk eder. İyi kararlar almakta daha iyi olmanın tek yolu, daha fazla karar almaktır. Daha sonra da aldığınız kararlardan bir şeyler öğrenin.

Kararsızlığın pençesine düşmeyin. Çok fazla seçenekle karşı karşıya kaldığınızda birini seçin. Genellikle birçok seçeneği tüketene kadar ne tür bir tercih yapmış olduğunuzu bilemezsiniz. Elbette ki bu da kararsızlığa düşmenize neden olabilir.

Theodore Roosevelt şöyle demişti: "Herhangi bir karar anında yapabileceğiniz en iyi şey doğru olandır, bir sonraki en iyi şey yanlış olandır ve yapabileceğiniz en kötü şeyse hiçbir şey yapmamaktır." Bu alıntı karar almayla ilgili gerçeği özetler.

*Doğru olan şey.* Bazı kararlar birdenbire orijinal olarak ve neredeyse vahiy şeklinde ortaya çıkar gibi görünür. Bu kararlar o kadar iyidir ki onların nereden geldiğini merak edebilirsiniz. Bunun cevabı şudur: Onlar sizin ısrarınız, hazırlığınız ve çalışmanızdan ortaya çıkar.

*Yanlış olan şey.* Verdiğiniz kötü kararlardan başlangıçta pişmanlık duyabilirsiniz, bunda sorun yok. İşin sırrı, onlar-

## Karar Verme

dan öğrenilecek dersin geniş vizyonuna kıyasla bu pişmanlığı yalnızca bir bakıştan öteye götürmemektir. Eğer bir karar çok yanlış olduğu için ondan bir şey öğrenemiyorsanız, sırtınızı sıvazlayın, çünkü en azından bir şey yaptınız.

*Hiçbir şey yapmamak.* Bu sizi kesin olarak başarısızlığa götürecek olan bir mazerettir. Doğru kararı ve kötü bir karardan ne ders alacağınızı öğrenme fırsatını tamamen kaybettiniz. Bunun tek çaresi bir şeyler yapmaktır.

Bir dahaki sefer kötü bir kararla karşı karşıya kaldığınızda ne yaparsınız? Seçim size ait. Başarı beklemektedir ve başarı, başarısızlıktan sadece birkaç adım ötededir. Siz karar verin.

***Soru: Karar alırken her zaman zorlanıyorum. Bir karar alırken çok fazla enerji harcıyorum ve sonra kendimden şüphe etmeye devam ediyorum. Bu, acı verici ve yorucu olabiliyor. İyi kararlar almak ve verdiğim kararlar hakkında daha iyi hissetmek için bana yardımcı olabilecek bir tavsiyeniz var mı?***

Çoğu insan için karar almak rahatsız edicidir. Birçok insan iş karar almaya geldiğinde ertelemeye eğilimlidir. Ama başarılı insanlar karar almayı en yüksek seviyelerine ulaşmada bir gereklilik olarak görürler. Daha fazla karar alırsanız daha fazla değişiklik olur ve daha çok başarı -ve tabii ki daha fazla başarısızlık- elde edersiniz.

Hayatı değiştiren durumlarda karar almak herkes için çok zor olabilir. Ne olursa olsun tercihiniz hayatınızı ve hayatınızdaki şeyleri etkiler. Seçtiğiniz yolun geri dönüşü kolay olmayabilir ya da değiştirilmesi imkânsız olabilir.

Açıkçası, bilgi ve akıl üstündür. Mantıklı bir zihniyet geliştirmeniz yardımcı olur. İyi bir karar verebileceğinizden emin olmak için yeterli bilgi toplamalısınız.

Hızlı ve emin bir karar almak, daha yüksek bir seviyeye ulaşmakta esastır. Eğer geriye dönüp hayatımızda yanlış giden bazı anlara bakarsak en büyük pişmanlıklarımızdan bazılarının hatalı kararlar almaktan ortaya çıktığını görürüz.

Yaşamda yanlış kararlar almamızın ve hemen herkesin yaşamlarının bazı dönemlerinde yanlış karar alacak olmalarının birçok nedeni vardır. Belki karar alırken önemli içgüdülerimize uyduk ya da başkalarının bizi yönlendirmesine izin verdik.

*İşe Yarayan Başarı Eylemleri:* Aşağıda karar almanızda size yardımcı olacak 20 tavsiye bulunmaktadır:

1. Kararlar, sadece alternatifler arasında bir seçim yapar. İyi kararlar ve kötü kararlar vardır. Konu, bir şeyin eninde sonunda sonuçlanması değildir. İyi bir karar şu an ne olduğuyla ilgilenir, nasıl sonuçlandığıyla değil.

2. Duygulara, yabancı bir alandaki içgüdüye ya da tüm alternatifler hakkında eksik bilgiye dayanan bir karar kötü bir karardır. Kararınızı sonucun olabilirliğine ve sonuçların değerine dayandırın.

3. Karar aldığınız alanda bir uzman değilseniz kararınızı hangisinin doğru olduğunu *sezdiğinize* göre vermeyin.

4. Bir alanda çok iyiyseniz kararlarınızı çabuk verin. Eğer değilseniz iyi bir karar almak için gereksinim duyduğunuz tüm olguları bir araya getirdiğinizden emin olun.

5. Bir karar almadan önce bütün olguları ayrıntılarıyla gözden geçirin. Bir kez gözden geçirip bir sonuca varmadan ve kararınızı belirlemeden önce kendinize bunlar hakkında düşünmek için zaman verin.

6. Bir karar alırken notlar alın, bütün çözümleri yazın ve ilgili tüm bilgiyi dâhil edin. Bunları kâğıda dökülmüş olarak görünce bazen doğru cevap daha açık hâle gelir.

7. Verdiğiniz kararın tüm avantajlarını ve dezavantajlarını yazın. Bu, kararınızı netleştirmenize veya kararın yaratabileceği herhangi bir sorunu görmenize yardımcı olabilir.

8. Çeşitli sonuçların göreceli önemini belirleyin ve yazın. Örneğin daha yüksek bir maaşınızın olması mı daha önemlidir yoksa daha esnek çalışma saatlerinizin olması mı?

9. Ertelemeyin. Bir karar vermeniz gerekiyorsa bir zaman çizelgesi düzenleyin ve kararınızı verin.

10. Bir kararı belirli bir zamanda verin. Kararların, hepsini bir kerede vermek için sizi sıkıştırmasına ve zorlamasına hiçbir zaman izin vermeyin.

11. Eğer başkaları sizin kararınızdan etkilenecekse o zaman onların duruma katkısını sağlayın. Bu, onların önerdiklerini yapmak zorunda olduğunuz anlamına gelmez, ancak yine de insanların bunu duymasına izin vermeniz gerek.

12. Kararın amacına, alternatiflerine ve herhangi bir alternatifte bu kararın oluşturacağı risklere bakın.

13. Bir karar üzerinde düşünürken her seçimi tamamladığınızda neyin yanlış gidebileceğini kendi kendinize sorun.

14. Her seçimin potansiyel sonuçları üzerinde kafa patlatın. Ne olabilir? Başka? Bu sorunlarla nasıl başa çıkacaksınız?

15. Büyük bir grup insanın sizi izlediğini bildiğinizi hayal ederek kararınızı kafanızın içinde canlandırın ve zihninizin içinde onu takip edin. Bu, onu gerçekten uygulamadan önce kararın tüm sonuçlarını zihninizde daha iyi canlandırmanızda size yardımcı olacaktır.

16. Güvenilir bir danışmanla büyük kararlar üzerinde konuşun. Önemli kararlar üzerinde tartışacak birinin olmasını yararlı bulabilirsiniz. Siz ilk konumunuzu savunmaya çalışırken bazı zayıflıklar görebilirsiniz. Tartışırken haklı ya da haksız olmanın önemli olmadığını unutmayın. En iyi kararı vermeye odaklanın.

17. Başarılı bir karar verme ve onu takip etme yeteneğinize inanç ekleyin.

18. Dürüstlük önemlidir. Kendi değer yargılarınıza göre doğru olanı yaptığınızı bildiğinizde onu yapmaya karar verin.

19. Kararınızı verdikten sonra tüm "farz edelim ki"leri yok edin. Bir karar aldıktan sonra bu kararı daha fazla düşünmenize ya da ona enerji harcamanıza izin vermeyin. Tehlikeleri öngördünüz ve bunlar ortaya çıktığında nasıl karşılık vereceğinizi biliyorsunuz. Hareket edin.

20. Bir karar verin ve *onu uygulayın*. Kendinizi bir kez kararınıza adadığınızda buna hızla uyun. Bunun doğru karar olduğunu % 100 kesinlikte bilemeyeceğinizin farkında olun, ancak bir kez verildiğinde onu bırakmayın. Uygulayın.

Kararlar. Onları sevmek ya da sevmemek zorunda değilsiniz. Sadece karar almada iyi olmalısınız. En iyi bilgiyi

## Karar Verme

toplayın, karar verin, harekete geçin ve arkanıza bakmayın.

**Soru: En iyi % 20'nin, gelirin % 80'inini ürettiğini söylemek doğru mu?**

"80/20 Kuralı" olarak da bilinen "Pareto Prensibi"nden bahsediyorsunuz.

Bu kural karar almak, zamanı ve hayatı yönetmek için çok yararlı bir kavramdır. Yaratıcısı, İtalyan ekonomist Vilfredo Pareto, bunun hakkında ilk kez 1800'lerin sonlarında yazmıştır. İnsanların doğal bir şekilde onun "hayati azınlık" -para ve etki bakımından zirvedeki % 20- ve "önemsiz çoğunluk" -alttaki % 80- olarak adlandırdığı kısımlara bölünmüş göründüğünü fark etmişti. Pareto, sonuç olarak neredeyse tüm ekonomik faaliyetlerin bu kurala tabi olduğunu gözlemlemişti.

Eşitlik her zaman tam olarak 80/20 olmayabilir, fakat başarının ve hayatın bu kurala uyan çok fazla alanı vardır. Örneğin, Birleşik Devletler'de halkın alttaki % 80'i gelir vergisinin sadece % 13,7'sini ödüyorlar. Zirvedeki % 1 ise rekor düzeyde vergi ödüyor. Geçtiğimiz yıl, bu grup gelir vergisinin neredeyse % 40'ını ödedi. Delice gözüküyor, fakat bu doğru.

İş yaşamında ve hayatın diğer alanlarında çok az sayıda insan tarafından ortaya konan orantısız sonuçlarla karşılaşırsınız. Çok sayıda "bedavacı" ve onların bedelini ödeyen zirve performanslı insan vardır. Bu değişmeyecektir.

Her işte en iyi satış elemanları, büyük bir yüzdeyle diğerlerinden çok daha fazlasını üretir. Çoğu insan (% 80?) yaptıkları işte iyi değildir. Zirvedeki % 20'de yer almak, bu kitapta tartışılan başarı faktörleriyle paralel olarak çok fazla seçim yapmayı gerektirir. Seçimler üstünlük yaratır. Seçimler zaman yaratır.

İçinde bulunduğunuz durumu analiz etmeniz ve anlamanız sizin için önemlidir. Zamanınızı yönetmede ne kadar iyisiniz? "Pareto Kuralı"na göre çoğu durumda odaklanmamış enerjiniz, elde ettiğiniz sonuçların sadece % 20'sini sağlıyor. Bu demektir ki sonuçların kalan % 80'i çabanızın ancak % 20'sinden elde ediliyor.

Bunun yaşamınızda ne anlama gelebileceği hakkında iyice düşünün. Bu kurala göre faaliyetlerinizin % 20'si ürettiklerinizin % 80 değerine karşılık gelir, müşterilerinizin % 20'si satışlarınızın % 80'ine karşılık gelir ve ürünlerinizin ya da servislerinizin % 20'si kazancınızın % 80'ine karşılık gelir. Belki bu sizin için tam olarak 80/20 oranında değildir, fakat büyük ihtimalle çok fazla çalışmanıza karşılık bu zamanda çok az şey başarıyorsunuz.

*İşe Yarayan Başarı Eylemleri:* "Pareto Kuralı"nı kendi avantajınıza nasıl kullanabilirsiniz? Kısaca bu süre içinde daha küçük şeyler için endişelenmek ve çok az başarı elde etmek yerine günün ya da işlerinizin çabanıza karşılık en çok geri dönüşü verecek olan bölümlerine dikkatinizi vermeniz gerekir. Hedefiniz, herhangi bir işi başarmak için çok fazla zaman feda etmeden zamanınızdan ve kazancınızdan azami verimi alabilmektir. Odağınızı geliştirerek her işi bitirmek için gerekli olan zaman miktarını azaltabilirsiniz.

Önemli faaliyetler diğerlerinden çok daha zor olmasına rağmen disiplinli olmalı ve projelerinizin en üstteki % 20'sini bitirmeden önce alttaki % 80'lik bölümdeki herhangi bir faaliyete vakit harcamayı reddetmelisiniz. Bu, zihninizde meşgul olmaktan üretken olmaya doğru bir değişim gerektirir. Çözüm üreten faaliyet ve daha az önemli olan faaliyet arasında seçim yapma kabiliyetiniz, başarılı bir kimse olmanıza yardım eder. Bu kural, zekice kararlar vermek ve bunun sonunu getirecek kadar disiplinli olmakla ilgilidir.

Zamanınızı uygun bir şekilde öncelik sırasına koymayı ve yönetmeyi öğrendiğinizde böylece zirvedeki % 20 gelir üreteçlerinizde odaklanır ve daha fazla başarı elde edersiniz. İş ve özel yaşamınızda kendinizi daha iyi bir konumda bulursunuz, hatta daha üretken olmak için ekstra zaman kazanırsınız. Bu sizi daha büyük başarılar kazanacağınız bir konuma koyar. Artık sadece yetişmeye çalışmaya son.

Bu, biraz bilgi ve yeniden yapılanma gerektiriyor, fakat "Pareto Kuralı"nı kendi avantajınıza kullanarak muhtemelen büyük ödüller kazanabilirsiniz.

***Soru*: Risk almakla başarı arasında herhangi bir ilişki var mı?**

Evet, risk almakla başarı arasında belirgin bir ilişki vardır. Aynı zamanda, bu iki şeyle deneyimlerinizi derinleştirmenin bir yolu olarak fırsatlara "evet" deme alışkanlığınız arasında da bir bağlantı vardır. Genellikle karşılaştığınız fırsatlar riskli görünür, fakat ödülü yüksek olacaktır. Çoğu insan öngörülebilirliğin göreceli rahatlığını tercih ederek risk almamayı seçer.

En büyük rüyalar nadiren riske girmeden gerçekleşir. Evet, büyük riskler almaya istekli insanlar aynı zamanda çok büyük başarısızlıkları da riske ediyorlar. Ancak ileriye gitme ve risk alma, içgüdü ve deneyime kaldıraç gücü uygulama -evet demekten ileri gelir- isteği sizi çoğunlukla diğerlerinin rüyalarında bile gerçekleşmeyecek ilerlemeye ve başarıya götürür.

Risk alma davranışınızı geliştirirseniz böylece öncekinden daha hızlı bir şekilde hedeflerinize ulaşırsınız. İleriye doğru başarısız olun. Bir aksilik ya da başarısızlık yaşadığınızda bunu yeni bir yol geliştirmek için bir fırsat olarak görün. Bir başarısızlık, umutlarınızdan ve hayallerinizden vazgeçmek anlamına gelmez. Ünlü petrolcü Jean Paul Getty, Arap Çölü'nde petrol arıyordu ve 1950'lerin başlarında servetinin bir milyon dolarını buna harcamıştı. Arkadaşları onu kalan son milyon dolarlarını alıp eve dönmesi için teşvik etmişlerdi; fakat o olumluydu, haklıydı ve bu çıktı. Orta Doğu Tarafsız Bölgesi'nin petrol rezervlerinden faydalandıktan dört yıl sonra Getty dünyadaki en zengin insan oldu.

Getty gibi servetinizi riske etmenizi mi öneriyoruz? Bunu yapmak, akla uygun bir tercih olması olasılığına rağmen gerekli değil. Bu, ne yaptığınızdan ne kadar emin olduğunuza bağlıdır. Kesin olan bir şey var. Vazgeçeceğiniz şey, asla sizin tarafınızdan gerçekleştirilemez. Hayalinizin ya da hedefinizin ne kadar önemli olduğunu ve onu elde etmek için neleri riske etmeye hazır olduğunuzu kendinize sorun. Eğer giderleri düşürürseniz bu yenilenebilir bir kazançtır. Her zaman daha fazlasını alabilirsiniz. İşinize geri dönebilir, farklı bir iş kurabilir ya da sermayenizi artırabilirsiniz. Fakat bir kez hayalinizden vazgeçerseniz ve biri bunu fark edip kendi yararına kullanırsa onu bir daha geri alamazsınız.

Elbette, size Empire State Binası'ndan atlamanızı önermiyoruz. Atlamadan önce bakmanız tedbirdir. İki yönden de gelen bir tren olmadığından emin olduktan sonra arabanızı demiryolu hattına doğru sürün. İşte bu temel ilkedir. Risk almak için hazır hissedene kadar duraksadığınızda ve bir an beklediğinizde fırsatlar yanınızdan geçer ve bir eylemsizlik durumunda kilitli kaldığınızdan öz güveniniz gerçekten azalır.

*İşe Yarayan Başarı Eylemleri*: Gerçekten ilerlemek istediğiniz hâlde hangi alanda risk almayı başaramadınız? Geçmişte kendinizi nerede durdurduğunuzu görebiliyor musunuz?

Almak istediğiniz riskleri bir kez tanımladığınızda devam edeceğiniz iki mantıklı yol vardır.

Bunlardan biri küçük adımlarla başlamaktır. Eğer gerçekten çok büyük bir atlayıştan korkuyorsanız bunun yerine küçük bir adım atın. Hâlâ ayakta durduğunuzu ve korkacak hiçbir şey olmadığını fark ettiğinizde daha rahat hissedecek ve bir sonraki küçük adım için canlanacaksınız. Bunu yapmaya devam ederseniz çok geçmeden o dev adım size çok da korkutucu görünmeyecektir.

Alternatif olarak bu dev adımı atmak için ne olursa olsun kendinizi zorlayın. Bu seçim korkaklara göre değildir, korkularının yersiz olduğunu bilen ve onlarla kafa kafaya yüzleşmeye istekli olan insanlar içindir.

Başarılı kimseler, korkunun üzerine yürüyerek onu yenerler. Bugün... Ve tekrar tekrar. Korku yok olur. Bize güvenin.

Günlük hayatınızda sorunlarla uğraşmayı ve risk almayla ilgili rahat olmayı öğrenin. Yükseklik korkunuz mu var? Bir dağa tırmanın. Topluluk önünde konuşmaktan korkuyor musunuz? Kadeh kaldıranlara katılın ya da profesyonel bir konuşma kursuna gidin. Yeni bir erkek arkadaş ya da kız arkadaş olabilecek biriyle buluşmaktan korkuyor musunuz? Her fırsatta rastladığınız tüm ilginç insanlarla sohbet etmeye başlayın.

Korkudan oluşan bir hayat sınırlamalardan oluşan bir hayattır. Risk alınan ve korkunun üzerine yürünen bir hayat, sonsuz fırsatlardan oluşan bir hayattır. Korku insanı olmaya ya da olmamaya karar verebilirsiniz.

*Soru*: **Bu yaşta olmayı tasarladığım kadar başarılı değilim. Başarımı sabote edip etmediğimi nasıl anlayacağım? İpucu olarak bakmam gereken belirgin şeyler var mı?**

Başarıya karşı direnme, erteleme ve olumsuz düşünme gibi davranışlarla görülür. Direnme potansiyel başarıları sakatlayabilir ve başarılı bir hayattan gelişmeye giden yolda sizi kuşatabilir.

Başarılı yaşama direnip direnmediğinizi nasıl anlarsınız? Bunu anlamak dünyanın en önemli buluşu değil.

Şu anda üç ay önce bulunduğunuz yerle aynı yerde misiniz? Altı ay önce? Bir yıl önce? İleriye gitmiyorsanız başarılı yaşama direniyorsunuz demektir.

Eğer ileriye gitmemişseniz yapmakta olduğunuz şey çitlerin üzerinde dengede durmaya benzer. İvme sizi bir yöne çekmek ister, diğer yandan yorgunluğunuz, korkularınız ya da şüpheleriniz başka bir yöne çeker. Böyle iki güçlü baskı arasında dengede kalmak üstün bir dayanma gücü gerektirir.

Sabit bir konumda kalmak için çok çalıştığınızdan, odağınızı kaydırmak ve ilerlemeye başlamak için enerjinizi başka tarafa yönlendirmek matematiksel olarak basit bir konudur. Ya duygusal olarak? Göründüğü kadar kolay değil, öyle değil mi?

Bu bulunduğunuz yerden olmayı tercih ettiğiniz yere doğru büyük bir atlayış yapmanıza benzer. Sizin burada olmanız ve ayın orada olması gibi. Ancak büyük ihtimalle, ilerlemek için sizinle yeteneğiniz arasında önemli tek bir şey duruyor. Bu tek şey herkes için farklı olacaktır.

Zaman kazanmak ve hangisinin hayatınızda gerçekleştiğini görmek için aşağıdaki yaygın nedenleri gözden geçirin.

### Rahatlık

Neden herhangi biri başarılı yaşama direnmek istesin ki? Çünkü değişimle fiziksel bir bağlantımız yok. Değişim için kendimizi fazla rahat hissediyoruz. Hepimiz alışkanlığı ve rahatlığı çok severiz. Bu, kendimizi iyi hissettirir ve sonuçta rahattır.

Başarılı olmak için rahatlık bölgenizden çıkmanız gerekir. Eğer sınırlar koymazsanız ve gerçekten farklı şeyler yaparsanız dağılırsınız. İşleri tahmin etmek zorlaşır. Başarısızlığa uğrarsınız.

Rahatlık bölgenizdeyken ne yaptığınızı düşünün. Arkanıza yaslanır ve zihinsel olarak tembel olmanın ya da alışkın olduğunuz bir şekilde yaşamanın tadını çıkarırsınız. İşlerin kendiliğinden olmasını beklemeye başlarsınız. İnsanlar genellikle koltuğa yaslanıp tüm dünyanın onları beklemekle yükümlü olduğunu düşünürler.

Bu zihniyet başarma ruhunu yok eder, aynı zamanda koltuğa yaslanmakta olan adama bağlı olanların güvenliğini de. Konfor zihniyeti, başarı ve güvenliğin düşmanıdır.

Bir gecelik başarı gibi bir şey yoktur. Başarı kapınızı çalmaya gelmez. En azından bu, siz uyanıkken olmaz. Kaba bir deyişle başarılı yaşam tarzı size, dışarı çıkıp bir şeyleri öldürmeniz ve onu eve sürüklemeniz için çağrıda bulunur. Eğer onu istiyorsanız gidip alın. Hiçbir hayvan Neanderthal'ın konağına gidip "Hey ahbap, işte beni öldürme zamanı, böylece gelecek hafta için yemeğin olur. Poponu kaldır ve mızrağını kap... ahhh?!" demedi. Bu olmayacaktır.

Yeni bir şey üzerinde hareket etmek doğrudan rahatsızlık vericidir. Onunla yüzleşin. Sonra, çok fazla rahatsız olmamakla ilgili bir seçim yapın. İş hayatından ilişkilere kadar her şeyde rahatlık, kazanç ve başarının bir düşmanıdır. Rahatlık bölgenizden çıkın ve işlerinizi yapın!

### Alışkanlık

Alışanlık başarının bir düşmanı olabilir ya da başarıya ulaşmanın belkemiğini oluşturabilir.

Başarıya ulaşmada tüm şansları yok eden bazı alışkanlıklar nelerdir? Büyük olasılıkla kendi listenizi yazabilirsiniz. Gözümüze çarpan bazıları şunlardır: İçsel disiplin eksikliği, tembellik, ilgisizlik ve erteleme. Bunlardan herhangi biri size tanıdık geldi mi? Olmak istediğiniz yerde değilseniz belki bu kötü alışkanlıklardan birkaçını hayatınızdan çıkarmanız gereklidir.

Yapması en zor olan şeylerden biri kötü bir alışkanlığa son vermektir. Diğer son derece zor olan bir şey de elbette iyi bir alışkanlık edinmektir. Şimdi bunları birleştirin ve kötü bir alışkanlığı bırakıp iyi bir alışkanlık edinmeyi aynı anda deneyin. İki karar ve çok fazla çaba gerekli olacaktır.

İşte size kötü alışkanlıkları iyi olanlarla değiştirmek için güzel bir yol: Mevcut durumunuz hakkında yeterince öfkelenin, böylece bir değişikliğe K-A-R-A-R V-E-R-İ-R-S-İ-N-İ-Z. Değişim için en etkili araç somut olarak hayatınızı riske atmak ve kendi poponuzu tekmelemek yönünde karar vermektir.

Evet, "Ben iyi şeyler hak ediyorum. Keyifli şeyler." şeklinde düşünmeniz daha kolaydır ve bu doğrudur. Size hoşunuza giden faaliyetlerden kaçınmanızı söylemiyoruz. Bunlara ihtiyacınız var. Eğlenceli bir sosyal hayata, rahatlamak ve enerji kazanmak için bolca boş zamana ihtiyacınız var. Gün boyunca molalar vermeye ihtiyacınız var.

Fakat aynı zamanda eğlence ve rahatlamadan daha fazlasına ihtiyacınız var. Yaptığınız şey hakkında gurur ve başarı duygusuna gereksiniminiz var. Anlamlı bir iş yapmıyorsanız, istediğiniz başarı seviyesinden memnun değilseniz ve buna ulaşabileceğinizi biliyorsanız sahip olduğunuz kötü alışkanlıklara yakından bakmanızın zamanı gelmiştir.

Çok başarılı kimselerin bazı ortak özellikleri vardır. Bunlardan biri iyi kararlar vermek ve onları uygulama alışkanlığına sahip olmaktır. Bu alışkanlığı benimserseniz bu sizin hayatınıza daha çok başarı getirecektir.

## Korku

Korku, eğer izin verirseniz, şimdiye kadar yaşadığınız en sakatlayıcı, acımasız, felç edici, korkunç duygu olacaktır. Korku günlük hayatımızda bir yer tutar. Korku iyi bir şey olabilir ve sizi düşmekten koruyabilir. Fakat sizi risk almaktan da koruyabilir. Bu sizi, tanıdık olduğu için eski düzeninize çekecektir. Sonuç olarak da sizi başarılı yaşamdan uzaklaştırır.

Başarının bilinmeyen unsurunun her zaman çok mantıklı bir sorusu vardır. İstediğiniz şeye doğru çalışmaya başladığınızda kötü bir şeyler olacağını kafanıza koyarsınız. Dehşet ve felaket hissi yaşarsınız. Eğer gerçekten başarırsanız hayatınız nasıl değişecek? Belki de başarısızlık korkusuna daha çok odaklanacaksınız.

Ya hayatınızda iyi bir şeyler olması için çok çalışmanıza

rağmen bir şekilde onu berbat edip başarısız olursanız? Ne olursa olsun bunu dememek daha kolaydır.

Hangisinden daha çok korkmalısınız: Şansınızı deneyip 'muhtemelen başarısız' olmaktan mı yoksa asla denemeyip şüphesiz sıradan bir hayat sürmekten ve 'kesinlikle başarısız' olmaktan mı?

Bu açıdan baktığınızda başarısızlık korkusunun saçma olduğunu görürsünüz. Zaman zaman baskın gözükür, evet. Ama büyük çerçeveden baktığınızda bu korku anlamsızdır. Bu yüzden tökezleyebilir ve birkaç kez düşebilirsiniz. Aman ne önemli! Sadece düştüğünüz yerden kalkın ve tekrar harekete geçin. Başarısızlık eğlenceli değildir. Kendinizi kötü hissettirir. Bu, sizi bir süreliğine hayal kırıklığına uğratabilir. Fakat hayatın bütününde hatalarınızın birçoğunun ne önemi var? Çok değil.

Başarısızlık düşüncesi sizi durdurduğunda ego kontrolü yapmanız gerekir. Başarısızlığa uğradığınızda bu gerçekten kimin umurunda? İsim verin. Büyük, şişman egonuz bunu hesaba katmaz. Bu, aşırı basit gibi görünebilir, fakat bunu bir kez kendi üzerinizde denediğinizde başarısızlık korkusunun aslında ne kadar yersiz olduğunu fark edersiniz.

Korku sizin sonunuz ya da başlangıcınız olabilir. Eğer korkunun nasıl başarılı olup olamayacağınızla ilgili kararlarınızı yönetmesine karar verirseniz başarılı olmazsınız. Bu yüzden koltuğunuza atlayın ve eski filmleri yeniden izleyin. Fakat korkunun sizi geride bırakabilecek her şeyin üstesinden gelecek motive edici etkeniniz olmasına karar verirseniz o zaman çok kısa bir süre içinde zirvede olursunuz.

## Şüphe

Başarı, hatta başarısızlıktan korkmuyorsanız sorunları aşma ve arzu ettiğiniz hayatı yaratma yeteneğinizle ilgili güven eksikliği yaşıyor olabilirsiniz. Ayrıca doğru yolu seçme yeteneğinizden de şüphe ediyor olabilirsiniz.

Bundan emin olmanın tek yolu denemektir! Hayatınızda olumlu değişiklikler yapmak istiyorsanız bunun gerektirdiği her şeye sahip olduğunuza inanmaya hazır olmalısınız. Başarılı olmak için gereken her şeye başlangıçta sahip olmasanız bile bunu geliştirmek için çalışabileceğinize inanmalısınız.

Başarılı herhangi bir insanın bu şekilde doğduğuna mı inanıyorsunuz? Elbette böyle değil! Tüm başarılı insanlar bir öğrenme eğrisinden geçmeli ve kendilerini, sınırlarını aşmaya zorlamalıdırlar. Küçük adımlarla başlamak zorundaydılar ve yeteneklerini bileyerek, yenilerini geliştirerek ve aynı zamanda bunları daha da güçlendirerek her seferinde bir adım attılar. Siz de farklı değilsiniz.

Başarılı olma yeteneğiniz hakkındaki şüpheyi, arzu ettiğiniz hayatı ve başarıyı yaratabileceğiniz inancıyla değiştirin.

*İşe Yarayan Başarı Eylemleri:* Eğer geçtiğimiz birkaç aydaki gelişiminizi ölçemiyorsanız ilerlemiyorsunuzdur. Bir şekilde başarılı yaşama direniyorsunuz demektir ve sizi geride bırakan şeyler üzerinde çalışmaya başlamanın zamanı gelmiştir.

Yapmakta olduğunuz şey işe yaramadığında yeni bir şey denemenin zamanı gelmiştir. Bunun hakkında konuşmak yerine bir şeyler yapın. Başarınıza engel oluşturan şeyi tanımlayın ve bu kahrolası şeyi yıkıp hayatınızdan çıkarın. Sıradanlık üzerinde sıkı çalışıyorsunuz ve mevcut durumu koruyorsunuz. İşte şimdi gerçekten istediğiniz -ve hak ettiğiniz- başarı üzerinde sıkı çalışmanın zamanı geldi!

# 5

# Tutku

*Tutku* (isim): Bizi eyleme zorlayan itici güçler. Bu tekil bir kavram değil. Bunu tutkular olarak düşünmek isteyebilirsiniz.

Motivasyon yazarı Napoleon Hill bu duyguyu "ateşli bir istek" olarak adlandırır. Görünüşte bu, tutkunun önemli bir parçasıdır. Fakat tutkunun basit ateşli bir istekten çok daha fazla bileşeni vardır.

Tutkuyu nerede görürsünüz? Haberleri açın. Gazeteye bir göz atın. Neredeyse tüm başlıklarda. Hemen hemen her gün.

Tutku, kesinlikle beynin içinde güdülerle olduğu kadar tüm *korkularla* da bağlantılıdır. Örnek: Bir adam diğerini bir tehdit olarak algılar ve adrenalin salgılar. Adamın rekabetçi -ve bazen öldürücü- doğası faaliyete geçer. Bilincin -başka hiçbir şey önemli değildir- odak noktası hâline gelir. Bu gerçek tutkudur.

Tutkuyu uyandırmak için tehdidin gerçek olması gerekmediğine dikkat edin. Belki adam gerçek bir fiziksel tehdit ortaya koymadı, fakat bu iş yerinde bir görev için tehdit oluşturabilirdi ya da eşiyle ilişkisi veya zekâsı için bir tehdit olabilirdi. Ama ilk adamın aklı, beyninde korku nerede ise oraya gitti. Ne büyüleyici! Korku gerçek olabilir ya da hayal edilebilir, fakat ardından gelen davranış güçlü ve tutkuludur. Bu korkuyu tümüyle kontrol altında tutmakta yaşanan başarısızlık yüzünden doktorların muayenehaneleri ve hapishaneler tam kapasitede doluyor.

Tutku nereden gelir? Bunun birçok kaynağı vardır.

*Tutku* ve *genleriniz*. Genleriniz sizin hayatta kalmaya çalışmanız ve bunu başarmanız için önceden programlanmıştır. Genleriniz çoğalmak için programlanmıştır. Bu iki şey, insan davranışının özü hakkında bilmeniz gerekenlerin çoğunu ifade eder. Hemen hemen herkesin hayatta kalmak ve deyim yerindeyse çoğalma eylemlerine katılmak için bir tutkusu vardır (Kendilerini oldukça hızlı bir şekilde gen havuzunun, aynı zamanda potansiyel gelecek nesillerinin, dışına çıkaramayanların.).

*Tutku ve rekabet*. Rekabet tutkuyu ateşleyebilir. İnsanlar doğuştan rekabetçidir. Farklı şekillerde rekabet ederiz. Sınırlı kaynaklar için rekabet ederiz. Şöhret için rekabet ederiz. Fiziksel olarak, zihinsel olarak ve güçle rekabet ederiz. Kendimizle rekabet ederiz. Başkalarıyla rekabet ederiz... Adını siz koyun.

*Tutku ve kimlik*. İnsanlar kimlikleri hakkında tutkuludur. Genel anlamda bir grup kimliği olan coğrafi birim ya da ülke gibi bir çevrede dünyaya geldiniz. Aynı zamanda her biri sizin bir parçanız haline gelen, kimlikleri olan bir ailenin, topluluğun, şehrin, dinin ve siyasi yönelimin içine doğdunuz. Yaşadığınız yer hakkında tutkulu ve duygu dolu hâle geldiniz, çünkü bu sizin kimliğinizin bir parçası. Etrafınızdaki insanları akrabalık ve benzerlik yüzünden ya da diğerlerinden algılanan tehdit sebebiyle sevmeye eğilimli olursunuz. İnançlarınızın (dinî, siyasi ve sosyal) hepsi kimliğinizin birer parçasıdır ve onlar kimliğinizde bir süre etkili hâle geldiklerinde bu şeyler hakkında tutkulu olursunuz. Sizin tercih etmediğiniz sebepler yüzünden muhtemelen bu şeylerin çoğu hakkında tutkulu olursunuz.

*Tutku* ve *seçim.* Kimliğinizin eşsiz bir parçası, hayatınızla ilgili yapmış olduğunuz ve yapacağınız seçimlerden oluşur. Bu seçimler size, gerçekten sizin kontrol edebileceğiniz tek kimliği verir. Bazı insanlar için içine doğdukları çevreden ve aileden gelen tutkular, onları tutkulu bir yaşama teşvik etmek için yeterlidir. Fakat insanların büyük bölümü yeni tutkular geliştirmek için kendi seçimlerini uygulamaya ihtiyaç duyar. Bu, eylem gerektirir. Yeni tutku, yaratmadan ileri gelir. Yeni tutkuları nadiren "kendinizi bulma"ya çalışırken keşfedersiniz. Eğer "onu" içeri koymak için karar vermediyseniz bir şeyi bulmanız zordur. Kendinizi yeniden yaratmalısınız.

Yeni tutku güçlü olabilir. Çoğu kez siz yaratırken -bir ev inşa ederken, bir kitap yazarken, resim yaparken, daha önce var olmayan bir şey yaparken- ortaya çıkar. İlgilerinize uyan yeni bir iş hatta yeni bir görevle ateşlenebilir. Tutku; yaratma ve sonrasında bu eserle gurur duyma, onu savunma ve onu daha önce yapılmış olan herhangi bir şey üzerinde yenilik olarak görme demektir.

Oluşum, yanmakta olan arzunun tutuştuğu yerdir. Oluşum, büyüme ya da inşa sürecinde kendinize yatırım yaptığınızda alevler körüklenir ve bu kısa zamanda kimliğinizin bir parçası hâline gelir. Sonra "bu" hayatınızın birinci sayfa maddesi olur.

Bir kez tutuştuğunda yanan arzu sadece bunu yapacaktır. O yanar. Şiddetle yanar. Onu daha da şiddetlendirecek ya da yatıştıracak herhangi bir öz-motivasyonel olumlama yoktur.

Tutku, başarının eşsiz ve güçlü bir faktörüdür. Büyüklük ya da başarı seviyesine gözünü diken biri için ileri doğru bir itme kuvveti sağlayan bir yakıttır.

***Soru: Ben 45 yaşındayım ve hâlâ "büyüyünce" ne yapmak istediğimi bilmiyorum. Bunu anlamanın en iyi yolu nedir?***

Tutkularınızı tanımlarken belirgin ve net olmalısınız. Ardından bu belirli istek üzerinde çabanızı odaklamalısınız.

İşte mesele burada: Aynı fare çarkında uzun bir süre kalırsanız "büyüdüğünüzde" ne olmak istediğinize dair yine bir fikriniz ya da hayaliniz olmaz.

Hiçbir şekilde yalnız değilsiniz. İnsanların büyük bölümü ne istediklerini gerçekten bilmez. Liseden beri ne istediklerini hayal etmemişlerdir. Lise ya da üniversiteden sonra işe girdiklerinde seçim sürecinin sona erdiğini düşünmüşlerdir.

Bir an için belirli bir şey ya da uğraş üzerinde heyecanlanırlar. Bir sonraki adımda bildiğiniz gibi ya ilgilerini kaybetmelerinden ya da küçük bir sorunla karşılaştıklarından dolayı ondan tamamen vazgeçerler. Sürekli fikirlerini değiştirenler ve gidişat zorlaştığında kolayca bırakanlar başarılı olmazlar.

***İşe Yarayan Başarı Eylemleri***: Belki şu an bir parça kafanız karışmış olabilir. Hayatta gerçekten ne istediğinizi bilmiyor olabilirsiniz. Şu sorular üzerinde düşünün:

Sizin için önemli olan nedir?
Kalbinizin heyecanla çarpmasını sağlayan nedir?
Sizi neler mutlu eder?
Gün ve gece boyunca durmadan neyi düşünüyorsunuz?

Eğer para kazanmaya ihtiyacınız olmasaydı zamanınızı nasıl geçirirdiniz?
Ne yapmaktan hoşlanıyorsunuz?
Her zaman neyi yapmayı çok istediniz?
Ölmeden önce dışarı çıkarmak istediğiniz, içinizde saklı olan "müzik" nedir?

Şimdi durun! Bunun üzerinden aceleyle geçmeyin. Bunu yapın... *şimdi*! Sadece şu üç adımı takip edin:

1. Yukarıdaki soruların her biri için olası tüm cevapları bir kâğıda yazın. Her şeyi yazın, hatta önemsiz görünenleri de.
2. Beşten yediye kadar sizi en çok ilgilendiren maddeleri işaretleyin.
3. Tüm zamanınızı ve kaynaklarınızı üzerinde harcamaya en çok değecek olan bir ya da iki şeyi kalbinizle değerlendirin ve seçin. Seçtiğiniz şey içinizde olanı en iyi ortaya çıkaran şey olmalı.

Kalbinizi kullanın. Bu aşamada duygu önemlidir. Neden? Çünkü hedef belirlemede ve motivasyonun erken aşamalarında içsel öz-sabotaj az olacağı için bir şeyler yapmak en iyisidir. Her zaman daha sonra değiştirebilir ve yeni hedefleri hayal edebilirsiniz.

Yukarıdaki uygulamaya ek olarak yakın arkadaşlarınıza ve akrabalarınıza sizi nasıl gördüklerini ve yakın gelecekte ne yapmaktan mutlu olabileceğinizi düşündüklerini sorun. Diğer insanların sizinle ilgili genellikle sizin kendinizi görebileceğinizden çok daha kesin ve isabetli görüşleri vardır.

Sorunuzun asıl cevabı şudur: *Gerçekten hayatta her şeyden çok istediğiniz şeyle ilgili son bir karara varmadan bu gece yatağa girmeyin!*

Bu tavsiyeyi görmezden gelirseniz uyandığınızda rüyalarınız sona erer ve yaşamanızın bir amacı olmaz.

Diğer insanlar yorumlar yapabilir ya da tavsiyeler önerebilir, fakat son kararı vermek her zaman size aittir. Diğerleri kararınızı onaylamayabilir. Bırakın. Gerçekten ne istediğinizden emin olun. Sonuçta ne istediğinize konsantre olmalısınız, başkalarının sizin için ne istediğine değil.

Bir kez kalbinize şarkı söyleten faaliyetleri anladığınızda kendinizi onlara verin! Onları sıklıkla ve iyi bir şekilde yapın. Daha önce hiçbir şeyde uzmanlaşmadığınız kadar onlarda uzmanlaşın. Onları tükenene kadar yapın.

Aşırı tutku duyduğunuz bir şey yaptığınızda otomatik olarak görevinize en iyi çabanızı koyarsınız. Şu andan başka hiçbir şeye odaklanmazsınız; bu, tüm enerjinizi ve dikkatinizi "şimdi"ye adayacağınız anlamına gelir. Kendinizi akışa kaptırırsınız.

Yaptığımız şeyle ilgili tutkulu olduğumuzda, keyif çatmayı tamamen bırakırız. Ayrıca nihai sonuca varmak için çok fazla güç ortaya koyarız. Odaklanmış tutkulu eylem güçlü sonuçlar üretir. Bu yüzden bir şey yaratın. Bir şey yapın. Dünyaya eşsiz katkınızı vermek için tutkunuzu kullanın.

*Soru*: **Tutkularımı takip etmemin önemli olduğunu anladım, fakat her gün yapılması *gereken* şeylerden oluşan uzun bir listem var. Bir işim, ailevi sorumluluklarım, sıradan küçük işlerim ve çeşitli zorunluluklarım var. Çok çekici değil ve bunların çoğu tutkudan uzak. Hayatımla ilgili nasıl daha heyecanlı olabilirim?**

Hepimizin bu tür yapılması gereken işleri var. Angarya zihniyetine kapılıp kısmi bir çaba ortaya koymak kolaydır ve insanlar çoğu zaman sadece bunu yapar.

Yaptığınız her şeyde gayret ederek ve kişisel mükemmeliyete ulaşarak günlük yaşamınızda tutkuyu ateşleyebilirsiniz. Bu, kim olduğumuzla ve ne yaptığımızla ilgili bize içsel bir gurur hissi verir. Daha güvenli, mutlu ve odaklanmış hissetmemizi sağlar. Gönülsüz çaba ilgisiz sonuçlara sevk eder, fakat odaklanmış tam bir çaba içeren eylem büyük sonuçlar yaratır.

Daha çok tutku yaratmanın ilk adımı: *Yaptığınız her şeyde kendinizi mükemmelliğe adayın.*

Örneğin, garajı temizlemek "zorunda" olduğunuz için temizlemeyin. Garajı o gün yaptığınız en önemli şeymiş gibi temizleyin. Bütün bu işler arasında en büyük önemi olan şeyin derli toplu bir garaj olduğunu düşünerek temizleyin. Dünyada başka hiçbir şey yapmak istemiyor gibi temizleyin.

Garajı temizlerken davranışınızın neden gerçekten önemli olduğunu sorguluyor musunuz? Bir işe bıkkınlık hissiyle ya da istemeyerek zorunluluk olarak yaklaştığınızda neler olacağına bir göz atalım:

1. Süreçten hiçbir şekilde hoşlanmazsınız. Zihniniz yalnızca işi bitirmeye odaklanır, yaptığınız işe tüm dikkatinizi vermezsiniz. Bu nedenle işi, sürecin zevkinden mahrum kalarak bitirirsiniz. Daha kötüsü beyninizi, yapmayı sevmediğiniz işlere en iyi çabanızı ortaya koymamayı kabul etmeye alıştırırsınız. Bu sizi felakete hazırlar ve daha yüksek seviyede başarıya ulaşmaya çalıştığınız zaman kaçınılmaz olarak hata yapmanıza neden olur.

2. Çünkü yaptığınız işe tüm dikkatinizi vermezseniz, sonuçlarınız yıldızlardan daha aşağıda olacaktır. Garaj idare eder görünüyor olabilir ve bu konuda kendinizi haklı göstermeye çalışırsınız. Fakat "iyi,"

"idare eder"den daha iyi değil midir? Tabii ki garajın kusursuz olması gerekmiyor. İyi ve temiz olması gerekiyor.

3. Bu ho-hum (bezginlik anlatan bir ifade) davranışıyla bir işi iyi yapmaktan kaynaklanan büyük başarı ve memnuniyet duygusundan mahrum olacaksınız.

Şimdi sıradan işlerinize en iyi çabanızı ve dikkatinizi vermeye başlamanız durumunda neler olacağına bir göz atalım:

1. Bu tatsız işlerle ilgili daha iyi hissettiğinizi ve başarılarınızla gurur duyduğunuzu fark edeceksiniz. Onlar hakkında sinirli ve bitkin hissetmektense iyi hissetmeye başlayacaksınız. Tuhaf geliyor, fakat bu doğru.
2. Yaptığınız işin kendisinden çok bu işten ortaya çıkan *yararlar* üzerine odaklanmaya başlayacaksınız.
3. Yaptığınız her şey üzerinde bir tür içsel hâkimiyet duygusu kazanacaksınız. Ayak işlerinden kişiler arası ilişkilere kadar her faaliyet size kendi ödülünü yaratıyormuş gibi hissettirecek. Bu işleri üstlenmekle kazanacağınız olumlu sonuçlar güzel bir artı -daha iyi organizasyon, daha büyük memnuniyet, daha derin ilişkiler ve projelerden daha etkili sonuçlar- olacaktır.

***İşe Yarayan Başarı Eylemleri:*** Her işe yapılması *gerektiği* için daha çok odaklanıyorsunuz gibi görünüyor. Sadece yapabileceğiniz işlere kendinizi tamamen verin. Eğer yaşamınızda daha çok tutku yaratmak istiyorsanız yaptığınız işlerden keyif almayı ve onlardan daha iyi sonuçlar elde etmeyi istemeniz mantıklıdır. Daha çok çaba harcamak aynı zamanda günlük işlerinizi daha çabuk yapmanıza ve daha büyük yaşam tutkularınızı takip etmek için daha çok zaman kazanmanıza yardımcı olur.

Yaptığınız her işe kendinizi tamamen adayın. Onun üzerine tüm dikkatinizi odaklayın ve sürece girmek için kendinize izin verin. Her işe mutlak en iyinizi verin ve sonucu nasıl çarpıcı biçimde değiştirdiğini görün. Bu süreç boyunca yaşam için daha çok enerji ve tutku kazanacaksınız!

*Soru*: **Hevesin önemini gerçekten vurgulayan bir seminere gittim. Bunu kendi dükkânımızda nasıl benimseyebiliriz? Müşteriler içeri girdiğinde çalışanlarımızı hevesli olmaya nasıl teşvik edebiliriz? Müşteriyi ne çeker? En iyi strateji nedir?**

Perakende sektöründe çalışan insanlar müşteriye kocaman bir gülümsemeyle yaklaşıp "Merhaba! Yardımcı olabilir miyim?" demek için eğitilmişlerdir. Bu soruyla karşılaştığınızda büyük ihtimalle gülümser ve "Hayır teşekkürler, sadece bakıyorum." dersiniz. Ya da bizim gibiyseniz şuna benzer bir şey söylersiniz: "Hayır teşekkürler, yardımcı olunacak bir şey yok... Sadece bakıyorum."

Benzer bir şekilde perakende olmayan sektörlerde ürünümüz hakkında heyecanlı olmamız ve olası müşterilerimize bu heyecanı bulaştıracak şekilde iletişim kurmamız gerektiği konusunda eğitilmişizdir. Örneğin, "Bu yeni fırsat hakkında oldukça heyecanlıyım ve bir kez denediğinizde siz de heyecanlanacaksınız!"

Gerçek şu ki bir gülümseme çok yararlıdır, fakat çoğu ortamda kıkırdama ve fıkırdama ifadeleri yardımcı olmaz. İstisnalar mevcuttur, bazı bağlamlarda abartılı ifadeler beklenir. Ama standartlardan söz edelim.

Yüz yüze satış dünyasında aşırı heyecanlı bir satış elemanı olası müşteriyi kaçırır. Abartılı ifadeler kullanmak insanlara yapay gelebilir. Eğer uydurursanız ikna ettiklerinizden çok daha fazla insanın gelmesi veya kaçması riskine girersiniz.

*İşe Yarayan Başarı Eylemleri:* Sağlam bir strateji hevese hâkim olmaktır.

Olası müşteri, sizi ürününüz ya da servisinizle ilgili sıkılmış görmek istemez. Böcek ilacı satıyorken kocaman bir gülümsemeyle bakıp arılardan ve sıçanlardan kurtulmayla ilgili gereğinden fazla iyimser ve şen şakrak konuşuyorsanız olası müşteri kendini oldukça rahatsız hissedecektir.

Şunu yapın: Ürününüzü ya da servisinizi ve müşterinin onu nasıl deneyimlediğini düşünün. Müşteri sizin ürününüzü başarılı bir şekilde kullanarak ne elde ediyor? Bu soruya verdiğiniz uygun cevap benimsemek istediğiniz durumdur.

Örnek: Avon'un parfümünü satıyorsunuz. Olası müşteri tam kokladığında satış elemanı oldukça iyimser ve heyecanlı olabilir, çünkü bu olası müşterinin tam da hissedebileceği şeydir. Fazladan küçük bir pekiştirme buna oldukça katkıda bulunur.

Fakat diyelim ki araba satıyorsunuz. Müşterinin yüzüne heves ve heyecanla bakmanız gerekmez. Anlamı olduğunda gülümseyin. Yüzünüze yapışmış bir gülümseme şüpheye neden olur.

Ürününüz, servisiniz ya da deneyiminizin müşteri üzerindeki etkisini dikkate aldığınızda bu size bir takım iyi duygular hissettirmelidir. Ürün ya da servisiniz belli bir ölçüde gurur ya da heyecana yol açmalıdır. Müşterilerinize ve olası müşterilerinize göstermek istediğiniz heves düzeyi için bu duyguları ölçüt alın.

Yanlış anlamayın. Hevesin kötü bir şey olduğunu söylemiyoruz. Fakat bunu kendi başına bir amaç olarak kullanmak kolayca geri tepebilir. Kontrollü heves müşteriyi görmezden gelmek ya da duygusuz olmak demek değildir. Ürününüzü satmaktan dolayı gurur duymalısınız. Bu gururu dışarı yansıtın. Kesinliğin garanti edildiği yerde ürününüzle ilgili bir kesinlik hissiniz olmalı. Ancak heves düzeyinizin ürününüze ya da servisinize uygun olup olmadığından emin olun.

# 6

# Güven

"Kendime inanıyorum!" Başarı rehberleri yaygın olarak izleyicilerine bu olumlu ifadeyi tekrar etmelerini söyler. Kendinizin ve neleri başarabileceğinizin daha çok farkında olmanızı sağlayacak stratejiler geliştirmeniz önemlidir. Kendinize ve başarma yeteneğine inanırsanız büyük bir olasılıkla yaptığınız her işte başarılı olursunuz.

Fakat genel anlamda bu inanç ifadesinin dışında tutulan iki önemli parça daha vardır. Birincisi, eylem ve bunun yarattığı öz güvendir. Kendinize inanmak her zaman ısrarcı ve sebatkâr olmanız demektir. Nokta. Eğer değilseniz kendinize inanmanızın değeri yoktur. Yapacağınıza dair kendinize söz verdiğiniz şeyleri yapmıyorsanız kendinize güvenmemeyi çabucak öğrenirsiniz. Ya yapabilirsiniz ya da yapamazsınız. İşi ya yapar ya da yapmazsınız. Aklınız gerçeği bilir.

Öz güven, içsel disiplinle yakından ilgilidir. Nereden başladığımızı hatırlıyor musunuz? Bir özet: İçsel disiplin bir davranış ya da duygu değildir. Bu bir disiplindir. "Olana kadar yapın"dır. Daha fazla içsel disiplin, daha çok öz güven getirir ve uygun oranda öz güven, başarının direğidir.

"Kendinize inanın" sloganının dışında tutulan ikinci

parça, güvenin sürekli olmasıdır. Sorun kendinize inanıp inanmamanız değildir. Spektrumun güvensiz olan son kısmı en çok dikkati gerektirir, fakat diğer yanda aynı ölçüde tehlikeler vardır.

Kendine güven sürekliliği şuna benzer:

⬅ **Güvensizlik–Güven–**
**Kesinlik–**
**Aşırı güven–Kibir** ➡

Kendine güvenmeyen biri olmak istemezsiniz. Araştırmalar göstermektedir ki kendine güvenmeyen kimseler açık bir biçimde başarısız olurlar. Kendinize küçük de olsa bir inancınız yoksa içsel disiplin devreye girmek için hiç fırsat bulamaz.

Sağlıklı dozda güven ve kesinliğin bulunduğu orta kısma geçmek istersiniz. Kendine güven başarı ve gelirin temel bir şartıdır. Ne ölçüde öz güvenli olursanız büyük olasılıkla o oranda daha yüksek seviyede gelir elde eden bir bireye dönüşürsünüz. Araştırmalara göre, kişinin daha çocukluğunda yetişkinliğe ulaştığında alacağı maaş çekinin ölçülebileceğini göstermiştir.

Fakat kendilerine aşırı güvenen insanlara ne dersiniz? Araştırmalar göstermektedir ki bu kişiler genellikle kısa bir süre başarılı olmuşlardır. Sonra başarısız olurlar. Yüksek seviyede öz güven, finansal durumdaki ve özel ilişkilerdeki başarıyla bir hayli bağlantılıdır. Kendine aşırı güven ve kibir, başarıyla ve ardından gelen başarısızlıkla son derece bağlantılıdır.

Bunu sporda her zaman görüyoruz. Bir futbol takımının sıklıkla 10 puan verilerek beğenildikten sonra maçı kaybedip açıkça zaferi kaçırdığına dikkat edin. Yanlış giden neydi? Bu genellikle kendine aşırı güvenmekten kaynaklanır. Futbolda kendilerine aşırı güvenenler sakatlık geçirir. Yenildiler, çünkü ellerinden gelenin % 100'ünü denemediler. İşi ağırdan aldılar.

Başarıya ulaşmada en yok edici şey, kibir ve aşırı öz güvendir. Kendilerine aşırı güvenen insanlar az güvenenlere kıyasla kötü sorunlar karşısında yenik düşerler. Kendine güvenmek ve kendine aşırı güvenmek, iki farklı dünyadır. Öz güven, başarıya ulaşmada önemlidir. Fakat aşırı öz güven başarıyı yok edebilir.

Araba kullanırken aşırı öz güven, kafa kafaya çarpışmalara ve arabada meydana gelen rastgele olayları kontrol edemeyeceğiniz durumlara yol açar. Sekste aşırı öz güven, bebeklerin dünyaya gelmesine ve AIDS'in yayılmasına neden olur. İlişkilerde aşırı öz güven, onları yok eder. İş hayatında aşırı öz güven ve kibir; kötü kararlar alınmasına, fırsatların kaçmasına ve finansal yıkıma yol açar.

Öz güven -başarı için mutlak gereksinim- ve kibir arasında ince bir çizgi vardır. Biri kazanır. Diğeri kaybeder. Aşırı öz güvenli insanlar Süper Kupa'yı kazanamaz.

Spor karşılaşmalarında kazanan her takım, rakipleri hakkında şunu söyler: "Yetenekli ve zor bir takım, onlarla karşılaşmaya hazırlanmak için çok çalışacağız." Bu pozitif bir zihinsel tutumdur. Bu başarı tutumudur.

Başarı, doğru zihinsel tutumun sonucudur. Goliath, David'i hiçbir zaman görmezden gelmemelidir. Goliath, David'i hiçbir zaman küçümsememelidir. "Kazanacağız." riskli bir tutumdur.

Gerçek gibi görünen bir şeyi açıkladığınızda haklı olabilirsiniz, çünkü bilinçaltınız dinlemektedir. Kendine güvenen bir tutum: "Zor olacağını biliyoruz, ama her oyunda kapasitemizin en iyisini ortaya koyacağız, bugün kazanabileceğimize ve büyük olasılıkla da kazanacağımıza inanıyorum." Kendinize güvenin. Fakat kendine aşırı güvenmeye ve kibri kontrol altında tutun. Zihniniz dinliyor... Bu, davranışlarınızda ve ürettiğiniz sonuçlarda ortaya çıkacaktır.

*Soru:* **Yüksek hedefleriniz olduğunda kendinize gerçekten inanmanız gereken bir konuma girersiniz. Kendimden şüphe duyduğumda bocalarım. Bunu yapana kadar rol yaparım, fakat bu beni belirli bir mesafede tutar. Gerçekten atmak istediğim büyük adımları gerçekleştirmek için yeteneğimden şüphe duyduğumda ne yapabilirim?**

Sorgulama biçiminde şüphe, başarı için gereklidir. Şüphe dikkatin, ilginin ve eleştirel düşüncenin doğum yeridir. Planınız, etrafınızdakiler, işleri nasıl yapacağınız ve tüm süreç hakkında şüphe duymalısınız. Sonra her parçanın üzerinden geçin, bunları inceleyin ve eğer işler ters giderse -gittiğinde- ne olacağını apaçık görün.

Ama zorluğun üstesinden gelmek için yeteneğinizden şüphe duyuyorsunuz gibi görünüyor. Bu, başarılı olmak için yapmaktan vazgeçmeniz gereken bir şeydir. Bu yıkıcı türden bir şüphedir. İlerlemeyi tercih ettiğinizde durgunlaşmanıza neden olur.

Yıkıcı şüphe sinsice olabilir ve genellikle ilgisizlik, umutsuzluk, güvensizlik ya da direnme şeklinde ortaya çıkabilir. Yıkıcı şüphe, hayalleri yok eder. Umudun düşmanıdır. Daha mümkün olup olmadığından emin olmanıza bile fırsat kalmadan hayallerinizden vazgeçmenize neden olur.

Sadece hayallerinizin mümkün olmadığına karar verir ve peşlerini bırakırsınız.

Eğer bir şey yapmak için yeteneğinizden ciddi bir biçimde şüphe duyarsanız onu yapmazsınız. Yapmaya teşebbüs etmezsiniz bile. Neden yapasınız ki?

Eğer fırsatların mevcut olup olmadığından şüphe duyarsanız elinizde bulunanlardan vazgeçersiniz. Bunu, diğer insanların iyiliğinden şüphe etmeye kadar götürürseniz size önerilen yardımların hiçbirini kabul etmezsiniz.

Başarmak için yıkıcı şüpheyi denklemden çıkarmanız gerekir. Yıkıcı şüphenin yerine onun karşıtı olan yapıcı kesinlik ya da inancı benimseyerek bunu yapabilirsiniz.

Yapıcı kesinlik, kibir değildir. Kendine aşırı güvenmek demek değildir. Bir kez bir durumu değerlendirdiğinizde ve bir şeyler yapılabileceğine karar verdiğinizde bu görevin sizin için olduğuna inanmaktır. Genel anlamıyla kendinizden emin olmaktır.

*İşe Yarayan Başarı Eylemleri:* Şüphe duymak yerine inanmaya karar vermelisiniz. Bu bir kez değil, tekrar tekrar almanız gereken bir karardır. Yıkıcı şüphenin yavaşça içinize girdiğini hissettiğiniz her seferinde yerine ateşli inancınızı getirin. Hedefinize gerçekten ulaşabileceğiniz konusunda kanıtlarla kesinliği oluşturmalısınız.

"Bunu etkili bir şekilde yapabileceğimden şüphe duyuyorum." yerine "Bunu etkili bir şekilde yapabileceğimi biliyorum." (Sonra bunun üzerinden *harekete geçin.*)

"Bunun doğru bir şekilde sonuçlanacağından şüphe duyuyorum." yerine "Bunun doğru bir şekilde sonuçlanmasını sağlayacağım." (Sonra bunu *yapın.*)

"Başarmak için gerekenlere sahip olduğumdan şüpheliyim." yerine "Başarmak için ihtiyacım olan herhangi bir özelliği geliştirebileceğimi biliyorum." (Sonra bunu *mümkün kılın.*)

Başlangıçta kendinize yalan söylüyor gibi hissedebilirsiniz. Söylediğiniz kelimelere gerçekten inanmayabilirsiniz, fakat kanıt oluşturmada ve sonuçlarınıza inanmayı seçmede ısrar ederseniz eninde sonunda kazanırsınız.

Eğer ateşli inanç yıkıcı şüphelerinizi yok etmeye yeterli gelmiyorsa onları parçalara ayırıp inceleyin ve şüphelerin altında yatan bileşenlere karşı çıkın. İçinizde gerçekten neler olup bittiğini çözmek için bir detektif rolü üstlenin. Küçük bir araştırma ve büyük ölçüde acımasız bir dürüstlükle olayları daha açık bir şekilde göreceksiniz.

Aşağıdaki ifadeleri tamamlamak için boşlukları doldurun.

"_____ hakkında şüphe duyuyorum, çünkü _____."

"_____ karşı ilgisizim, çünkü _____ şüphe duyuyorum."

"_____ hakkında umutsuzum, çünkü _____ şüphe duyuyorum."

"_____ karşı güvensizim, çünkü _____ şüphe duyuyorum."

"_____ direniyorum, çünkü _____ şüphe duyuyorum."

Herhangi bir şüpheyi parçalara ayırıp incelemek yararlı bir araçtır, çünkü bütünün kendisindense bütünü oluşturan tekil parçalar hemen hemen her zaman daha az korkutucudur. Bir kez ana nedenler bilinirse yanlış inançları değiştirerek korkularla yüzleşerek ve sınırlayıcı inançları genişleterek bu nedenlerin birer birer üstesinden gelebilirsiniz.

Yıkıcı şüphelerin büyük olasılıkla hayal kırıklığına uğratan geçmiş deneyimlere ve hayatınızdaki diğer insanlar tarafından söylenen incitici şeylere dayandığını keşfedersiniz. Sizin bunları tümüyle dikkate almama seçeneğiniz var. Bu bir tercih.

Sonuç olarak tüm bunlar işe yaramazsa ve yıkıcı şüpheyi yok edemez ya da parçalara ayırıp inceleyemezseniz geriye yapılacak tek bir şey kalır: Onu görmezden gelmek. Anlamsız bir girişime benzese de herhangi bir şekilde harekete geçin. Uygulamayla diğer tüm adımları geçebilir ve bu aşamaya gelebilirsiniz. Bunun hakkında düşünmeyin. Bununla ilgili şaşırmayın. Sadece yapın.

İşte size gizli bir silah: *Başarmak için yeteneğinizle ilgili bir şüphe belirtisi de hissetseniz her seferinde bir an önce projeniz üzerinde çalışmaya gidin.*

Beyninizi, şüpheye derhâl yararlı hareketle karşılık vermesi için eğitin.

Her ne olursa olsun hedeflerinize mutlaka en iyi çabanızı vereceğinize dair kendinize söz verin. Zaman kaybı olarak görünse bile, olumlu bir sonuç yaratmak mümkün görünmüyor olsa bile ve gidişat zorlaşsa bile. Denemeye devam edin. Bunu yapmak için cesaret ve kararlılık gerekir. Başka türlü düşünerek kendinizi kandırmayın. Fakat bunun önemli olmadığını düşünerek de kendinizi kandırmayın. Bunun önemi var.

*Soru:* **Olumlamalar işe yarıyor mu? Onları kullanmadığım zamandan daha hızlı bir şekilde başarılı olmama yardımcı olacaklar mı?**

Genel kanı hızlı değişiklikler yapmak için olumlamaların çözüm yolu olduğudur. Ne yaratmak istiyorsanız onu bugün yaşıyormuş gibi tekrarlarsanız, o meydana çıkacaktır.

Umut verici olan, kendimizi daha zengin, daha sağlıklı, daha mutlu ve daha başarılı -hepsini küçük bir çabayla- düşünebiliriz.

Olumlu ifadeler kullanmanın sonuçları karışıktır; bazı başarılar gelir, fakat kesin olarak sihirli değnek yoktur. Olumlamalar yeterince sık ve uzun bir süre tekrarlanırsa yardımcı olabilir. Ancak gelişigüzel olumlamalarla içten kaynaklanan sorunlar tutarsız sonuçlar doğurur ve son tahlilde gerçekten çok da etkileyici olmazlar.

Olumlama ifadeleri kullanırken karşılaşılan temel bir sorun, aklınızı gerçek diye bildiği bir şeyden genellikle oldukça esnek olan bir şeye inandırmaya çalışmanızdır.

Aklın gerçekliği: "Ben 90 kiloyum."

Olumlama ifadesi: "Ben 60 kiloyum."

Aklınız olumlamayı bir gerçeğin bildirimi gibi kabul edene kadar olumlamanın çok az gücü vardır ve aslında kutuplaştıran ya da karşıt bir etki yaratabilir. Bir olumlama bilincinize karşı dikildiğinde bilinçaltınız dürüst olmadığınızı bilir. Bilinçaltınız uygun bir şekilde karşılık verir ve çoğu kez bazı içsel sabotaj mekanizmalarıyla sizi cezalandırmak için bir yol bulur. Beyin oldukça şaşırtıcı bir şeydir.

Araştırmalar göstermektedir ki duygularla ilgili bir şeyi yeterince sık ve uzun bir süre tekrarlarsanız en sonunda büyük olasılıkla ona inanırsınız. Bu yüzden olumlamalar yoluyla kendi kendine beyin yıkama işe yarayabilir… Eğer beynin savunmalarını ve içsel sabotajını geçebilirseniz.

İnançları değiştirmek için çok daha güçlü bir yöntem de soruları kullanmaktır. Beyinlerimiz çözüm bulan makinelerdir. Sorunları çözerler ve kendilerini, yöneltilen soruları yanıtlamaya zorunlu hissederler.

# Güven

Beynin ifadelere ve sorulara verdiği karşılıklar arasındaki fark büyüktür. Bir olumlama ifadesi kullandığınızda âdeta gerçekte doğru olmayan bir şeye kendinizi inandırmaya çalışırsınız. Kendinize "yalan söylersiniz" ve bu, zihinde her türlü sorunu ortaya çıkarabilir.

Belirgin bir şekilde olumlu ifadeler içeren soruları kullandığınızda çözümü bulup ona odaklanmak ve sizin için olumlu ve yararlı olan şeyleri araştırıp onlara inanmak için yeniden programlama döngüsüne girme amacıyla beyniniz için mekanizmayı harekete geçirirsiniz.

İşte bazı örnekler:

| Olumlama İfadesi | Olumlayıcı Soru |
|---|---|
| "Kendimi iyi hissediyorum." | "Kendimi neden iyi hissediyorum?" |
| "Kendimi seviyorum." | "Kendimle ilgili neyi seviyorum?" |
| "Kendimi bu hâlimle seviyorum." | "Kendimi daha çok sevmek için kendimle ilgili neyi değiştirebilirim?" |
| "Başarılıyım." | "Neden daha başarılı oluyorum?" |
| "Bu hâlimle başarılıyım." | "Daha başarılı olmak için ne yapabilirim?" |

Farkı görebiliyor musunuz?

Bir olumlama ifadesinin kendine özgü bir yapaylığı vardır. Sahte olduğu hissedilir ve sizi uygunsuz bir konuma sokar. Diğer yandan bir soru, araştırmacıdır. Özünde motive edicidir. Başarı için gerçek, dürüst ve kendi kendine doğrulayan bir motivasyon stratejisidir.

Eğer ifadede bir parça gerçek varsa "Kendimi iyi hissediyorum." ya da "Kendimle ilgili iyi hissediyorum" demek etkili olabilir. Eğer zaten iyi ya da en azından idare eder hissediyorsanız olumlu ifadeler iyi duyguları güçlendirir ve artırır. Fakat kötü ya da keyifsiz hissediyorsanız ruh durumunuzu açık bir biçimde değiştirmek için "Kendimi iyi hissediyorum." ifadesini tekrarlayarak mücadele edersiniz, çünkü zihninizi doğru olmadığını bildiği bir şeye inandırmaya çalışırsınız.

Herhangi birinin inançlarını, sadece karşıtını söyleyerek değiştirmeyi denediniz mi? Zor bir iş!

Olumlayıcı sorular çok daha güçlüdür. Kendinize, "Kendimle ilgili nasıl iyi hissedebilirim?" diye sorduğunuzda doğru olmadığını bildiğiniz bir şeye kendinizi inandırmaya çalışmazsınız. Bunun yerine, zihninize olumlu ve yararlı cevabı araması için soru sorarsınız. Bu, odağınızı hızla değiştirir ve hislerinizi olumsuzdan olumluya dönüştürmek için en emin yoldur.

"Kendimle ilgili neden iyi hissediyorum?" sorusu özellikle güçlüdür, çünkü bu soru iyi hissetmek için zihninizi nedenleri aramaya programlamakla kalmaz, aynı zamanda sizi iyi hissettirecek olumlu ifadeyi de içerir.

Yukarıdakilerden başka bir olumlama ifadesi de şudur: "Bu hâlimle başarılıyım." Bu tür olumlamalara karşı tedbirli olun. Bu tür bir ifade, aslında gelişmek için motivasyonunuzu ve dürtünüzü azaltır. Bu hâlinizle başarılı olduğunuza inanırsanız kendinizi iyileştirmek ve ilerlemek için hiçbir nedeniniz olmaz. Çıkmaza girebilirsiniz.

"Daha fazla başarılı olmak için ne yapabilirim?" olumlayıcı sorusu tam tersini yapar. "Daha fazla" kelimesini kullanarak soru bir şekilde zaten başarılı olduğunuzu vurgular, ardından daha da başarılı olabileceğiniz yolları tanımlamak için zihninizi kendi muazzam gücünü kullanmaya odaklayarak programlar.

*İşe Yarayan Başarı Eylemleri:* Kullanmakta olduğunuz her olumlamayı olumlayıcı sorulara dönüştürün. Daha derinlere inin ve kendinize şunu sorun: "Hayatımı iyi yönde değiştirmek için bugün kendime hangi etkili soruları sorabilirim?" Bir liste yapın ve bunu kullanın. Olumlu ifadeler içeren soruları birkaç ay kullanır ve deneyimlerinizi izlerseniz daha büyük başarılara doğru bazı önemli adımlar attığınızı göreceğinizi tahmin ediyoruz.

*Soru:* **Bazen kendimi donakalmış buluyorum ve harekete geçemiyorum. Zihnim "sadece yap!"maya ihtiyacım olduğunu biliyor; fakat bu, bedenimi ilerlemesi ve risk alması için her zaman ikna etmeye yetmiyor. Yapamayacağımı hissettiğim zaman kendimi gidip yapmak için nasıl ikna edebilirim?**

Birincisi, kendinizi aslında hiçbir tehlike bulunmadığınıza inandırmanız gerekir. (Ve bunun doğru olduğundan emin olun!) Eğer ilerlerseniz bir şeyin korkunç bir şekilde yanlış gideceği sizin düşüncenizdir ve dehşet içinde kilitlenmenize yol açar.

Bu eli kolu bağlanmışlık duygusunu aşmanın basit bir yolu kendinize sormaktır. "Olabilecek en kötü şey nedir?" ve "Eğer en kötüsü olursa bununla başa çıkabilir miyim?" Çoğu kez, olaylar korktuğunuz kadar kötü gitse de, onlarla başa çıkabileceğinizi görürsünüz.

İkinci olarak önceden plan yapın, böylece en kötüsü olursa ne yapacağınızı bilirsiniz. Topluluk önünde konuşmaktan korkuyorsanız, fakat gerçekten bir konuşma yapmak istiyorsanız -ya da zorundaysanız- kendinize işe koyulursanız en kötü olayın ne olabileceğini sorun. "Sahneye çıkma korkusu" ya da "ne söylemek istediğimi unutmak" şeklinde yanıtlayabilirsiniz. Bu durumlarla nasıl başa çıkacağınız üzerinde düşünün. Notlarınıza çalışarak mı üstesinden geleceksiniz? Gülerek geçiştirip o anı izleyiciler için bir şakaya mı dönüştüreceksiniz? Dinleyicileri iç çamaşırlarıyla mı hayal edeceksiniz? Fikri anladınız... En kötü durum senaryonuzu "ne olmuş yani" düşüncesine dönüştürürseniz bakış açınız değişecektir.

Üçüncüsü, zihninizde farklı bir sonucu senaryolaştırın. Korktuğunuz sonuç ne olursa olsun, bunun tam olarak karşıtı olan içsel bir senaryo geliştirin. İnanana kadar bu senaryoyu zihninizde tekrar tekrar oynayın. Topluluk önünde konuşma örneğini ele alarak bir sonraki aşamaya adım atarken gaza gelmiş, dinamik ve öz güvenli hissettiğinizi hayalinizde canlandırın. İzleyicilerin söylemek zorunda olduklarınızla ilgilendiklerini, dikkatle dinlediklerini, uygun zamanlarda güldüklerini, sözcüklerinizin düzgünce ve çaba harcamadan aktığını görün. Konuşmanızı bitirirken şiddetli bir alkış koptuğunu ve korkunuzu yendiğiniz için hissedeceğiniz inanılmaz coşku duygusunu hayal edin.

Dördüncü olarak korkularınızı azaltın, bu sayede onları ezebilirsiniz. Korkuları olduklarından çok daha büyükmüş gibi hissetmeye eğilimliyizdir. Gücünüzü tüketerek ve kararlılığınızı azaltarak üzerinizde belli belirsiz göründüklerini hissedersiniz. Korkularınızın azaldığını, küçüldüğünü ve karşınızda yerdeki bir böcekten daha büyük olmadığını hayal ederek bu algıyı değiştirin. Korkunuza sizi korumaya çalıştığı için minnettar olduğunuzu, fakat korumaya ihtiyaç duymadığınızı söyleyin. Sonra... isterseniz... onun üzerine basın. Ezip yok edin.

Korkularınıza meydan okumak için daha birçok yol vardır; fakat asıl nokta, onların hayatınızın kontrolünü ele almasına izin vermekten kaçınmanızdır. Korku her tarafa yayılabilir, öyle ki kontrolümüz dışındaymış gibi görünür, fakat korkunun duygudan başka bir şey olmadığını hatırlayın. İstediğiniz kadar onu yakından inceleyin, sorgulayın, üzerinde sakin bir şekilde çalışın ya da zorla kabul ettirin; önemi yoktur. Kontrolün korkularınızda değil sizde olduğunu hatırlayın.

*İşte size bir sır: Korku, size zirvenin gerçekte olduğundan daha uzakta bulunduğunu düşündürür!*

Yıllardır, filozoflar ve yazarlar bunu söylemek için etkili ve güzel yollar buldular: Bir dakika daha dayanamayacakmışsınız gibi göründüğü anda daha sıkı durun, çünkü gelgit dönmek üzeredir. Bu düşünce tekrarlanmıştır, çünkü gerçektir. Gelişimle ilgili ironi doğrudur, bir adım daha ilerleyemeyeceğinizi düşündüğünüzde genellikle bitiş çizgisine tahmin ettiğinizden daha yakınsınızdır. Varış yerini çok küçük ve uzakta gösteren kendi düşünceleriniz, korkularınız, şüpheleriniz, inançlarınız ve beklentilerinizdir. Bu yanılsamaya hiç sorgulamaksızın inanırsanız son aşamada pes edersiniz, bitiş çizgisinin sadece bir sonraki tepenin arkasında olduğunu fark etmeden!

***İşe Yarayan Başarı Eylemleri:*** Sorununuz, içinizdeki her şey panikle çığlık atıyorken ilerlemek için kendinizi nasıl iteceğinizi öğrenmektir. İnsanların bunu her gün yaptığını söylememize izin verin. Binlerce insanı bunu başarılı bir şekilde yapmaları için çalıştırdık. *Bunu yapabilirsiniz.*

Büyük olasılıkla var olduğunu düşündüğünüz sihirli bir an yok. Geri durduğunuzu, istediğiniz bir şeye ilerlemek için doğru zamanı beklediğinizi fark edersiniz. İlerlemek istediğinizi biliyorsunuz. Gerçekte kalemin ucunu kıtır kıtır yiyorsunuz, fakat bir şey sizi geri tutuyor. Öz güveninizin kesin bir noktaya ulaşmasını bekliyorsunuz, böylece kendinizi hazır hissedeceksiniz. Diğer bir deyişle, amacınızda başarılı olmak için yeteneğinizin zaten var olduğuna inanmıyorsunuz.

Açıkçası daha önce denemediğiniz bir seviyeye ulaşmak için önce öz güven duymayı bekliyorsanız güçlü bir dolambaçlı davranışsal döngü ortaya çıkacaktır. Hiçbir zaman harekete geçmezsiniz. Dediğiniz gibi, *yapamazsınız*. Neden? Çünkü ne zaman yeterli düzeyde öz güveniniz olduğunu bilmezsiniz. Gitmeye hazır olduğunuza kendinizi inandırmak için bunu ölçecek herhangi bir yol yoktur. Dünyadaki bütün teknolojiye rağmen henüz bir öz güven-ölçer görmedik.

Beklemekte olduğunuz sihirli an... ŞİMDİ'dir.

İnsanlar rahatlık bölgelerine ve sıradan rutinlerine alışkındır. Yeni olan bir şey yapmak, onunla rahat hissedene kadar hemen hemen herkesi huzursuz eder. Korku, alışık olduğunuz şeylerin dışına çıkmaktan kaynaklanır. Baştaki korkuyu geçmişte bırakmak için yukarıdaki teknikleri kullanırsanız gerçekten korkulacak bir şey olmadığını anlayacaksınız. Ayrıca korkularınıza doğru yürümenin sizi hızla daha yüksek bir kazanç düzeyine ve daha çok başarıya ulaştıracağını keşfedeceksiniz.

# 7

# Eleştiriyle Başa Çıkma

Çocuklar neden başarmaktan kaçarlar ya da başarısız olurlar? Düşünün. Başlangıçta yürümede, konuşmada, terbiyede, bisiklet sürmede, bir oyun oynamada, karar almada, okumada, toplama-çıkarmada her şeyde başarısız olurlar. İlk seferinde hatasız yapan bir çocuk yoktur.

Ebeveynlerin ve çevredeki insanların bu kronik başarısızlığın -öğrenilmiş deneyimler- nasıl üstesinden geldiği, büyük ölçüde, bu çocuğun başarı potansiyelini şekillendirecektir.

"Eğer ilk seferinde başarısız olursan tekrar tekrar dene." Anneniz ya da babanız bunu hatasız bir şekilde yaptılar mı? Eğer öyleyse siz şanslı olanlardansınız.

Bazı ebeveynler şunun gibi şeyler söylemeyi tercih ederler:

"Onu hiçbir zaman hatasız yapamazsın."
"Öğreniyorsun sersem, bunun için endişelenme. Kimse senden iyi bir iş yapmanı beklemiyor."
"Hiçbir şeyi doğru yapamazsın, değil mi?"

Bu tür cümleler duyduysanız onlar yıkıcıydı. Genç bir

yetişkin olarak bu ifadeler ve içinizde yol açtığı tepkiler büyük ölçüde başarınızı belirledi, ya da ondan geriye kalanı. Bugün hâlâ sizi etkiliyorlar mı?

Eleştirilerden kaçınmak için bazı insanlar rahatlık bölgelerinde kalırlar ya da kendilerinden bekleneni çok dikkatli bir şekilde yaparlar ve açık bir şekilde hiç negatif geri bildirim almazlar. Eleştirilmek istemeyen insanlar hiçbir zaman nasıl yapılacağını bilmedikleri bir şeyi yapmazlar, çünkü başarısız olmak istemezler. Buna karşılık, nadiren eleştirilen insanlar eninde sonunda başarısız olurlar. Bu yanılgıya düşmeyin.

Çalışırsınız, seversiniz, oynarsınız ve eleştirilirsiniz. Bu incitir ve utandırıcıdır. Bu gerçek dünyadır ve zirveye tırmanmak istiyorsanız bunu kabul etmeniz gerekir.

Kökeni ne olursa olsun eleştiri biraz incitir, çok incitir ya da dayanılmaz derecede acı verir. Açıkça eleştirilen birinin size gelip "Evet adamım, şimdi daha iyi hissediyorum!" dediğini anımsıyor musunuz? Bu olmayacaktır. Biz de sizin gibiyiz. Eleştiriyi -yapıcı eleştiriyi bile- ve reddedilmeyi sevmeyiz.

O hâlde eleştirinin nasıl üstesinden gelirsiniz?

İlk olarak, eleştiriyi duyduğunuz zaman duygularınızı hissetmelisiniz. Karşı koymayın. Bağırmayın. Çığlık atmayın. Kan dökmeyin. Nefes alın. Daha sonra duygularınızdan geri çekilin ve üç şeyi belirleyin:

1. Eleştirmen değerlendirmesinde haklı mıydı?
2. Eleştirmen sizi üzmeyi mi amaçlamıştı?
3. Eleştirmeni bir insan olarak umursuyor musunuz?

Doğruluk öndedir. Bir düzeyde gerçeğe yakın mıydı? Si-

## Eleştiriyle Başa Çıkma

zin ya da işinizin değerlendirilmesinin bir değeri var mı? Biraz bile olsa? Eğer yoksa bu yersizdir ve eleştiri değil, aptallıktır.

Bundan sonra kişinin sizi bir insan olarak mı yoksa yaptığınız herhangi bir şeyden dolayı mı eleştirdiğini tespit etmektir. Diyelim ki eleştirmen resminizi beğenmedi. Ancak resminiz çok iyi olmadığı için kötü bir ressam olduğunuzu mu söylüyor, yoksa *bu* resmin çok güzel olmadığını mı söylüyor? Tuzak ne kadar açık kurulmuş? Açık tuzaklar kuran insanlar tarafından yapılan eleştiriler, nadiren dinlenmeye değerdir.

Son olarak, eleştirmen sizi gerçekten bir şahıs olarak önemsiyor mu ve siz de onu önemsiyor musunuz? Bizi seven insanlar her gün bizi eleştirir. Sevmeyen insanlar tarafından gelen eleştiriler radarımıza kaydolmamalıdır. Bu, seven kişilerin eleştirisi daha doğru demek değildir. Aslına bakarsak seven kişilerin birbirlerine karşı eleştirileri taraflı olmaya eğilimlidir. Fakat ilişkinin değeri eleştiriyi incelemeye değer hâle getirir. Önemsemeyen birinin eleştirisi için zaman kaybetmeye değmez.

Eğer yaşamınızdaki birçok insan amaç ya da inançtan yoksun göründüğünüzü söylüyorsa veya sizi tanımlarken çok çekingen, rahatsız edici, utangaç, kibirli gibi herhangi kötüleyen bir ifade kullanıyorlarsa neden sizinle ilgili böyle bir izlenime kapılabileceklerini düşünün. Eğer eleştiri doğruysa -ya da doğruya yakınsa- bu acı verici iletişimi yararlı olarak görmeye çalışın. Ne kadar yararlı olursa olsun, eleştiri her zaman yakıcı olacaktır. Herkes hatalı ya da bir şekilde eksik olduğunun söylenmesinden nefret eder.

Gerçek şu ki başarıya giden yolda eleştiri yapılması yaygındır ve bu eleştirilerin çoğu anlamsızdır. Herhangi biri bir göreve başlamaya, hayatında bir değişiklik yapmaya ya da bir şekilde herkesin önünde tüm yolları denemeye karar verirse eleştiriler ardından gelecektir. Enerjinizi buna harcamayın ya da sizi aniden durdurmasına izin vermeyin. Eleştirinin şevkinizi kırmasına izin vermeyin.

Başarmak istiyorsanız eleştiriye tamamen açık olmalısınız. Bunu başarıya giden yolun bir parçası kabul edin. Eleştiri çok acı verebileceği için çok az insan, üzerinde eleştiriler bulunan bir yol seçer. Bu nedenle, eğer reddedilme ve eleştirilerin yarattığı duygularla başa çıkabilirseniz başarıya giden yol seyahat etmek için genellikle oldukça açık bir yoldur. Ve siz bunu yapabilirsiniz!

Eleştiriyle bir şekilde baş edemeyen birinin yüksek bir seviyeye ulaşması mümkün değildir. Ne kadar çok sayıda insan tarafından görülürseniz o kadar fazla eleştirilirsiniz. Başarılı kimseler üstün olmak, daha iyisini yapmak, daha iyi bir ürün yaratmak, hizmeti geliştirmek ve daha çok para kazanmak için eleştiriyi bir kaldıraç gibi kullanırlar. Eleştirinin bir daha asla başarıyla aranıza girmesine izin vermeyin.

*Soru:* **Oldukça üst düzey pozisyonda olan biriyim -özellikle halk önünde. Tüm yönlerden -canlı etkinliklerde ve yerel basında- eleştirildiğim görülüyor. Ön plana çıktığım gazete makalelerini okumayı bıraktım. Bu sürekli eleştirilerin beni rahatsız etmemesi için ne yapabilirim?**

Bununla yüzleşin. Biri sizin hakkınızda eleştirel bir şey söylediğinde ya da yazdığında başka biri aynı şeyi düşünüyordu. İyi arkadaşlarlasınız. Amerikan başkanları bir seçimi kazanırken nadiren oyların % 50'sinden fazlasını toplarlar.

## Eleştiriyle Başa Çıkma

İşin aslı şu ki daha çok insan sizi tanıdıkça sizi eleştiren insanların sayısı da artacaktır. Gerçek budur. Toplum tarafından tanındığınızda eleştiriden kaçamazsınız.

En gürültülü eleştirmeni dinlemeye devam ederseniz başarısız olacağınız söylenir. Profesyonel konumunuz ne olursa olsun hedefiniz herkesi memnun etmek değildir. Hatta insanların % 50'sini bile memnun etmek değildir. Hedefiniz izleyicilerinize hizmet etmektir. Müşterilerinizin hizmetçisi olmaktır. Arkadaşlarınızın arkadaşı olmaktır. Kendinize sadık kalmaktır.

İş hayatında en değerli eleştiriler hizmet ettiğiniz, danışmanlık yaptığınız kişilerden ya da en sadık müşterilerinizden gelir. Bu seslere dikkat edin. Gerçekten sizin çıkarınıza en iyi şekilde hizmet ederler, tıpkı sizin de onlara hizmet ettiğiniz gibi.

Müşteri ve alıcılarınızdan eleştiriler duyduğunuzda bunları dinlemelisiniz. Bu onların haklı olduğu anlamına gelmez. Hiç ilgisi yoktur. Sadece dinlemeniz gerektiği anlamına gelir. Mümkün olduğunda sizi eleştiren insanı kahraman ilan edersiniz.

Başarılı olmak için eleştiriye ihtiyacınız vardır. Eleştirilmemenin tek yolu hiçbir şey yapmamaktır.

Neden bir hedef olasınız? Sebebi ne olursa olsun insanlar yaptığınız bir şeyi sevmediklerinde eleştirmeye eğilimli olurlar ve kendilerini size bunu söylemeye mecbur hissederler. Eleştirinin olası birçok sebebi vardır.

Bazen insanlar size bir şeyler öğrettiklerini sanırlar.

Bazen sizden üstün olduklarını hissetmek isterler.

Bazen size yardım etmek isterler.

Bazen sizi önemserler ve diğerlerine karşı kötü görünmenizi istemezler.

İnsanlar genellikle kendilerine olan saygılarını tehdit altında hissettiklerinde eleştirirler. Kendilerini sizinle kıyaslarlar ve sizin sahip olduklarınıza ulaşmak için kendilerini disiplin altına almak istemezler. Kendilerini daha iyi hissetmek için eleştirirler. Bu, onların bilinçdışı yargılarının düşüncesidir.

Aldığınız eleştirinin doğal olarak daha kişisel olduğu görünüyor. Acınızı hissediyoruz. Her birimiz daha önce satıştan pazarlığa, beden dilinden motivasyona ve liderliğe kadar her şey hakkında tüm dünyada topluluklara konuşmalar yapmış olan profesyonel konuşmacılarız. Binlerce kere binlerce insan... Ve bazen seyircilerin arasında bir yerde çok kötü bir gün geçirmiş olanlar vardır.

Belki ailelerinden biri ölmüştür. Belki eşleri kendilerine bağırmıştır. Belki işlerinde bulundukları seviyeden geri düşmüşlerdir. Kim bilir? Öfkelerini kusarlar. Acılarını sizden çıkarırlar. Bu futbol oynamaya benzer. Eğer birinin size vurmasını istemiyorsanız o zaman bir futbol forması giymeyin. Giyerseniz size vururlar.

*İşe Yarayan Başarı Eylemleri:* İnsanlar açıkça eleştirdiklerinde bu özellikle acı verici olabilir. Eğer şikâyet haklıysa o zaman gerekli değişiklikleri yapın. Değilse bakış açılarını takdir edin, kendi bakış açınızı paylaşın ve geri bildirimleri için onlara teşekkür edin. Eleştiriyi tartışmanın, ona karşı savunmaya geçmenin anlamı yoktur. İnsanlar düşüncelerini bir kez açık olarak ifade ettiklerinde fikirlerini değiştirirler mi? Elbette hayır! Fakat eğer eleştiri yersizse diğer insanlar sizi eleştiren kişiyle nerdeyse hiçbir zaman aynı fikirde olmayacaklardır. Çabalarınızı bu destekleyicilere odaklayın.

Bir eleştirmenle sohbet ederken dikkati tekil bir olum-

# Eleştiriyle Başa Çıkma

suzluktan ayırıp olumlu bir tecrübeyle göstermeniz gerekir?

*Eleştiri:* "Son kitabını sevmedim."

*İçsel cevap:* "Herhangi bir ipucun yok. Bütün bunları bir araya getirmek için sonsuz saatler boyunca çalıştık ve bu konu hakkında şimdiye kadar okuduğun kitapların en iyisi."

*Dışsal cevap:* "Bu alanda en çok sevdiğin kitap hangisi ve onu bu kadar özel yapan neyden bahsediyor?"

Bu yolla olumsuzu olumluya bağlamak gereksiz kötü duyguları azaltabilir.

Eleştiri hepimizi tedirgin eder, fakat bizi yok etmek zorunda değil. Bunu hayatın bir gerçeği -özellikle açıkça yaşanan bir hayatın- olarak kabul edin. Bir daha asla eleştirinin başarıyla aranıza girmesine izin vermeyin.

*Soru:* **İş arkadaşlarımdan biri benimle, işimle ve tercihlerimle ilgili durmadan negatif yorumlar yapıyor. Genellikle bunun geleceği zamanı anlıyorum, çünkü "Bunu kişisel olarak alma fakat…" diyor ve içini boşaltıyor. Bunu kişisel olarak alıyorum. Çok mu hassasım?**

Ah, bu yaygın yalanlama olumsuz ya da aşağılayıcı yorumlar paylaşıldığı zaman yapılır. Kişisel olarak alma…

Kendinize dair oluşturmak istediğiniz görünümle çatıştığı için açık biçimde olumsuz yorumları savmaya kalkışırsınız. Bir insanın sizin hakkınızda söylediği her şeye de akılsızca inanamamakla birlikte bu bilgi parçalarını seçici bir şekilde içinize çekmek ve onları motivasyon için yakıt olarak kullanmak isteyebilirsiniz.

Negatif yorumlar ve negatif geribildirimlerle ilgili üç olasılık vardır:

1. Geribildirim çoğunlukla doğrudur ve kendinizi değişikliğe sevk etmek için onu kullanmalısınız.
2. Geribildirim kendi doğruluğunda karışıktır ve ihtiyaç duyulan yerde değişiklik yapmak için onu kullanmalısınız.
3. Geribildirim birçok boş laftan oluşuyordur ve onu görmezden gelmelisiniz, ancak daha iyisi bu geribildirimi daha büyük başarılara ulaşmak amacıyla kendinizi harekete geçirmek için kullanın.

Eğer iş arkadaşınız bu şekilde hisseden tek kişiyse o zaman yorumları değer taşımayacaktır. Fakat birçok insanın sizinle ilgili izlenimi aynıysa orada incelemeye değer bir şeyler vardır. Bu yorumlar hakkında tarafsız bir şekilde düşünün ve bunların gerçek tohumları içerip içermediğini kendi kendinize sorun.

İş arkadaşınızın eleştirilerinin haksız olması muhtemeldir. Yersiz eleştiri, acımasızlık ve şiddet gibi aynı aileden gelir. Her biri aynı ağaç üzerinde farklı büyüklüklerdeki elmalardır. İnsanlar gerçekten mantıklı olabilir. Dünya üzerindeki insanlar her gün hayatlarını kaybederler, çünkü A grubu B grubunun A grubu gibi olmasını ister. B grubu, A grubu gibi olmamayı tercih ederse olay şiddetle sonuçlanabilir. Bunu anlamak hayatınızın her aşamasında önemlidir.

İnsanlar kendilerinin haklı, diğer kişininse hatalı olduğunu düşünmeye kuvvetli bir biçimde eğilimlidirler. Bu eğilim yaygın olarak iş hayatında ya da yaşamda çalıştığınız alanda kendini belli eder. İş arkadaşınızın yorumları gerçekten biraz geliştirebileceğiniz performansınıza, kişiliğinize ya da alışkanlıklarınıza dair alanlara dikkat çekiyorsa bu geribildirimi, yaşamınızda olumlu değişiklikler yapmak için kullanın. Eleştirmeniniz yanlış yoldaysa o hâlde yorumlarının gerçekten sizinle ilgili değil onunla ilgili olduğunu kendinize hatırlatın.

**İşe Yarayan Başarı Eylemleri:** İş arkadaşınızın ve diğer insanların sizin hakkınızda söylediği kötüleyici şeylerin bir listesini yapın. Bu egzersiz çoğu kez kendi kendinize söylediğiniz negatif şeyler için de işe yarar. Ardından listeye bakın ve bunların önem taşıyıp taşımadığını dürüstçe değerlendirin. Bir kısmı önem taşımayacaktır ve bunları listenizde çizebilirsiniz. Buna rağmen diğerleri kişiliğinizde önemli kilit noktalardır ve bu şeylerin kontrolü sizde!

Beş kişi sizin "X" olduğunuzu söyledi diye bunun sizin X *olduğunuz* anlamına *gelmediğini* unutmayın. Bu onların haklı olduğu anlamına gelmez. Bu sizi ya X olarak gördükleri ya da görmek istedikleri anlamına gelir ve bu sizin için değerli bir bilgidir.

Başarmak istiyorsanız başarısız olmanızı isteyen bazı insanlara karşı hazırlıklı olun. İş arkadaşınız da onlardan biri olabilir. Küçük düşürücü kimselerin radar ekranına çarptığınızda başarılı olmaya başladığınızı anlayacaksınız. Bu yüzden cesur olun. Eleştiriye -özellikle yersiz eleştiriye- katlanıyorsanız oldukça iyi gidiyor olmalısınız.

Eğer tek amacı enerjinizi tüketmek gibi görünen olumsuz biriyle karşı karşıyaysanız onu dinlememe *tercihiniz* var!

Durun! Bütün bahaneleri duyduk. En yaygın olanları "Bu insanla çalışmak zorundayım." ya da "Fakat onlar benim ailem." Hiç kimseyle çalışmak *zorunda* değilsiniz, bunu *seçersiniz*. Kimseyle etkileşime girmek *zorunda* değilsiniz, bunu *seçersiniz*. Genellikle doğrudan yüzleşme etkilidir. İş arkadaşınıza onun davranışını dikkat dağıtıcı bulduğunuzu söyleyin ve ondan yapmakta olduğu şeyi bırakmasını isteyin. Yıkıcı bir şekilde onun hakkından gelmek yerine hangi alternatif eylemlerle harekete geçeceğinize önceden karar vererek bu tür bir etkileşimi önlemek için yeni yollar bulun. Eğer gerekiyorsa kendi kendinize sorun: "Bu insanı uygun ve etik bir şekilde nasıl hayatımdan çıkarabilirim?"

Eleştirel bir insanı hayatınızda tutmaya karar verirseniz o hâlde bu tür bir yorumu kelimesi kelimesine ele almanızı tavsiye ediyoruz. "Bunu kişisel olarak alma..." ifadesini duyduğunuzda siz de bunu kişisel olarak dikkate almayın. Ne kadar düşmanlık kusarsa kussun enerjinizi buna harcamayı reddedin. Başka yolla elde edemeyeceğiniz büyük bir hedefe ulaşmak için onun eleştirel kelimelerini kendinizi ilerletmekte bir roket yakıtı gibi kullanın.

*Soru:* **Bir yönetici olarak çoğu kez çatışmaları çözmekle uğraşıyorum. Bazen bu çatışmada ben taraf oluyorum, bazen de bu diğerlerini kapsıyor. Zorlu yolu seçmenin önemini anlıyorum, fakat bunu söylemek yapmaktan daha kolay. İşlerin düzgün bir biçimde işlemeye devam etmesini ve ekibimin doğru yolda ilerlemesini sağlamak için bir tavsiyeniz var mı?**

İşyerinde çatışmalara yakalanmak kolaydır, özellikle de drama oynayan biri tarafından körükleniyorsa. Bir adım gerileyin ve kendinize birkaç soru sorun.

### Hangi Davranışın Değiştirilmeye İhtiyacı Var?

Davranışlar üzerinde odaklanın, insanlar üzerinde değil. Özellikle savunmada olduklarında kişilere odaklanmak, hızla daha çok çatışmanın ortaya çıkmasına yol açabilir. Savunmada olan biri kişisel geribildirimi, iyi niyetli olduğunda bile, büyük olasılıkla şöyle yorumlayacaktır: "Bütün bunlar senin hatan."

Sorunlar ve gözlenebilir davranışlar üzerine odaklanmak, durumu daha az korkutucu hâle getirir. Ayrıca arzulanan davranışı açıkça belirtmek oldukça yararlıdır ve bir davranıştaki değişikliğin ekip için neden iyi olacağı konusunda kişiselleştirilmeyen nedenler gösterir.

### Gerçekler Nelerdir?

Gerçeklere odaklanın, yargılara değil. Gerçekler tarafsızdır. Bazı insanlar hâlâ gerçekler üzerinde tartışacak olmasına rağmen onların çatışmanın kaynağı olma olasılığı azdır. Diğer yandan, yargılar özneldir. İki insan hangisinin yargısının daha iyi olduğu hakkında kolaylıkla ayrılabilir ve tartışabilir.

Gerçeğe dayanan bir yorumla bir yargıya dayanan yorum arasındaki fark nedir? Bir gerçek, tarafsız veya ölçülebilir bir standart olarak kullanır: "8:00'de burada olman gerekiyor, ancak Pazartesi günü 8:15'te ve Perşembe günü de 8:23'te geldin." Bir yargı kişisel bir referans noktasını ele alır: "Her zaman işe geç kalıyorsun."

Gerçek ve yargı arasındaki fark "Ben ifadeleri"nin neden pozitif iletişimi desteklemeye yardımcı olduğunu açığa çıkarıyor. "Sen saygısızsın" ifadesi bir yargı bildirmesine rağmen "İfadenin saygısızca olduğunu hissettim" ifadesi bir gerçektir. Diğer insanı ya da niyetlerini yargılamak yerine nasıl hissettiğinizi açıklamak çatışmayı azaltır ve konuşmanızı pozitif bir tonda tutmanızı sağlar.

### Aynı Fikirde Olmamayı Kabul Edebiliyor musunuz?

Bir durumda yapabileceğiniz en iyi şey bu olabilir. Sorun yok. Eğer meseledeki fikir ayrılığı, üzerinde çalıştığınız görevi ya da projeyi somut olarak etkilemiyorsa o hâlde onu masaya yatırın ve birbirinize iyi davranın.

İnsanlar mantıklı olarak belirli bir durumda en iyi davranışın hangisi olduğu ya da saklı olan anlamların neler olabileceği hakkında değişik yargılara ve fikirlere sahip olabilirler. Kişisel olarak rahatsız edici olmadan -işin sırrı ve zorluğu buradadır!- bir parça fikir ayrılığıyla yaşamaya istekliyseniz çoğunlukla bir ilişkiyi iyi sürdürebilirsiniz.

### Bir Kahraman Olabilir ve Ekibiniz İçin Mücadele Edebilir misiniz?

Evet, zorlu yolu seçmek iyi bir stratejidir. Amaçlarınıza bakın. Mümkün olduğunda daha iyisi için gerektiği gibi kâr sağlayan bir kafa yapısı benimseyin.

Hiçbir taraf hareket etmediğinde bu, tüm projeyi ya da ekibi mahvedebilir. Bu tür bir çıkmazdan belirgin bir kazanan doğmaz. Her bir taraf haklı olduğuna kendini inandırabilir, fakat bunu bir sonuca ulaştırmayı deneyin. Böyle güç bir durum yalnızca kaybedenleri yaratır.

Birinin yükselmesi, kahraman olması ve işi daha iyiye götürmesi gerekir. Neden siz olmayasınız?

Her iki tarafa istedikleri şeylerin çoğunu kazanmaları için yardım etme istekliliği daha yüksek seviyede bir liderlik gerektirir. Bir yönetici ve bir birey olarak bu tür bir olgunluğa erişmek için çabalayın.

Bir taraf kazanç sağlamak için isteklilik gösterdiğinde çoğu kez aslında kazanca olan gereksinimi yok ettiğini sık sık görürüz. Açıkça kişisel bütünlük göstermek ve hevesli bir tutum, etkileşimin havasını değiştirebilir ve çatışan görüşler arasındaki açığı kapatmak için yeterli olabilir.

***İşe Yarayan Başarı Eylemleri:*** Gözlenebilir davranışlara dayanın ve gerçeklere odaklanın. Eğer bir durumun gerçekleri hakkında tartışırsanız aktif bir şekilde onlarla ilgili ortak bir anlayış geliştirmeye çalışın. Sonra diğerlerinin öznel yargılarını anlamaya çalışabilirsiniz.

Eğer tartışmanın kesin noktaları üzerinde bir çıkmaza girerseniz saygılı bir şekilde fikir ayrılığını kabul etmeye ve ilerlemeyi sürdürmeye çalışın. Son olarak, diğerinin konumunu kabul etmek için açık bir dürüstlük gösterirseniz çözüme doğru en hızlı şekilde çalışırsınız. Bir parça enerji harcamanız gerekse bile zahmetli ve verimsiz bir çatışmaya harcanmaktansa ilerlemeye doğru yönlendirilebilen enerji, çıkış noktanız olacaktır.

*Soru:* **Başka insanların benim hakkımda ne düşündüğü benim için gerçekten önemli, bazen çok önemli. Ne yaptığım ya da söylediğim hakkında birinin ne düşündüğünü merak etmek, bütün gece uykumu kaçırabiliyor. Başkalarının görüşlerine çok fazla önem vermeden belli gelişmeler kaydetmek için diğerlerinden gelen geribildirimi nasıl dengeleyebilirim?**

Başka insanların düşüncelerine karşı duyarlı olmak başarı için büyük bir engel olabilir. Başarılı olmak için kimin görüşlerinin önemli olup kiminkilerin önemli olmadığını belirlemeniz gerekir.

Başka insanların tavsiyelerini dinlememeniz gerektiğini mi söylüyoruz? Hayır, asla. Fakat kaynağı incelemeniz gerekir. Tavsiye akla uygun mu? Hangi bilgi ya da deneyime dayanıyor? Onu test etmek için bir takım yeni bilgileriniz var mı? El altındaki gerçek bilgiye dayanarak ne yapacağınıza karar vermelisiniz, başkalarının ön yargılarına ya da endişelerine dayanarak değil.

Görüşlerinin sizin için önemi olması gereken bazı insanlar vardır; sizi işe alan kişi, çekinizi imzalayan kişi veya hayat ortağınız gibi. Gezegende yalnız yaşamıyorsunuz, fakat tabii ki sürekli diğer insanlar sizinle ilgili ne düşünüyor diye korkarak yaşamak zorunda da değilsiniz.

Daha detaylı konuşursak destekleyici yapılara işaret ettiğimizde görüşlerini inceleyip dikkate alacağınız az miktarda insan seçmeniz gerekecek. Sizinle aynı fikirde olmayan, size meydan okuyan ve başarıya giden yolunuzda aptalca bir şey yaptığınızda size seslenecek insanları araştırın. Tekmelendiğinizi bile hissetmeden istediğiniz yönde kıçınızı tekmeleyecek bir grup danışman, rehber ve koç istiyorsunuz. Bu, bahsetmekte olduğumuz türde bir görüş değil.

Başkalarının görüşlerine çok fazla önem vermek, başarı isteyen bireylerin çoğunluğunda karşılaştığımız çok büyük bir sorundur. Bu başarıya olan yaklaşımlarını, motivasyonlarını, bireysel hedeflerini ve arzuladıkları yaşam tarzını etkiler. *Siz*, düzenlediğiniz hayat yolculuğuna devam ederken dünyadaki insanların çoğuna ne düşündüklerini umursamadığınızı anlatmak son derece önemlidir.

Hareket eksikliği, çekingenlik, başarısızlık korkusu, utanma duygusu ya da alaya yol açacak herhangi bir mesele tarafından durdurulursanız bu durumda diğer insanların düşüncelerini başarınızdan daha çok önemsemekle ilgili bir sorununuz var demektir.

Mali durumunuzu düşünün. Nakit paranız olmadığını bildiğinizde dışarı çıkmayı kabul eder misiniz? Para durumunuzun tamamen kontrolden çıktığını bilmenize rağmen "dışlanmış" görünmediğinizden emin olmak için büyük, pahalı şeyler satın alır mısınız? Bunları yapıyorsanız başkalarının ne düşündüklerine çok önem veriyorsunuz demektir.

## Eleştiriyle Başa Çıkma

Karar vermeniz gerek. Ne istiyorsunuz?
Bir terfi kazanarak kariyerinizde başarılı olmaya mı çalışıyorsunuz?
Kilo vermek mi istiyorsunuz?
Servet yaratmak mı istiyorsunuz?
Harika bir ilişki mi arzuluyorsunuz?
Bir kitap yazmak mı istiyorsunuz?

Diğer insanların görüşlerine verdiğiniz değerin yolunuza çıkmasına izin verirseniz bu şeylerin hiçbirinde başarıya ulaşamazsınız. Başkalarının görüşlerine ne kadar enerji harcadığınızı fark etmelisiniz.

Hayırdan çok evet demeye eğilimli olan insanlar ve hayallerine ulaşmak için kendini riske atmaya isteksiz olanlar, kayda değmez. İşte mesele de budur. Sizi durdurmaya çalışan insanların çoğu bunu, onların korkularına sahip olmadığınız için yaparlar. Korkuları öyle güçlüdür ki korkularını sürdürme ihtiyaçlarını gidermek için size yansıtırlar. Onların korktuğu ya da başarısız olduğu şeyde başarılı olursanız korkuları ve başarısızlıkları daha da fazla belirgin hâle gelecektir. Ayrıca kendilerinin veremeyecekleri bir karardan sizi vazgeçiren insanlar gerçek dostlarınız değildir, bu yüzden o kişilerin düşüncelerinin önemi olmamalıdır.

***İşe Yarayan Başarı Eylemleri:*** Başkalarının düşündüklerini çok fazla önemsemeyi bırakmanız için yapabileceğiniz şeyler şunlardır.

### 1. Kendinizi Tanımlayın

Kendinizi tanımlamalısınız. Shakespeare'in dediği gibi, "Kendine karşı dürüst ol." Kendinize karşı dürüst olmazsanız başarıya giden yol zor olacaktır.

İşte, kendinizle ilgili sağlam bir anlayış geliştirmek için cevaplayabileceğiniz bazı sorular. Bu soruları, ancak üzerlerinde gerçekten düşündükten sonra cevaplayın.

Değeriniz nedir?

İş hayatında, yaşamda, ilişkilerde ve diğer alanlarda gerçekten başarıya ulaşabilir misiniz? Bu başarı neye benziyor?

Amaçlı ve dengeli hedeflerinizi hayata geçirebilmek için kendinize yeterince inanıyor musunuz?

Bir kez kendinize dair daha iyi bir algı geliştirince herhangi bir şeye hâkim olmak istiyorsanız yapacaklarınızı gerçekleştirmelisiniz. Pratik yapmalısınız. Kim olduğunuzdan, ne yaptığınızdan ve belirli bir durumda neden harekete geçmeyi ya da tepki vermeyi seçtiğinizin sürekli farkında olmalısınız. Davranışınızı seçiyor musunuz yoksa bu, başkalarının ne düşünebileceğine göre mi belirleniyor?

Kim olduğunuzu bilmeden kaderinizi gerçekleştiremezsiniz. Kendinize karşı dürüst olmadan potansiyelinize ulaşamazsınız.

## 2. Fikrinizi Söyleyin

Eski bir deyiş vardır, "Bir fikrin savunucusu olmazsan o zaman herhangi bir şeye aldanırsın." Bu derin bir ifadedir. Düşünün. Gerçek şu ki fikirlerinizi ve tutkularınızı savunmazsanız size, karşı çıkıldığında ürküp çökersiniz.

Bir görüşü benimseyip savunun. Bu görüşü *neden* benimsediğinizi bilin. İnandığınız şey konusundaki duruşunuzu ve bu duruşu neden benimsediğinizi bilin. Sadece herhangi bir yerde duyduğunuz için ve arkadaşlarınız buna inandığı için bir şeye inanmayın. Bir birey olarak herhangi birinin papağanı olamayacak kadar değerlisiniz.

Bir birey olun böylece güçlü bir etki bırakırsınız.

## Eleştiriyle Başa Çıkma

### 3. Güdümlü ve Sürekli Hareket Edin

İnsanların görüşleri farklılık göstersin ya da göstermesin, uğruna mücadele edecek kadar tutkularınızda ve fikirlerinizde kesin olarak ısrar ettiğinizde hedeflerinize, isteklerinize ve hayallerinize doğru hareket etmeye büyük ölçüde hazırsınızdır. En zor kısmı fikirlerinizi savunmak için karakterin güçlenmesidir, özellikle bu tipte bir kişiliğiniz yoksa. Fakat bir kez bu noktaya ulaştığınızda saldırgan bir biçimde hayallerinizin peşine düşmek daha kolay olur.

Aslında kimse ciddi olarak yolunuza çıkmaz. Varmak istediğiniz yere ulaşmanıza yardımcı olmaya istekli insanlar, yolunuzda duracak insanlardan daha fazla olacaktır.

Neden?

Çünkü amaçladığınız hayatı yaşayacaksınız. İnandığınız şey hakkında tutkulu olacaksınız. Dolaylı olarak saygı göreceksiniz ve sonuç olarak arkanızdan gelen birini bulacaksınız. Arkanızdan gelen birini bulursunuz, çünkü çoğu insan neye inandığını bilmez ve tutkulu, sıkıca yerleşmiş bir bireyi takip etmek için ilk fırsata sarılır. Bir kez yolculuğunuza başladığınızda ve ilerlediğinizde ivme kazanmaya başlarsınız.

Başkalarının ne düşündüklerini çok fazla önemseme sorununun çözümü çok fazla çaba ve pratik gerektirir. Fakat bunun gerçekleşmesi için zihninizde değişiklikler yapabilirsiniz. Sonuç olarak başarılarınızla ilgili daha fazla öz saygı -ve başkalarının saygısını- kazanırsınız. Bu yatırımı içinizde bugün yapmaya başlayın.

# 8

# Öz Denetim

Öz denetim, düşüncelerimizi ve hislerimizi nasıl ve ne zaman açıklayacağımız ve hangi dürtülerimizi harekete geçireceğimizle ilgili karar verme yeteneğidir. Bir sonuç üretmek için yapabileceğiniz her şeyle ilgili %100 sorumluluk almanız demektir ama bu, %100 kontrol sahibi olduğunuz anlamına gelmez. Kimse hayatı üzerinde bu kadar kontrol sahibi olmaz.

Kötü şeyler olur, hem de çok fazla olur. Fırtınanın yönünü değiştiremezsiniz. Yalnızca fırtına bittiğinde sizin ve sevdiklerinizin kurtulmanıza ve başarmanıza izin verecek şekilde bu süre boyunca manevra yapabilirsiniz.

Öz denetim, bir araba kullanır gibi kendi beyninizi kullanmaktır.

Nereye gitmek istediğiniz hakkında düşünün.

Bu yönde ilerleyin.

Yol boyunca kötü şeyler olur, dolambaçlı yollar ve yol inşaatı gibi.

Ya yolun açılmasını beklersiniz -gelecek yıla kadar- ya da dolambaçlı yola girersiniz.

Yeni rotayı kullanarak oraya gidip gidemeyeceğinizi kontrol edersiniz.

Oraya ulaşırsınız.

Öz denetiminiz sayesinde varış yerinize ulaştınız.

Son 20 yıldır, öz denetim ya da öz yönetim, bilimsel çalışmaların hararetli bir konusu oldu. Toplum bilimciler kendine hâkim olmak için ne gerektiğini keşfediyorlar. Neyin işe yarayıp neyin yaramadığı konusunda giderek daha fazla bilgi sahibi oluyoruz.

O hâlde neden insanlar varış yerlerine ulaşmak için davranışlarını değiştirme doğrultusunda planlarının ve denetimlerinin yönünü tamamen değiştiremiyor ya da hayal kırıklıklarını yönetemiyor? Neden aslında hiçbir yere varmayacakları hâlde sadece bir yere varmayı tercih ediyor gibi görünüyorlar? Çünkü öz yönetimi hiç öğrenmediler.

Öz denetim olmadan başarıya giden yolunuzda sizi durduracak, kendi kendinize zarar veriren ve mantıksız davranışların hepsini kontrol altında tutamazsınız. Örneğin; öz yönetimin bir şekli, mükemmeliyetçiliğe kapılmamaktır. Zirve başarısına sahip olanlar, sapak işaretinin "sappak" olarak okunmasının gerçekten önemi olmadığını anlamışlardır. Herkes düzeltmek için bir yazım hatası aramakla uğraşırken onların tek önemsedikleri gitmek istedikleri yere ulaşmak için bu sapağı *kullanmaktır*.

"Sappak" işaretiyle ne yapacağınız hakkında düşünerek zaman kaybetmek size ne kadar memnuniyet getirir? Ya da para? Mutluluk? Öz denetim uygulamak ve işe odaklanmak, gitmek istediğiniz yere varmak için "sappak" işaretini nasıl kullanacağınızı anlamak, içinizdeki potansiyeli kullanmaktan doğan memnuniyeti, parayı ve mutluluğu getirir. Büyük fark.

Öz denetimi güçlendirmek bugünden başlayan ve -umuyoruz ki- hayatın geri kalanında devam eden günlük ve sonu gelmez bir süreçtir.

## Öz Denetim

Öz denetimi daha iyi kavramanızı sağlamak için hızlı bir görselleştirme uygulayalım. Bu kitabı rahat bir koltukta uzanırken okuduğunuzu hayal edin. Tamamen gevşemiş, sıcak ve rahatsınız. Bundan hoşlanıyorsunuz.

Birdenbire telefon çalmaya başlıyor.

Ne yaparsınız? Elbette cevap verirsiniz.

Telefon çaldığında ona neden cevap verdiğinizi biliyor musunuz? Hayat değiştiren haberler beklediğiniz için değil, kimin aradığını görmeye can attığınız için. Önceki koşullanmanızdan dolayı telefona cevap verirsiniz. Telefon zili, itaat etmeyi öğrendiğiniz sinir bozucu bir sinyaldir. Bunu düşünmeden ya da herhangi bir özel karar almadan yaparsınız. Telefon çalar, siz tepki verirsiniz. Rahat koltuğunuzdan kalkar, kitabı yanınıza koyar ve cevap vermek için acele edersiniz.

Mantıksal, faydacı, koşullanmamış bir bakış açısından bakınca; eğer bir krizle uğraşmıyorsanız ya da belirli bir kimse için hazır olmanız gerekmiyorsa o hâlde neden telefona cevap vermek için yaptığınız işi bölüyorsunuz?

Bu rahatsız edici dış etkinin sizi nasıl kolayca harekete geçirdiğini görüyor musunuz? Önceki kafa yapınızı ve davranış biçiminizi değiştirdi. Her şeye rağmen bir süre huzur ve sessizlik içinde kitap okumayı planlıyordunuz. Buna can atıyordunuz. Ne yazık ki bu rahatsız edici duruma derin bir şekilde koşullanmış tepkiniz güzel planlarınızı berbat etti.

Bu, birçoğumuzun sıklıkla unuttuğu küçük bir ayrıntıya dikkatinizi çekmek için düzenlenmiş basit bir günlük örnek: Çalan telefona herhangi bir şekilde tepki vermek zorunda değilsiniz. Onu tamamen görmezden gelebilirsiniz. Ayağa kalkmak yerine rahatlayıp o konforlu koltuğa iyice yerleşebilirdiniz. Tüm yapmanız gereken baştaki planınıza yoğunlaşmanızdır; hepsini bilerek, isteyerek okuyun, dinlenin, öğrenin.

Sonra başka birinin aklınızı meşgul etmesine izin verirsiniz. Koltukta doğrulur ve "Hey, telefon çalıyor. Bu artık kendimi kontrol etmeyi durdurma ve rastgele birinin aklımı meşgul etmesine izin verme zamanımın geldiği anlamına geliyor."

Şimdi aynı durumu kısmen farklı bir senaryoyla hayal edin. Hoşça vakit geçiriyorsunuz; okuyor, öğreniyor, zihninizi ve bedeninizi dinlendiriyorsunuz. Telefon çalıyor. Fakat ayağa kalkmak yerine telefonu görmezden geliyor ve kitabınıza odaklanmaya devam ediyorsunuz. Aklınızın bir köşesinde telefonun çıkardığı sesin farkındasınız, buna rağmen aldırış etmiyorsunuz. İlk refleksinizi takip etmeyi reddediyorsunuz. Telefon, davranışınız üzerinde kontrol sahibi değil ve sizi bir santim bile kıpırdatamıyor.

Bu zirve başarısına sahip olanlar tarafından ortaya konulan türde bir öz denetimdir. Zili kapatırlar... ya da bunu yapmadıkları için kendilerine söverler ve sonra sesli mesaja geçmeden önce telefonun birkaç defa çalmasına izin verirler.

Yanlış anlamayın. Telefonu açmakta yanlış olan bir şey yoktur. Bir daha asla telefona cevap vermemenizi söylemiyoruz. (Eğer bir akrabanız hastanedeyse ya da çocuklarınız okuldaysa ve bazı nedenlerle onların aramasını bekliyorsanız, telefona bakın.) Fakat bu örnek, dışarıdan gelen farklı uyarıcıya kesin bir şekilde tepki verme alışkanlığına ne kadar sık yakalandığımızı gösteriyor. Bunu, düşünmeden ya da arkaya bir bakış atmadan yapıyoruz. Bir telefon zili duyduğunuzda kendinizi şunu sormaya şartlamalısınız:

## Öz Denetim

"Kiminle konuşmak istiyordum?" Arayan kişinin numarasına bakın. Diğer taraftaki kişi o mu?

Öz denetim sağlamak egzersiz gerektirir. Başlangıçta telefona cevap vermemek çok zordur. Kendinizi tuhaf hissedersiniz. Suçluluk duyarsınız. Bir şeyleri kaçırıyormuş gibi hissedersiniz. Her türde negatif duyguyu yaşarsınız. Fakat telefonu görmezden gelmeyi seçer ve onun çalmasına izin verirsiniz.

Merak, kızgınlık ve endişe; hemen hemen her zaman vücudunuzun alarm sinyalleri vermesine neden olan aşırı tepkilerdir. Çalan bir telefonu görmezden gelmeyi öğrenmek, içsel bir sakinleştirici yaratır. Rahatsız edici olan şeyle aranıza psikolojik bir bariyer koyarsınız. Alışılmış yanıtınızı ertelemek için egzersiz yaptığınızda kendinizi aşırı tepki vermekten korursunuz ve koşullanmış reflekslerinizi azaltırsınız.

Aynı prensip stresi tetikleyen neredeyse tüm durumlarda işe yarar. Bu, gerçek sorunları görmezden gelebileceğiniz anlamına gelmez. Hayır, bir tepki ya da yanıt vermeniz gereken gerçek bir sorunla uğraşmalısınız. Fakat zihninizin mümkün olduğunca açık ve sakin olduğu, duygusal olarak bağımsız bir yerden yanıt vermeyi öğrenmelisiniz. Stres altında harekete geçtiğinizde zihniniz kaygılı, sinir sisteminiz gergin olur ve kötü bir karar verirsiniz.

Öz denetim, geçen yıllar boyunca şekillenen koşullanmış yanıtları değiştirmekle ve durumun sorumluluğunu üzerine almakla ilgilidir. Kendinize hâkim olabilirsiniz. Bir sorun ya da durumla karşılaştığınızda sakin kalmayı tercih edebilirsiniz. Zirve başarıya sahip olanlar kendilerini, duygularını ve kendilerini içinde buldukları herhangi bir durumu kontrol altında tutarlar.

*Soru:* **İş yerinde olaylara düşünmeden tepki vermekle tanınıyorum. Yönetime terfi etmeye çalışıyorum ve bu eğilimi kontrol altına almam gerektiğini biliyorum. Biri gerçekten üzerime geldiğinde nasıl istifimi bozmayacağıma dair bana bir tavsiye önerebilir misiniz?**

Tahmin ediyoruz ki diğer insanlar gününüzü berbat ediyorlar. Bazı insanlar düzenli olarak bunu yapmaya bayılırlar, çünkü onlar tepki bağımlısıdır. O sırada iyi hissetmek için neye ihtiyaçları olduğunu düşünüyorlarsa onu yaparlar. Gününüzü mahvetmek için diğerleri boş sözler söylediklerinde kendinizi nasıl hissedersiniz? Öfkeli... yılgın... keyifsiz... endişeli? Bunu tecrübe etmek zorunda değilsiniz. İlla bir duygu seçmeniz gerekiyorsa hayatı kaçırdıkları için hayal kırıklığına uğramaya ne dersiniz?

Ya da daha iyisi, cevap vermeden önce duygudan arınmayı öğrenin. Bir yönetici olarak ya da hayatınızın başka bir alanında başarılı olmak için öz yönetime sahip olmanız gerekir. Duygusal olarak arındığınız zaman daha iyi kararlar verirsiniz ve diğerleriyle daha olumlu ilişkiler kurarsınız. Bu zihninizi mümkün olduğu kadar açık tutar.

Öz denetim kolay gibi görünen bir kavramdır, fakat hiç de öyle değildir. Diğer insanlar sizi alt üst ederken ya da stresli durumlarla uğraştığınızda kendinizi rahat hissetmenin ne kadar zor olabileceğini biliyoruz. Bu özellikle hazırlıksız yakalandığınız zamanlarda geçerlidir. Bu durumlarda öz denetimi nasıl uygulayacaksınız?

İşte size sakin kalmanız için yardımcı olacak bazı kanıtlanmış stratejiler:

**Tepkinizi erteleyin.** Bir stres etkenine karşı tepkinizi ertelemeyi öğrendiğinizde anlık patlamaya hazır bir tepkinin alışkanlık yapan döngüsünü kırarsınız. Sakinleşmeye ihtiyacınız olduğunda 10'a kadar saymayı öğütleyen basit tavsiyeyi büyük ihtimalle duymuşsunuzdur. 10'a kadar saymak tepkinizi ertelemek için bir yoldur. Bir durumda oldukça yararlıdır: Olabildiğince *yavaş bir şekilde* saymanız gerekir. Bunu yaptığınızda tepkinizi etkili bir biçimde ağırdan alırsınız. Siz gevşeyip kaslarınızdaki gerilimi bırakırken 10'a kadar saymak zihninizi patlamaya hazır bir durumdan uzaklaştırır.

**Nefesinizi kontrol edin.** Çoğu kez en önemli adım nefes alıp verişinizi kontrol etmektir. Psikolojik düzeyde düzenli nefes almak, kalbin yavaşlayarak düzgün bir biçimde atmasını sağlar. Oksijen beyne ve tüm vücuda düzenli bir biçimde gider. Diyaframınızdan -karnınızdan, göğsünüzden değil- derin bir şekilde ve yavaşça nefes alın. Tepki vermeden önce 10 saniye nefes almanız bile koşullanmış reflekslerinizi azaltıp yenilerini yaratmada büyük bir adım olabilir.

**Yaratıcı olun.** Müzik uzun zamandır bilinen etkili bir rahatlama aracıdır. Stresli bir çevrede olduğunuz zaman rahatlatıcı bir CD çalarak bunu kendi avantajınıza kullanın. Son araştırmalar göstermektedir ki bir şarkı mırıldanmak ya da genellikle meditasyonu çağrıştıran türde bir ses çıkarmak ("hmmmmm") stres döngüsünü dağıtmaya yardımcı olur. Çok fazla gerilim hissetmeye eğilimli olduğunuzda çene kaslarınızı gevşetmek de yardımcı olabilir. Hatta sakız çiğnemenin bile stresli durumlarla başa çıkabilme yeteneğinizi güçlendirdiği ortaya çıkmıştır. Etkili stres yönetimi tekniklerini ortaya çıkarmayı amaçlayan araştırmalar devam ediyor ve bu buluşların bazıları sizi şaşırtabilir. Bu son teknikleri okuyup bilgi edinin, onları denedikçe aklınızda tutun ve durumu kontrol etmede en çok neyin işe yaradığını bulun.

**Bir seferde tek bir iş yapın.** Gerçekte duygusal sorunlarımızın çoğu, bir durumda rahat olmadaki yetersizliğimizden kaynaklanır. Hayatınızda başarılı bir şekilde değiştirebileceğiniz ve kontrol edebileceğiniz tek şey kendinizsiniz. Bu yüzden başka her şeyi bir kenara bırakarak sadece burada şimdi ortaya çıkan soruna duygusal olarak karşılık verin. Belirli bir zamanda bir durumun tek yönüne odaklanmak sorununuzu daha kolay bir şekilde çözmenize yardımcı olur.

**Dinleyin.** Anlaşılır biçimde iletişim kuracak iki insan için bir konuşmacı ve bir dinleyici gerekir. Bununla birlikte bir tartışmada iki konuşmacı vardır ve dinleyen yoktur. Bu yüzden bir tartışmayı sonlandırmak ve büyümesinden kaçınmak için diğer kişiyi dinleyin. Yanlış olsalar bile duygularınızın, kontrolü ele almasına izin vermeyin. Başkalarını yüksek ve gerçekçi olmayan standartlarda görmeyin. Kimse mükemmel değildir. Bunu kabul edin ve saygılı bir şekilde dinleyin.

**Gözünüzde kendinizi sakin olarak canlandırın.** Rahatsız edici ve öfkeli insanlar, her şeyi ve herkesi suçlayarak durumun en kötü yanını abartırlar ve berbat sonuçlara ulaşmaya eğilimli olurlar. Sakinleşin ve ne söylemek istediğiniz hakkında dikkatlice düşünün. Birini kırabilir ve iki saniye sonra pişman olabilirsiniz. Geçmişte kontrolünüzü

## Öz Denetim

kaybedip aşırı tepki verdiğiniz durumları gözünüzün önüne getirmeyi deneyin... fakat şimdi sükunetinizi koruduğunuzu ve ağırbaşlı bir şekilde hareket ettiğinizi hayalinizde canlandırın. Zihninizde deneyimlerinizi yeniden yazın, bu sayede gerçekte de onları daha iyi bir şekilde yeniden yazabilirsiniz.

**Güvenli bir yer yaratın.** Güvenlik, kontrol hissini besler. Korunmalı ve güvenli hissettiğinizde daha etkili bir biçimde durumların üstesinden gelirsiniz. Bir duruma daha iyi karşılık vermek için seçtiğiniz yere yerleştiğinizde daha güvenli hissedersiniz ve düşünmeden tepki verme olasılığınız daha az olur.

Fakat bir durumun yol açtığı başlangıçtaki duygulardan uzaklaşmak için nereye gideceksiniz? Çalışma gününün ortasında odayı hışımla terk edemezsiniz. Dinlenmek için her zaman vakit bulamazsınız. Stresli, yoğun hayatınızın ortasında mantıklı bir karar vermek için korunağı nerede bulacaksınız?

Zirve başarıya sahip olanlar kendi sığınaklarını yaratır. İkinci Dünya Savaşı'nın son aylarında bir gazeteci Başkan Truman'a, başkanlık görevlerinin tüm zorluklarıyla ve gerilimleriyle, kendisinden öncekilere oranla, nasıl daha kolay bir şekilde başa çıkabiliyor gibi göründüğünü sordu. Bu zor zamanlar boyunca nasıl gençlere özgü bir enerji yayıyordu? Truman'ın sırrı açıkça güler yüzlülüğünde yatıyordu. Hayalinde rahatlamaya ve gücünü geri kazanmaya ihtiyaç duyduğu, her seferinde köşeye çekilebileceği huzurlu bir yer yarattığını açıklamıştı. Tüm endişelerden ve sorunlardan uzaklaşabileceği bir yerdi.

Hepimizin bu tür bir yere ihtiyacı var ve bu mümkün.

Biraz egzersizle, bu sığınağı bulmak ve hayalimizdeki görünümü değiştirmek sadece birkaç dakika alır. Bir okyanusun en derin yeri gibi, hayali sığınağınız en güçlü fırtınalardan sonra bile yerinden kımıldamamış ve bozulmamış hâlde kalır.

İşte size kendi barınağınızı nasıl yaratacağınızla ilgili bir örnek: Güzel, sıcak bir oda hayal edin. Duvarları açık renklerle boyayın, mavi, yeşil, eflatun ya da altın sarısı. Odayı temiz ve düzenli görün. Bu, size bir netlik kazandıracak ve kafanızı boşaltmanıza yardımcı olacak. Rahatlığa davet eden büyük bir koltuk olması şart! Pencereden dışarı baktığınızı hayal edin. Ne görüyorsunuz? Bir kumsal mı? Dalgalar sıcak kumlar üzerinde gidip geliyor, martılar havada uçuyor. Huzurlu ve sessiz. Burada kilit nokta, bunların mümkün olduğunca gerçek görünmesini sağlamaktır.

Güvenli yerinizi yaratırken ayrıntılara büyük önem verin. Gerçekten zaman geçirmekten hoşlanacağınız bir yer inşa edin. Bilim adamları belirli görüntülerin -özellikle bunların sizin için sembolik bir anlamı varsa- sinir sistemimiz üzerinde kelimelerden daha etkili olduğunu keşfetmiştir. İlk başta içsel barınağınızda günde 5-10 dakika harcayın ve geliştirerek bunu 20 dakikaya çıkarın. Bu, zamanı iyi kullanmaktır. Duygularınızın kontrolünü geri almak için ihtiyaç duyduğunuz yer ve zamanı kendinize verirseniz zararlı, düşünmeden verdiğiniz tepkiler yerine uygun tepkiyi gösterirsiniz.

**İşe Yarayan Başarı Eylemleri:** İnsanlar her zaman -hatta sıklıkla- beklediğiniz gibi hareket etmezler. Bunu anlamak, sizi daha etkili bir yönetici yapar. Bunu değiştiremezsiniz, fakat *tepkinizi* değiştirebilirsiniz.

Kontrolünüzü geri kazanmanızda en iyisinin hangisi ol-

## Öz Denetim

duğunu görmek için yukarıdaki teknikleri deneyin. Çatışma anında bir tekniğin işe yaramasına ve hızlıca kontrolü ele almanıza yardımcı olmasına karşın bir diğerinin zamanla sizi daha iyi bir yere getirmeye yardımcı olduğunu keşfedebilirsiniz, böylece olaylar eskiden olduğu gibi kolayca huzurunuzu kaçırmaz.

En stresli durumda bile sakin kalmayı öğrendiğinizde başkalarından saygı görmeye başlarsınız. İlişkileriniz iyi yönde değişir ve daha fazla takdir edilirsiniz. Ayrıca tabii ki beklediğiniz terfiyi almak için şansınızı artırırsınız.

***Soru:*** **Arkadaşlarım, benim doğuştan kötümser olduğumu söylüyorlar. Fakat yalnızca aptallar başkalarının söylediği her şeye inanır. Benim sloganım: "Bundan şüpheliyim. Kanıtla." Sanırım negatif (kötü) olmakla yararlı miktarda bir eleştiriciliğe (iyi) sahip olmak arasında büyük bir fark var. Araştırmalar beni bunda destekliyor mu? Ya da çok başarılı olmak için kendimi bir iyimsere mi dönüştürmem gerekiyor?**

Düşük dozda kötümserlik kötü bir filtre olmak zorunda değil. Aslında yararlı miktarda kötümserlik olmadan kötü adamlar, iyi adamların üstünden geçer ve dünya daha iyi bir yer olmaz. Geçiminizi sağlamak ve ailenizi korumak söz konusu olduğunda tetikte olmak yararlıdır.

Pek çok insan iyi niyetli değildir ve gerçekte sizin çıkarınıza hizmet etmez. Gerçek şu ki size ve işinize zarar gelmesini isteyen insanlar vardır ve başarmanızı engellemek için hareket edeceklerdir.

İyimserlik üzerine dünyanın en önde gelen araştırmacısı olan Dr. Martin Seligman tarafından yapılan araştırmaya göre iyimser insanların hayata bakışı belirgin bir şekilde karamsarlardan daha az gerçekçidir. Yararlı miktarda kötümserlik gerçek tehlikeyi görmenize yardım edebilir. İş yapmanızdan dünyayı dolaşmanıza ve kalmak için güvenli bir otel bulmanıza kadar hemen hemen her şeyde bu genellikle yararlıdır. Yararlı miktarda kötümserlik hint yağı gibidir. Berbat kokabilir, fakat daha uzun yaşamanıza ve daha başarılı olmanıza yardımcı olabilir.

Buna rağmen kötümserliği ve karamsarlığı abartırsanız büyük sorunlarla karşılaşırsınız. Potansiyel yeteneğinizden ve işleri yerine getirme kabiliyetinizden şüphe duyacak kadar kötümser olursanız bakış açınızı değiştirmeniz gerekir.

Karamsarların başarma yeteneklerini yok eden üç eğilimi vardır:

1. Hatalarını başarısızlık hâline getirirler. Bu onlar için her şey olur. Tüm olumsuz sonuçları kişiselleştirirler.

2. Başarısızlığın tekrar tekrar ortaya çıkacak bir şey olduğunu düşünürler.

3. Başarısızlığı yalnızca bir alanda görmek yerine daha geniş bir hayat spektrumunda oluşacak bir şey olarak görürler.

Bu çıkmazda karamsarlık, başkalarından şüphe duymaktan -yeteneklerinden, bağlılıklarından ya da bizim durumumuzda başarma olasılıklarından- onların niyetleriyle ilgili bir bıkkınlığa, bir olumsuzluğa dönüşür. Sonra altüst olursunuz. Karamsarlıkta başarısızlığı doğuran başarısızlıklarınız olur ve sürekli inançlarının tutsağı olan bir insan hâline gelirsiniz. Karamsarlık tuzağına düşen çoğu insan için kaçış olasılığı düşüktür.

***İşe Yarayan Başarı Eylemleri:*** Başarılı olmak için kendi-

## Öz Denetim

nizi bir iyimsere mi dönüştürmeniz gerekiyor? Hayır, gerekmiyor. Özellikle de bu yanlış insana güvenmek ya da gerçeklere dayanmadan olumlu düşünme anlamına geliyorsa.

"Eğer asansöre bu adamla birlikte girmezsem onu incitmiş olurum."

"Piyango buraya vuracak."

"Sadece inan, gerçekleşecektir."

"Bir mucize bekle."

Bu tür bir iyimserliği zirve başarısına sahip birinden duymazsınız. Çok başarılı bir kişi bunu dikkate bile almaz. Neden? Çünkü bu tür ifadeler kontrolü başka bir güce bırakır.

Kontrolden çıktığınızda ve yararlı miktarda kötümserlik olmadan hayatınızı, ilişkinizi, işinizi ya da gelirinizi bir başkasının ellerine bıraktığınızda aptalca hareket edersiniz ve sorumluluğunuzu ihmal edersiniz. Dengesiz iyimserlik, kontrolünüzü zayıflatır.

Aynaya sıkı bir bakış atın ve işleri yararlı miktarda bir kötümserlikle idare ettiğinizi mi yoksa başarısızlığınızı kişiselleştirerek ve aynı tip yanlışları tekrarlayarak kendinizi sabote mi ettiğinizi görün. Bakış açınızın işinize yarayıp yaramadığını, işleri gerçekleştirip zamanla hızlı bir gelişim gösterdiğinize bakarak anlarsınız. Eğer kötümserlik gelişiminize engel oluyorsa onu değiştirmelisiniz. Hem de hemen.

Eğer yararlı seviyede şüphecilikle iş görüyorsanız ve bakış açınız lehinize işliyorsa yapmakta olduğunuz şeyi yapmaya devam edin.

*Soru:* **Hayatım özet olarak şöyle: Yapacak çok iş ve çok az zaman var. Hayatımda durmadan gelen taleplerin altında eziliyorum. Kontrolümü kazanmaya nasıl başlarım ve nasıl kendimi daha güvenli hissederim?**

Öyle görünüyor ki yapmanız gereken çok sayıda işten dolayı kendinizi yenik düşmüş hissediyorsunuz. İşinizden ya da kişisel hayatınızdan bahsediyor olmamızın önemi yok. Tabağınızdakilerin fazlalılığı sizi sürekli olarak yenik konumda tutuyor. Bu paniğe kapılmaya ve yapılması gereken işleri başaramamaya neden olur.

Kendinizi yenik düşmüş hissediyorsunuz, çünkü vücudunuz ihtiyaç duyduğu tüm bilgiyi kavrayıp işleyemiyor. Dahası giriştiğiniz her faaliyette endişeyi, hayal kırıklığını ve konsantrasyon eksikliğini pekiştirecek şekilde sürekli aşırı yüklenme konumundasınız. Araştırmalara göre bir görevi tamamlayamayacak kadar kendinizi yenik düşmüş hissetmek, ertelemenin yaygın nedenlerinden biridir.

Diyelim ki masanızda büyük ve önemli bir projeniz var. Bunu tamamlamanın çok fazla aşaması vardır ve projeyi incelemek, düzenlemek ve başarmak zaman alacaktır. Bir anda kendinizi yenik düşmüş hissedersiniz. Bunu omuzlarınızda, kafanızda hissedersiniz ve birdenbire artık daha fazla projeye odaklanamayacağınızı düşünürsünüz. Belki projeye nereden başlamanız gerektiğinden emin değilsinizdir. Görevin öyle büyük ve zor olduğunu hissedersiniz ki arkasını getirebilecek ya da tamamlayamayabilecek beceri ve yeteneğe, belki de işin doğru bir şekilde yapılmasını sağlayacak tüm bilgiye ve araca sahip olmadığınızı düşünürsünüz. Görevi tamamlamak yerine başka bir gün yapmak için kenara koyarsınız.

Bu tür bir erteleme ortaya çıkar çünkü üstesinden geleceğinizi bildiğiniz şey sizi epey uğraştıracaktır. Büyük proje, sadece çok zor olduğunu hissettirir. Geri dönüp projeyi tamamlamaya niyetlenin ya da niyetlenmeyin, şimdi görevden kaçınız; bu yüzden sizin için yapılması daha kolay

## Öz Denetim

olan bir görevi bitirmenin rahatlığını ve yararını kazanırsınız. Ahhhh! Hızlı tatmin.

Kenara bıraktığınız iş önemli olduğu için son dakikada onu tamamlamanız gerektiğini fark edersiniz ve ezici endişe geri döner. Ancak şimdi sorununuz büyümüştür. Şimdi zaman çok sınırlıdır ve endişeleriniz yüzünden odaklanamaz; işi, önceden yapabileceğinizle aynı kalitede tamamlayamazsınız.

Daha büyük ve zor olan önemli işler ve projeler, kendiliğinden ortadan kalkmaz. Ertesi güne, haftaya ya da siz onlara başlayana kadar halının altına süpürülemez. Eğer bunu yaparsanız, bugün tüm dikkatinizle ve yeterli zamanınızla gerçekleştireceğiniz gibi, başarılı bir proje meydana getiremezsiniz. Zaman. Sadece bu yeterli değildir. Bu yüzleşmeniz gereken ilk şeydir. Bir gün, yapmak istediğiniz tüm işleri yapacak kadar yeterli değildir.

Ne yapılabileceği, ne yapılması gerektiği ve yapmaya yeterli zaman olmayan işler hakkında zekice kararlar vermelisiniz. Bunu, bazı insanların ve bazı görevlerin gözden çıkartılması şeklinde çevirin. Evet, bu sinir bozucu bir şey. Aynı zamanda hayatınızın geri kalanında hipertansiyon olmadan yaşamanız için % 100 gerekli.

Kendinizi yenik düşmüş hissetmekten kaçınmak için günün her saatini azami seviyede nasıl kullanacağınızı öğrenmeniz gerekir. Bu, tüm işleri en etkili biçimde tamamlamak için günün her saatini doğru şeyler yaparak kullanmanız demektir.

Hedefiniz, her zaman görevlerinizin en önemli kısımları üzerinde çalışmak olmalıdır. Sadece neyin önemli olduğuna odaklandığınızda düşünme biçiminizi değiştirebilir ve karşı karşıya kaldığınız stresin büyüklüğünü azaltabilirsiniz. Gününüzün en önemli safhalarına odaklanırsanız daima zamanınızı en etkin şekilde kullanırsınız.

*İşe Yarayan Başarı Eylemleri:* Doğru yolda başlamanız için hemen yapmanız gereken beş basit şey şunlardır:

1. Yapmak istediğiniz şeylerin hepsini belirli bir zamanda yapamayacağınızı anlayın. Yenik düşmüş konumdan başarılı bir zaman yöneticisi konumuna gelmek için sabırlı olmalısınız.

2. Zihninizi rahatlatın. Neyi yapmaya ihtiyacınız olduğuna ve onu nasıl tamamlayacağınıza odaklanabilmeniz gerekli. Zihninizi ümitsiz, yenik düşmüş konumdan çıkarıp rahatlatabilirseniz görevinizin en önemli kısmını daha iyi görebilirsiniz. Günlük programınıza düzenli aralıklarla 10-15 dakikalık molalar koyun.

3. Uzun vadeli düşünerek önceliklerinizi belirleyin. Şu anda üstesinden gelinecek en önemli şeye karar verme zamanı geldiğinde en iyi uzun vadeli sonuçları getirecek şeylere odaklanın. Servet yaratmayla ilgili bölümü okuduğunuzda anahtarın, gelecekte kazanç getirecek şeyleri bugün yapmak olduğunu anlayacaksınız. Gözünüzü uzun vadeli hedeflere dikin. Sadece bugün için çalışırsanız büyük olasılıkla yataktan çıkmazsınız.

4. Yazıya geçirin. Zamanlarını planlamada başarılı olan insanlar ele almaları gereken projelerin ve günlük aktivitelerin bir listesini tutarlar. Bu yolla önünüzde ne olduğunu görebilirsiniz, önemleri hakkında kararlar verirsiniz ve işlerin bir sonu olmadığını düşünmezsiniz. Küçük ya da büyük, başarmanız gereken

her şeyi listeye dâhil edebilirsiniz. Sonra en önemliden en önemsize doğru listenizi düzenlemeye zaman ayırın. Bugün tam olarak ne yapılması gerektiğini bilmiyorsanız işleri yapmayı unutmaya başlarsınız hatta bazen önemli işleri bile. Bir işi tamamladığınızda listenizde onun üzerini çizin. (Tabii ki henüz tamamlanmamış olan, üzerinde çalıştığınız bir işin üzerine çizgi çekmeyin. Önce işi bitirin.)

5. Bir ajanda edinin ve gününüzü planlayın. Belirli zaman kalıplarında bitirmeniz gereken işleri planlayın. Ajandalar saatle biçimlendirilir, fakat çok başarılı kimseler işleri, projeleri tamamlayarak bitirir. Saatle çalışan insanlar projeyle çalışan insanlardan daha fazla para kazanmazlar. Projelerinizi ya da projelerinizin parçalarını tamamlayacak şekilde zamanınızı bölümlendirin.

Bu beş şey çok basit, öyle değil mi? Çok çabuk bir biçimde bunları hemen gerçekleştirmeye başlayabilirsiniz. Hedeflerinizde ve görevlerinizde başarılı olmak için zamanınızı programlarsanız zihniniz daha az yenik düşmüş olur ve hedeflerinize büyük olasılıkla ulaşırsınız. Bu basit adımlar, hissettiğiniz yeniklik duygusunu aşmanıza yardımcı olacaktır. Bunu yapın ve sonuçları kendiniz görün. Uzun zamandır kendinizi hiç bu kadar iyi bir konumda hissetmediğinizi keşfedeceksiniz. Daha iyi bir konuma bir kez ulaştığınızda başarınız için daha fazla aracı birleştirmeye hazır olursunuz.

# 9
# Esneklik

Esneklik, azimle bağlantılıdır. Başarı için her ikisi de gereklidir. *İçsel Disiplin* bölümünde anlatıldığı gibi azim, içsel disiplinin temel parçalarından biridir. Azmetmek, durmayı reddetmek anlamına gelir. Bir sonuca doğru sabit ve kararlı hareket etme konumunu sağlamak demektir. Ne olursa olsun yolunuza devam edersiniz.

Esneklik, geniş bir kavramdır ve aksiliklere karşı kendinizi toparlama yeteneğinizi kazanmak için yapmanız gereken şeyleri gerçekleştirmeniz anlamına gelir. Esneklik kendinizi zihinsel, fiziksel, duygusal ve ruhsal olarak çalıştırmayı içerir; böylece başarısızlık, hastalık, sevdiğiniz birinin ölümü ve diğer kriz durumlarında devam etme yeteneğini kazanırsınız. Başarıya giden yolda bütün bu şeyler ortaya çıkar. Sadece bu durumlarda kendini toparlayan insanlar uzun vadede başarıya ulaşırlar.

Esneklik, başarıya giden yolda inişler ve çıkışlar olacağını fark etmek, ilerlemek ve gelişmek için iyi ve kötü günleri nasıl kullanacağını öğrenmektir. Hayatınızda neyin en önemli olduğunu samimi olarak düşünmenizi ve bunlara zaman tanımak için karar almanızı gerektirir. Ayrıca enerji depolarınızı yeniden doldurmak için günlük olarak zekice kararlar vermeniz şarttır.

Esnekliğin neye benzediğiyle ilgili parlak bir örnek Lance Armstrong'dur. Dünyadaki en dikkat gerektiren bisiklet yarışı Fransa Turu'nu üst üste yedi kez kazanarak tarih yazmıştır.

Lance Armstrong aynı zamanda testis kanserine karşı verdiği sıra dışı mücadelesi ve kazandığı zaferle de tanınır. Bu saldırgan kanser türüne karşı söylenenleri boşa çıkarma yeteneği, Fransa Turu'nda tekrarlanan şampiyonluklarından daha büyük bir zaferi temsil eder. Bisiklet üzerindeki başarılarının çok ötesinde Armstrong, kanser hastalarına kendi mücadeleleri için yeni bir umut vererek ve kanser araştırma fonuna lobi oluşturarak onların gözünde bir şampiyon hâline gelmiştir.

Armstrong'un, *It's Not About the Bike (Armstrong 2000)* adlı biyografisini okuduğunuzda hem atletik çalışmasını hem de kansere karşı mücadelesini nasıl vücut, akıl ve ruh için çok çeşitli engeller ortaya koyan kişisel bir yolculuk olarak değerlendirdiğini görürsünüz. Gelişimle, keşiflerle, öğrenmeyle, aksiliklerle ve yeni başlangıçlarla aralıksız bir yolculuktu bu.

Esneklik sanatını öğrendiğinizde başarı yolculuğunuzda gerçekten son varış yeri olmadığını açıkça göreceksiniz. Yol boyunca bazı bitiş çizgilerini geçersiniz; fakat bunu, sadece yolunuzdaki bir sonraki engele gelinceye kadar yaparsınız. Üzerinde bulunduğunuz yolda hareket etmenin asıl amacının sürekli bir dönüşüm, gelişim ve yenilenme hâline geldiğini görürsünüz. Ayrıca yolculuğunuzda ilerlerken mümkün olduğunu düşündüğünüz şeylerin tanımı genişledikçe genişler.

Büyük bir aksiliği alıp onu çabucak yanıtlamanın önemli bir katkısı, mücadelelerinize anlam kazandırmak ve kendi hayat yolculuğunuz içindeki anlamını kavramaktır. So-

## Esneklik

nuncu Fransa Turu zaferinden sonra yapılan bir röportajda Armstrong bu kadar ilerlemiş ve saldırgan türde bir kansere yakalanmasaydı, tek bir Tur bile kazanacağını sanmadığını söyleyecek kadar ileri gitmiştir. Aslında Armstrong Tur zaferlerini kazanmasının, kansere ve onun üstesinden gelirken yaşadığı deneyimlere dayandığına inanmıştı. Böylece mücadelelerine anlam kazandırdı ve bu anlamı, sonraki başarılarında kendini kamçılamak için kullandı.

Başarıya giden yolda ilerlerken aksiliklerle karşılaşacaksınız. Çaba gerektiren durumlara karşılık verirken bir dizi duyguyu tecrübe edeceksiniz. İş eğitimi ve rekabetin fiziksel çaba gerektiren durumlarını deneyimleyeceksiniz. Başarı ve kişisel gelişim; sevinçler ve zorluklar, gelişim ve aksilikler, başarılar ve başarısızlıklar getirir. Esneklik çıkışların, inişlerin ve tüm tepe ve çukurların üstesinden gelmenize yardım eder. Zorlukların üstesinden gelmeyi, risk almayı, hatalarınızdan ders almayı ve bir sonraki seviyeye ilerlemeyi öğrenirsiniz.

Daha önce bahsettiğimiz içsel disiplin; azim, bağlılık, sorumluluk, inanç, cesaret, güven ve olumlu zihinsel tutum becerilerinde ustalaşmak esneklik için size yakıt sağlayacaktır. Esneklik aynı zamanda kendini tanıma, ruhsal güç, sabır, alçak gönüllülük, değişkenlik, zevk ve eğlence hissi gibi "daha yumuşak" özellikleri de içerir.

Eğlenmek, başarının genellikle gözden kaçırılan parçalarından biridir. Başarılı insanlara baktığınızda iyi oldukları ve sevdikleri bir şeyi yaparak başarıya ulaştıklarını görürsünüz. İhtiyacı karşılanmayan ve daha az başarılı hayatlar yaşayan kişilerin yaşamlarına baktığınızda genellikle alanında başarılı olan kimseler kadar becerili olmalarına rağmen sevdikleri işi yapmadıklarını görürsünüz.

Gerçek başarı, günlük olarak yaptığınız işten keyif alma ve heyecan duyma unsurlarını kapsar. Başarılı insanlar, sürece âşıktırlar. Ne kadar yumuşak görünürse görünsün, yüksek başarılı ve gerçekten rekabetçi bir ruh, kişisel gelişim sürecinizden keyif alırken azami potansiyelinize ulaşmanıza izin verir.

Üç yazar olarak hepimizin bir hayal listesi ya da "yapılacaklar" listesi var. Bu listeler yaşamlarımıza ilham ve yön veriyor. Yaşamımızın rüzgârlarının kuvvetli bir şekilde bize doğru estiğini hissettiğimizde bizi demirliyor. Henüz bunu yapmadıysanız hemen oturun ve kendiniz için bir tane yazmaya başlayın. Başarmak istediğiniz şeylerin bir listesini yapın. Hayallerinizi, isteklerinizi, yapmanız gerekenleri, yapmamanız gerekenleri ve yolculuğunuzda yanınıza kimi almak istediğinizi yazın. Zamanla listeye eklemeler yapacaksınız. Ayrıca yaşamınızda ilerledikçe listenizden birkaç şeyi çıkarabilirsiniz.

Yapmak ya da başarmak istediğiniz şeylerin bir listesini yaptığınızda onları öncelik sırasına koyun ve harekete geçin. Bu sırada inanılmaz bir şey olur. Hayallerinizi yazdığınızda ve onlara ulaşmak için küçük adımlar attığınızda beyniniz bunca zamandır etrafınızda olan bağlantıları ve fırsatları işaret etmeye başlar. Bu mistik bir saçmalık değil. Bu beyninizin ağ biçimindeki aktivasyon sisteminin çalışmasıdır. Benzersiz olduğunu düşündüğümüz bir şeyi satın aldıktan sonra onu her yerde gördüğümüze dair tecrübeyi hepimiz yaşamışızdır.

Beyniniz daima çevreyi tarar. Üzerine eğildiğiniz bir faaliyeti ya da şeyi gördüğünde size bildirir. O zaman hareket edip etmemek arasında tercih yapabilirsiniz. Karar sizindir. Fakat farkında olursunuz ve fırsatları görürsünüz.

## Esneklik

Bununla birlikte çok başarılı kimselerin gerçek bir hilesi vardır. Fırsatı görür görmez beklemeyin. Anı yakalayın. Bunu yapın. Gözleminizden dolayı kendinizi ödüllendirin. Hedefiniz ne olursa olsun ulaşmaya başlamak için şimdiden daha uygun bir zaman yoktur. Çoğu zaman sizi durduran tek şey... kendinizsinizdir.

Hayatınızı sevdiğiniz bir iş yaparak geçirin. Bunun hakkında sürekli daha çok şey öğrenin, her gün daha iyi olun, yüksek kalite malzemeler ve ürünler üretin, müşterinizle mükemmel bir şekilde ilgilenin. Birçok başarı bu yolla doğar. Hayallerinizin ya da yapmayı sevdiğiniz bir şeyin peşinde koşarken yolunuza çıkan her engelin üzerinden aşmanıza yardımcı olacak esnekliğinizi doğal olarak oluşturursunuz.

İşte sizden hemen yapmanızı istediğimiz şey. Evet, bir sonraki paragrafı okumadan önce! Kitabı kenara koyun ve öğrendiğiniz bir şey üzerinde harekete geçin. Ciddiyiz. Hemen okumayı bırakın ve ilerlemenizi sağlayacak *bir şey yapın*. Döndüğünüzde sözcüklerin geri kalanı burada olacak.

**Soru: Yaşam dengesi gibi bir şey gerçekten var mı? Eğer varsa ben bulamadım. Sihirli kelimeler nelerdir?**

Çoğu insan dengeli bir yaşam kavramına inanır. Danışmanlar ve koçlar olarak insanların "başarılı" ve "dengeli" bir yaşam sürmek istediklerini sık sık duyuyoruz.

Konuşma genellikle şu şekilde devam ediyor.

"Size göre dengeli bir yaşam nedir?"

"Kariyerimde başarılı olmak, fakat yine de her gün aileme, arkadaşlarıma, dinlenceye ve rahatlamaya zaman ayırabilmek istiyorum."

"Şu anki işinizi seviyor musunuz?"

"Hayır, sevmiyorum. Sadece zaman geçiriyorum, bilirsiniz. Fakat bu faturaları ödüyor. Belki bunu daha iyi hâle getirmek için... bazı fikirleriniz vardır?"

Bu tip bir yaşam dengesi yanılsamadır. Bir filmde hoş görünür. Fakat çoğu insanın yaşamında talihsiz bir planın reçetesidir.

Asıl sorun şu ki birinin hayatında gelecekteki finansal zorlukları dengeleyecek yeterli gelir sağlayan çok az iş vardır. Diğer bir deyişle aileden biri sakatlandığında, boşandığında, hastalandığında, öldüğünde ya da kovulduğunda -pardon, şirketi küçülmeye gittiğinde- her şey katlanarak kötüleşir. Hesaptaki para miktarı azalır ve sonra tükenir. Tüm bu şeyler aileleri perişan eder ve resimden kazançla başarıyı kaldırır. Tek hedef, hayatta kalmak olur.

Bu yüzden, mevcut koşullarda ailenin geçimini sağlayan kişiler nefret ettikleri işlerde çalışarak hayatlarını geçirirler ve sonra eve gidip berbat günlerini telafi etmek için televizyon karşısında vakit öldürürler. Sonra bir gün, bir felakete uğradıklarında işlerini bırakmak zorunda kalırlar ya da buna zorlanırlar. "Kara gün" (genellikle aylarca süren ve kişinin geri kalan hayatında çoğu kez devam eden) için biriktirdikleri bir para yoktur. Kara günün kayıp gelirin yerini alması ve hastane faturaları ya da yanan evin onarım masrafları gibi pek çok beklenmedik şeyi karşılamaya uygun olması gerekir.

Evde biri çalışmadan bir hayat sürdüğü için kendisini kariyerine hazırlayacak ileri eğitimleri almaz. Bu eğitim yirmi birinci yüzyılda gereklidir, çünkü çoğu hizmet ve satış dışı işler taşeron firmalara verilmiştir. Şirketler, alçak gönüllülükle eğitilen Amerikalılar yerine daha ucuz, iyi eğitim

## Esneklik

almış Asyalıları işe alıyorlar. Bu yüzden kötü gün vurur ve kişi eski işinden kazandığı parayı veren yeni bir iş bulamaz. Tüm aile zarar görür ve bu genellikle yıllar boyunca sürer.

Görünürde iyi bir değiş tokuş gibi görünen şey -istediğin boş zamanın yerine işi koymak- aslında kısa vadeli bir yanılsamadır. Felaket vurduğunda hiçbir ebeveyn -eğer iki ebeveyn varsa- yardıma ihtiyacı olan çocukla evde kalamaz, çünkü şimdi daha iyi ödeyen bir iş yerine iki işte çalışmaları gerekir. Ebeveynler eğer hâlâ birlikteyseler kazançlarının yerine bir şey koyabilirler, fakat çocuklarını nadiren görürler ya da televizyon programlarına hasret kalırlar.

Bu kaç insanın başına gelmiştir? Birçok. Başka bir deyişle, bu pekâlâ sizin başınıza da gelebilir.

Güvende olup olmadığınızı nereden bileceksiniz?

Gerçekten kesin olarak bilemezsiniz, fakat likit gelirlerinizden -kira ya da konut kredisi tasarruflarınız dışında- kredi kartınız ve taşıt borcunuz çıkarılınca geliriniz yarı yıllık yaşam giderlerinizden fazla çıkıyorsa biraz avantajınız olabilir. Altı aylık mevcut yaşam giderlerinize eşit olan asgari miktarda likit gelire ihtiyacınız vardır.

İnsanlara tercihen sevdikleri küçük bir işletme kurmalarını ya da satın almalarını şiddetle tavsiye etmemizin sebebi budur. Gerçek anlamıyla eğlenceli ya da değerli bir şey yapın. Küçük bir işletme kurmanın maliyeti genellikle azdır ve başka birine çalışmaktan daha yüksek gelir yaratabilir. Ayrıca bu işletme, vergi indirimine tabi masrafların payını artırmaya yardımcı olacaktır (Ev, iş ve eğitim masrafı yapıldıktan sonra kısa zamanda tamamen ödenecektir).

Eğer işinizi seviyorsanız bunlardan herhangi biri size uyuyor mu? Bir insan işini seviyorsa iyi bir hayat sürdürme potansiyeli vardır. Kişinin güçlü becerileriyle kendisini yeri doldurulamaz hâle getiren güvenli ve anlamlı bir iş, güzel bir başlangıçtır. Elbette ki bu hâlâ günü kurtarır. Diğer parça, gelecekteki kötü günler için kenara yeterince para koymaktır.

*İşe Yarayan Başarı Eylemleri:* Müşterilerimizle birlikte yaşam dengesinden uzak dururuz ve yaşam bütünleşmesi ve odaklanması üzerine daha çok çalışırız. Eğer yaşam kusursuzsa ve odaklanmışsa onun dengeli olması gerekmez.

Odaklanmış bir yaşam, ailenin geçimini sağlayan kimselerin bugün yaptıkları şeyi sevdikleri ve gelecekte kötü günü karşılayabilecekleri bir yaşamdır. Hayatın kısa ve bazen oldukça insafsız olduğunu bilirler. Bugün ailelerine bakabilirler ve kötü gün için yedek akçeleri vardır. Ayrıca emekliliklerine önem verirler.

Kötü olan bir şeyi iyi bir şeyle değiştirmek zorunda kaldığınız bir hayat yaşamayı gerçekten ister misiniz? Kötü ve iyiyi dengelemeye uğraşan bir insan, büyük olasılıkla hiçbir seviyede başarılı olmaz ve güvenli olmayan bir gelecek yaşar. Sizi, alanınızda başarılı olan ve başarı yolculuklarında yaşamlarını dengelemiş 10 kişinin ismini söylemeye davet ediyoruz. Eğer yaşamınızın bir kısmından hoşlanmıyorsanız onu değiştirin. Sonra hayatınızın tüm parçaları daha iyi olacaktır.

Bütünleşmiş ve odaklanmış bir yaşam kendi kendini dengeler, çünkü gün boyunca sizin ve ailenizin bugün ve gelecekte bakımını üstlenecek anlamlı, önemli, eğlenceli ve ilginç faaliyetlerle meşgul olursunuz. Kendi *seçtiğiniz* bir hayatı yaşarsınız. Bu kendi işinizi yapmanızı ya da sevdiğiniz ve önemli bulduğunuz bir işte çalışmanızı kapsar.

Odaklanmış bir yaşam ailelere istikrar, güvenlik, emniyet ve uzun vadeli mutluluklar getiren tek yaşam tipidir.

Odaklanmış bir hayat yaşayan insanlar hemen hemen her zaman kazanırlar ve tatmin edici, anlamlı bir hayat yaşarlar. Odaklanmış yaşamların, dengeli yaşamlar gibi, kendi felaketleri ve krizleri vardır. Fakat odaklanmış bir hayatı olan kişi, bu aksilikleri daha kolay atlatır. Dengeli bir hayat yaşamayı denemek yerine bütünleşmiş ve odaklanmış bir hayat yaşama yönünde hareket edin, böylece daha yüksek seviyede bir başarıya doğru ilerlersiniz.

*Soru:* **Hayatım gerçekten iyi gidiyordu. Büyük olasılıkla ne kadar iyi olduğunu takdir edemiyordum. Fakat sonra beni bunalıma sokacak büyük şeyler -ilişkiler, mali durum- oldu. Şimdi şu televizyon reklamındaki gibi hissediyorum: "İmdat! Düştüm ve ayağa kalkamıyorum." Yenilenmeye nasıl başlarım?**

İyi insanlara kötü şeyler olur. Bu hayatın bir gerçeğidir. İnsanoğluyla ilgili en sıra dışı şeylerden biri, aksilik ve travmaya karşılaştıklarında esneme kapasiteleridir.

Mucizevi kurtuluş ve iyileşme, dünyada ara sıra gerçekleşen olaylar değildir. Her gün biri bir felaketten kurtulur. Her gün biri geçmişte yaşadığı travmaya rağmen daha mutlu bir hayata doğru adım atar. Her gün hayat devam eder ve biz alışırız. Bu yüzden daha güçlü oluruz.

Desteklenmek için profesyonel ilgiye ihtiyacınız olabilir. Burada ileri sürülen fikirler açıkça bu ilginin yerine kullanabileceğiniz şeyler değildir. Bununla birlikte pek çok insan, aşağıdaki stratejileri travma stresini azaltmak ve yaşamlarının kontrolünü ele almak için etkili bulmuşlardır. İster profesyonel yardım alın, ister tedavi sürecinize kendiniz başlayın; bilmelisiniz ki felaket sizi yakaladıktan sonra serbest kalıp hayatınıza devam edebilirsiniz. Travmanın yaşamak istediğiniz şeylere ulaşmanıza engel olmasına izin vermek zorunda değilsiniz.

## 1. Normalleştirin

Küçük talihsizlikler olduğunda (bir icra mektubu gelir, elektrik kesilir, ufak çaplı bir trafik kazası yaşarsınız) bu tür deneyimleri çoğu insanın yaşadığını kendinize hatırlatın.

Hayat kolay ve adil değil. Yaşadığınız tüm duygular yalın biçimde insan olmanın bir parçasıdır. Seçilmediniz ya da kurban edilmediniz. Bunu kişisel olarak almayın. Diğerlerinin de acınızı hissettiğini hatırlamak yardımcı olabilir.

## 2. Mizahı Keşfedin

Küçük aksiliklerde gülmek, bazen gerçekten en iyi ilaçtır. Duruma tarafsız olarak bakabilirseniz ona gülebilirsiniz ya da en azından daha kötüsünün olabileceğini fark edersiniz.

Televizyondaki bir komedi programında durumunuzun nasıl görüneceğini hayal etmeye çalışın. Tamamen hayal gücünüzü kullanın ve aksiliğin ya da travmanın daha kötü olabileceği tüm durumları hayal edin. Diyelim ki çekiniz karşılıksız çıktı, bankaya bir harç ödemek zorunda kaldınız ve faturalarınızdan birini ödemeyi ertelemeniz ya da satın almayı planladığınız bir şeyi almaktan vazgeçmeniz gerekti. Şimdi, birden çok çek karşılıksız çıktığında neler olacağını hayal edin. Birçok ödemeyi ertelemek zorunda kalabilirdiniz. Kartopu etkisi arabanızı kaybetmenize ya da elektriğinizin kesilmesine neden olabilirdi. Fatura ödemeleriniz kontrolden çıkabilirdi. Bu da er geç evsiz kalmanıza yol açabilirdi. Bu durumun *Seinfield* dizisinde oynandığını düşünebiliyor musunuz? Bir komedi olarak izlemek eğlenceli olabilirdi.

# Esneklik

Açıkçası bu her durumda işe yaramayacaktır. Evinizi ya da arabanızı gerçekten kaybetmek, dramatize etmenin her zaman etkili olmayacağı büyük bir travma olarak nitelendirilebilir. Fakat kimi zaman mizah duygusu, olayları bir perspektife koymanıza yardımcı olabilir.

### 3. Kendinize İnsan Ruhunun Esnekliğini Hatırlatın

Başka bir yaklaşım, diğer insanların daha kötü sonuçlara katlandığı benzer durumları bulmak için gerçek olayları araştırmaktır. Hayır, bu fikir ne kadar şanslı olduğunuzu görmek için değil. İnsanın çabuk iyileşme özelliğini size hatırlatmak için: Yani kurtulma yeteneğinizi.

Internet'ten haber yazılarını araştırabilirsiniz ve yerel kütüphanenizdeki dergi arşivine bir göz atabilirsiniz. Genel olarak daima sizden daha çok zorluk yaşayan ve buna rağmen hayatta kalan insanlarla ilgili olaylar bulabilirsiniz. Sonuçta hâlâ hayattasınız.

### 4. Deneyimlerinize Anlam Kazandırın

Birçoklarının yararlı bulduğu başka bir yöntem de deneyimleri hakkında yazmaktır. Açık bir şekilde deneyimi kafanızdan çıkarıp kâğıda dökme eylemi, kendinizi daha iyi hissetmenize yardımcı olacaktır. Araştırmalar göstermektedir ki neler olduğunu ve olaylar hakkında neler hissettiğinizi detaylı olarak yazmak zihninize bir sonraki adıma geçmekle ilgili çözümler üretmeye başlamak için yol göstermektedir. Günlüğe kaydetme, deneyimlerinizin anlamını kavramanıza ve hayatınızın genel görünümüne nasıl yerleştiklerini algılamanıza yardımcı olabilir.

Fazladan bir adım daha atmaya hazırsanız -bu cesaret ister ve derinlere inmeniz gerekir- sizin durumunuzda olan insanlar için bir şeyler yapın. Belirli bir kişiye, duruma ya da ilgili bir kuruma bağış yapın. Veya toplumunuzda bir destek programı ya da para toplayan bir mekanizma başlatın. Ne kadar küçük olursa olsun harekete geçmek, genellikle travmatik deneyimlerle bağdaştırılan yenilgi ve çaresizlik hislerini hafifletmeye yardımcı olur. Ayrıca kayıplarınıza anlam kazandırmanıza yardım eder.

*İşe Yarayan Başarı Eylemleri:* Yaşamınızı yeniden inşa etmek için çalışırken yukarıdaki tekniklerden yalnızca birini ya da herhangi bir kombinasyonu seçebilirsiniz. Eğer bir yöntem sizi sıkıntıya soktuysa ve sizin üzerinizde işe yaramıyorsa başka birine geçin.

Yaşam deneyimine hoş geldiniz. Şu an keyifsiz olabilirsiniz; fakat bu, keyifsiz kalmanız gerektiği anlamına gelmez. Eğer mümkünse gülecek bir şey bulun. İşlerin daha ne kadar kötü olabileceğini düşünmek, engelleri bir bakış açısına yerleştirmenizi sağlar ve kendinizi daha iyi hissetmenize yardım eder. Diğerlerinin benzer bir durumdan nasıl kurtulduğunu ve başarıyla çıktığını kendinize hatırlatmak da stresi azaltıp güçlüklerle başa çıkmanız için sizi daha iyi bir noktaya getirecektir. Ayrıca başkalarına yardım etmek için kendi tecrübelerinizi kullanmak, sorunlarınızı zihninizden çıkarmanızı sağlamakla kalmaz; aynı zamanda yaralarınızı iyileştirmenize de yardımcı olur.

Mevcut durumunuz üzerinde kafa yorarken bu tekniklerden birini yararlı bulacağınızı umuyoruz. Hatta zaman ve eylemle, aksiliklerin tamamlayıcı gelişiminizin tohumları olduğunu görebileceksiniz.

*Soru:* **Harika bir takımı yönetiyorum, fakat bazıları gece gündüz demeden çalışarak kendilerini helak edi-**

## Esneklik

yorlar ve bu onların performansını ve takımın moralini olumsuz yönde etkilemeye başladı. Bu kilit elemanların psikolojik olarak yıpranmalarını veya benden vazgeçmelerini istemiyorum. Daha iradeli olmalarına ve akıllıca çalışmalarına yardımcı olmak için neler yapabilirim?

Bir yönetici olarak bugünün iş dünyasındaki baskıları anlamışsınız. Değerli takım üyelerini desteklemenin ve onları zihinsel, fiziksel ve duygusal yıpranmalardan korumanın zor olduğunu keşfeden bir tek siz değilsiniz. Pek tabii ki bu yıpranma, artan taleplere daha az zaman ve kaynakla daha fazla cevap verme sorunudur.

Takımınızın birbirleriyle çakışan taleplerle, uzun çalışma saatleriyle, değişen iş çevresindeki zor, hızlı ve sürekli değişimle nasıl yüzleştiklerini izlemek için en ön sırada olursunuz. Özellikle işten çıkarmaların sıklıkla yaşandığı bu devirde nitelikli çalışanlar; daha fazla iş aldıklarını, ofiste daha çok ve evde daha az zaman geçirdiklerini, sürekli yüksek seviyede performans için gereken kişisel bakımlarından feragat ettiklerini anlarlar.

Takım üyelerinizin yaptıkları iş hakkında oldukça tutkulu olduğu görünüyor ve bunda sorun bir yok. "Neden"leri yerinde ve bu önemlidir. İş onlar için daha az keyifli ve eğlenceli hâle gelmektedir, çünkü tüm zihinsel, fiziksel ve duygusal rezervlerini tüketmektedirler.

Takımınızın sizi onların tarafında gördüğünden emin olmak istersiniz. Etkili bir yönetici, çalışanları için bir dost ve dayanaktır, düşman değil; çalışanlarının engellerin ve baskının üstesinden gelmelerine yardımcı olur. Bunun en iyi yollarından biri, takım üyeleriyle rahat ve güvenli bir tarzda düzenli olarak yüz yüze iletişim kurmaktır. Personelinizi yaşadıkları engeller hakkında konuşmaları için cesaretlendirin, sonra bu engelleri aşmak için kaynakları ve stratejileri bulmada onlarla ortak olun.

Bir yönetici olarak takımınızın nabzını tutmalısınız ve ne yaptıklarını görmek için sık sık kontrol etmelisiniz. İnsanların baskıyla başa çıkmak için onu içlerine atmaları yaygındır. Araştırmalara göre bu; artan strese, yüksek tansiyona, düşük öz güvene ve diğer sağlık sorunlarına yol açmaktadır. Bütün bu şeyler bir insanın üretkenliğini, odaklanma yeteneğini, iş tatminini azaltır.

Eğer personelinize engelleri hakkında konuşma fırsatı vermezseniz bu olumsuz, içe atılmış enerji dışarı sızmaya ve ofisteki diğer çalışanları etkilemeye başlar. Çalışanlarınız kendilerini üzgün hissetmeye, birbirlerinden şikâyet etmeye hatta duygusal olarak patlamaya başlayabilirler. Açıkçası bu tür verimsiz davranışlar, hem bireyin hem de takımın verimini olumsuz yönde etkileyecektir.

Genel anlamda kuvvet eksikliği, artan fiziksel tansiyon ve stresle birleşince rekabetçi bir iş dünyasının talepleriyle etkili bir biçimde başa çıkmak konusunda takımınızın yeteneğini baltalar. Direnme, günlük bazda zekice kararlar almayı gerektirir. Kimse bir bilgisayarın, telefonun başında ya da toplantılarda saatlerce otururken yüksek seviyede bir enerji ve dayanma gücünü muhafaza edemez. Düzenli ve uygun aralıklar olmazsa enerji kişinin vücudundan yavaş yavaş çekilir. Oturarak geçirilen bir iş hayatını sürdürmek yorgunlukla, düşük konsantrasyonla, ilgisizlikle ve daha düşük seviyede bir performansla sonuçlanır.

Performanslarını en iyi şekilde kullanmak için çalışanlarınızdan bazılarının düzenli küçük aralıklar vermek konusunda eğitilmesi gerekiyor gibi görünüyor. Çok çalışkan elemanlarınız öğle yemeklerini masalarında yerken belgeleri okuyarak, e-postaları yanıtlayarak ve geri aramalarını yaparak daha çok iş yaptıklarını düşünebilirler; fakat bu tür bir davranışı uzun süre devam ettiremezler. Yeterli düzeyde dinlenme olmadan tekrarlanan stres, sorumsuzluğa ve tükenişe neden olur. Bir görevi tamamladıktan sonra personelinizi ayağa kalkıp hareket etmeleri için teşvik edin. Basit biçimde gözlerini bilgisayar ekranından birkaç dakikalığına ayırmak, kendilerini daha iyi hissetmelerine ve daha yüksek performans sergilemelerine yardımcı olur.

O hâlde bir yönetici olarak ne yapabilirsiniz? İşte takımınızı yüksek performans seviyesinde tutmanıza ve onları tükenmekten korumanıza yardımcı olacak beş fikir:

## 1. Düzenli Olarak Denetleyin

Enerjik bir ofiste çalışanlarınızın şu eski fare tekerleğine binmesi, işlerini alışkanlık hâline getirmesi, kendilerini tükenmiş, yenik ya da değersiz hissetmesi kolaydır. İşleri nasıl yaptıkları hakkında konuşmak için düzenli yollar belirlemezseniz bir çalışanın işten ayrıldığını söylemek için ofisinize geldiği güne kadar onun ne kadar uzağa itildiğini bilemezsiniz.

Her takım üyesiyle bağlantılı olmak için düzenli, kısa ve öz bir denetleme zamanı planlayın. Personelin pozisyonuna bağlı olarak bu haftalık ya da günlük olabilir. Çalışanlarınızın nasıl hissettikleri hakkında konuşmalarını sağlamak için açık uçlu sorular sorun. Özellikle görevlerini tamamlamak için nasıl bir desteğe ihtiyaç duyduklarını soruşturun.

Bu, çalışanların hissettikleri baskıyı artırmak için ayrılan bir zaman değildir; bu yüzden geribildirimi çalışanlarınız tarafından öne sürülen konularla sınırlayın. Bu toplantıları kısa tutmanız önemlidir, böylece takım üyelerinizin hissettiği zaman baskısını artırmazsınız. Bu denetimleri kısa tutmanıza yardımcı olması için onları "ayakta yapılan" toplantılar olarak adlandırmak isteyebilirsiniz.

Bu denetim toplantıları takımınızın nabzını tutmanıza, sosyal ilişkiler ve problem çözme için fırsatlar yaratmanıza yardımcı olacaktır. Daha da önemlisi toplantılar, sorularını ve sorunlarını dile getirmeleri için çalışanlarınıza bir şans vererek stres düzeylerini azaltacaktır. Aşırı strese girmiş çalışanlarınızın dinlendiklerini ve anlaşıldıklarını hissetmelerine yardımcı oldukça tüm takımınızın yararına olacak şekilde onların da daha iyi dinleyiciler hâline gelme olasılıkları artacaktır.

## 2. Tekrar Enerji Kazanıp Odaklanmak için Küçük Molalar Verin

Bir yönetici olarak personelinize, günlerine hareket katmaları için yardımcı olmanız gerekir. Personelinizin gününe hareket katın. Çalışanlarınızı öğle yemeği, kuşluk ve ikindi vakitlerinde masalarından kalkmaya teşvik edecek bir kültür oluşturun.

Hepimiz bataryalarımızı yeniden doldurmak için gün boyunca molalara ihtiyaç duyarız. Bireylerle çalışırken onlara genellikle 60'tan 90 dakikaya kadar nasıl yoğun ve oldukça odaklanmış bir şekilde çalışacaklarını öğretiyoruz. Bu süre boyunca üzerinde çalıştığınız şeyi asla bırakmazsınız. Kendinizi projeyi bitirmeye adarsınız. Bunu yapın. Sonra bir mola verin. Gözlerinizi kapatın ve zihninizi boşaltın. Dışarı çıkıp biraz temiz hava alın. Yürüyüşe çıkın. Meditasyon yapın. Yenilenmek ve enerjinizi geri kazanmak için neye ihtiyacınız varsa yapın. Ardından bir sonraki projenize geçin.

Güne hareket katmak için yaratıcı olun ve personelinizin gününe kısa molalar getirin. Merdivenleri çıkmaları ya da birkaç dakika temiz hava almak için dışarıda yürümeleri için onları destekleyin. Ya da düzenli denetimlerinizi, herhangi bir acil sorunu ya da konuyu tartışmak için kısa bir yürüyüşe çıkacağınız sabah ve ikindi saatlerinde "yürüyelim ve konuşalım" toplantıları şeklinde yapabilirsiniz.

Eğer takım üyeleriniz küçük enerji kazandıran aralar verme fikrine karşı koyuyorlarsa ya da daha iyi alışkanlıklar kazanmak için hatırlatıcılara ihtiyaç duyuyorlarsa düzenli olarak ayağa kalkmaları, esnemeleri ya da hızlı bir ara vermeleri için onları harekete geçirecek bir yazılımı bilgisayarlarına kurabilirsiniz. Ya da bu kişilere masalarından uzaklaşmaları için görevler verebilirsiniz. Örneğin, onlardan dışarı koşup öğle yemeği almalarını isteyebilirsiniz. Sonra herkes zamanı; iletişim kurmak, gülmek ve enerji kazanmak için kullanırken yanlarına oturun ve onlarla birlikte yiyin.

### 3. Ofisteyken İşi Bırakmalarına İzin Verin

İşlerin teslim tarihi yaklaştı ve projelerin bitirilmesi gerekiyor. Bazen bu, ofiste fazladan zaman geçirmeyi gerektirir. Bu yüksek seviyeye ulaşmanın bir parçasıdır. Fakat çalışma ortamından uzaklaşıp düzgün bir ara vermeden sürekli olarak uzun saatler çalışmak tükenmeye yol açabilir. Eğer iş modunu tamamen *kapatıp* ofisten ayrı geçirmeleri gereken zamanı anlamazsanız personelinizin sağlığı ve takımınızın uzun vadede başarısı tehlikeye düşebilir.

Hepimiz geceleyin zihnimizi ve vücudumuzu kapatıp iyileşmek, canlanmak ve düzelmek için yeterli, yüksek kaliteli uykuya ihtiyaç duyarız. Kişi, iş modunda uzun zaman dilimleri boyunca kalmaya itilince vücut, dinlenip rahatlama yeteneğini kaybeder. Uyku kesintili ve huzursuz hâle gelir ve bu uyku bozukluğuna neden olabilir. Yeterince derin uyku olmadan kişinin vücudu yüksek seviyede motivasyon ve performans sağlayamaz.

Tükenme riski yüksek olan takım üyelerinizi belirleyin. Neye bakacağınızı biliyorsunuz. Ofiste ne kadar çok zaman geçirdikleriyle gurur duyan takım üyeleriniz var mı? Düzenli olarak fazladan uzun saatler çalışmak, cep telefonlarından herhangi bir zamanda ulaşılabilmek ve e-postalarını evden yanıtlamak gibi alışkanlıklar edinmişler mi? Yorgun görünüyorlar mı ve zihinlerinde çok şey olduğundan dolayı iyi uyumadıklarından şikâyet ettiklerini duydunuz mu? Diğer takım üyeleriyle olumsuz bir şekilde iletişim kurmaya başlaşmışlar mı? İşlerinin kalitesi düşüyor mu ya da yaptıkları işten zevk almayı bırakmışlar mı?

Yüksek risk altındaki çalışanlarınızla konuşun ve çalışma saatlerini uzattıkça nelerden vazgeçtiklerini tanımlamalarına yardımcı olun. Hangi ilişkilerin gelişmesine yardım edilebileceğini ortaya çıkarın ve sonra bunu yapmak için eğlenme amacıyla dışarı çıkın. İşte uzun saatler geçirmek için hangi hobilerinden ya da ilgilerinden vazgeçtiklerini öğrenin ve sonra ilgili bir faaliyete destek sağlayın. Eğer "zamanları olsaydı" ne yapmaktan hoşlanırlardı? Bu tutkuyu takip etmeleri için zaman harcamaları konusunda onları destekleyin.

İyi yöneticiler, bir işi iş yerinde bırakma kültürü yaratırlar. Takımınızı, dinlenme zamanını kullanmaları için cesaretlendirin. Ofiste düzenli molalar vermek için eğer gerekiyorsa "kullan yoksa kaçırırsın" ilkesini benimseyin. Molaya ihtiyaçları olduğunu gördüğünüzde bu çalışanların kişisel bir gün ya da "zihinsel sağlık günü" geçirmelerini sağlayın. Örnek olarak öncülük etmeyi ve takımınızla çalışma dışı saatlerinde iş iletişiminizi sınırlamayı unutmayın.

*İşe Yarayan Başarı Eylemleri:* Eğer bazı yöneticilerin, bütün düşündükleri iş olan takımları varsa kısa vadede kendilerini şanslı sayabilirler. Eğer düzenli molalar verilmezse kimsenin yüksek seviyede bir performans sürdüremeyeceğini ve akıllıca çalışamayacağını görecek kadar bilgilisiniz.

Takım üyelerinizin durup dinlenmeden çalıştıklarını ifade etmiştiniz. Düzgün bir ara vermeden ofiste uzun saatler geçirdiklerini tahmin ediyoruz. Hatta bedenleri uzakta olsa bile zihinleri iş konularını uzun uzun düşünmeye devam ediyor. Takımınızı tükenmekten korumak için açık iletişim, üretkenlik ve verimlilik kültürü yaratın. Çalışanlarınızın iş modunu kapatmalarına izin verin ve onları destekleyin.

Eğer tükenme, takımınız için yaygın bir sorun hâline gelmişse bunu ciddiye alın ve rahatlamanın, dinlenmenin önemi hakkında onları eğitmek için dış kaynaklarınızı kullanın. Meditasyon, yoga, esneme ya da pilates öğretmek için bir eğitmen getirin. Yakınlardaki bir spor salonuna üyelikler satın alın ve bunları kullanmak için onları özendirin ya da düzenli antrenman zamanları programlayın. Eğer mümkünse takım üyelerinin daha erken başlayıp daha erken bitirebileceği ya da daha geç başlayıp daha geç bitirecekleri veya bazı işleri evden yapmalarına izin verecek esnek çalışma saatleri uygulanabilir.

Hem çalışanlarınızın hem de takımınızın tüm moral ve üretkenliği açısından yaklaşmakta olan tükenmenin tehlikeleri gerçektir. Takımınızın enerji kazanmasına, yeniden çalışmasına ve günlük çalışma hayatına eğlenceyi geri getirmesine yardımcı olmak için inisiyatifi ele alın. Bunu yapmak, işe gelmeleri ve en iyi çabalarını ortaya koymaları için çalışanlarınızı enerjik ve heyecanlı tutar, motive eder.

# 10

# Zenginlik Oluşturma

Başarı, hayatınızda yapmaya koyulduğunuz ne varsa ona ulaşmaktır. Hedeflerinizi başarmanıza ve hayatınızı tüm yetenek ve kapasitenizle yaşamanıza izin veren zihinsel durumdur. Başarının tanımı tamamen bireyseldir ve sizin tarafınızdan ölçülür. Başarı tanımınız, para ve diğer şeylerin birikimini içerebilir ya da içermeyebilir. Ancak çoğu insan için başarının tanımı ekonomik özgürlüktür ya da bunu içerir. Ekonomik özgürlük basit biçimde, tercih ederseniz, yaşamınızın geri kalan kısmında bugün sahip olduklarınızla yaşayabilmeniz demektir.

Zenginlik oluşturmak sizin için ne kadar önemlidir? "Varlıklı" ya da "zengin" tanımınız nedir? Ne tür bir yaşam tarzı sürmek istiyorsunuz? Bir hedef belirlerken ya da bir yola başlarken yapabileceğiniz en önemli şeylerden biri, başarının size nasıl göründüğünü açıkça tanımlamaktır; böylece durmanız gereken zamanı anlarsınız. Çok sıklıkla insanlar hedefe ulaştıktan sonra gitmeye devam ederler, çünkü bitirmenin neye benzediğini bilmezler. Sonuca bakmadan emek harcamaya devam ederler. Bitmiş bir ürünün tanımına sahip olmadan herhangi bir görevi tamamlayamazsınız.

Başarının temel bir unsuru olarak zenginlik oluşturmaya yer veririz, çünkü para başarının kilit aracıdır. Size emniyet sağlar ve bu sayede diğer şeylere odaklanabilirsiniz. Özgürlük getirir. Hayatınızı dolu dolu yaşamanıza izin verir. Daha fazla başarı elde etmeniz için size fırsatlar kazandırır.

Kimsenin genlerine telgrafla zenginlik mesajı gönderilmez. Bilinçaltı güdüleriniz aslında sizi rahatlığa götürür ve zenginlik oluşturmaktan uzaklaştırır. *Ayrıca bilinçaltı güdüleriniz, çoğu davranışınızın çok güçlü itici unsurlarıdır.* Bilinçli bir düşüncenin daha güçlü bir davranış hâline gelmesi çok çaba gerektirir.

Örneğin, fazla kilolu ve obez olmaya eğilimli insanların büyük bölümü bu şekilde kalacaktır, çünkü bilinçaltı güdüleri bilinçli düşüncelerinden daha güçlüdür. 500 pound (yıllar içinde) kaybeden birinin size anlatacağı gibi bilinçaltımızın üstesinden gelmek zordur. Bütün günü iyi geçirebilirsiniz ve sonra tüm günün irade gücünün değerini mahvederek deli gibi yiyebilirsiniz.

Bilinçaltınız zihninize üstün gelmek için baskın dürtülerinizi değiştirene kadar korumanızı indiremezsiniz. Bu kadar basit. Bilinçaltı dürtüleri öyle güçlüdür ki bilinçaltı algılarınızın ve duygularınızın üstesinden gelmek için bilinçli düzeyde planlı, belirli ve azimli bir istek gerekir. Bir kez dürtüler değiştirildikten sonra istenen davranışlara götürecek dürtüler hâline gelirler.

İnsanlar bilinçaltlarında zenginliğe eğilimli değildirler.

İnsanlar tüketmeye eğilimlidirler... ve hemen.

Hemen yemek.

Hemen içmek.

Hemen kendini iyi hissetmek.

Hemen sakinleşmeyi istemek.

## Zenginlik Oluşturma

Hemen acıdan kurtulmayı istemek.
Hemen güvende olmayı istemek.
Hemen rahatlamayı ve huzurlu olmayı istemek.
Sizi varlığa götürecek çok az genetik eğilim vardır.
"Kötü gün için biriktir" geni yoktur.
"Erkekler sorumlu bir baba olur" geni yoktur.
"Para bilinci" geni yoktur.

Zenginlik oluşturma, çok derinlere yerleşmiş bir programlamanın üstesinden gelmekle ilgili bilinçli bir karardır ve şimdiye kadar insanların yalnızca küçük bir yüzdesi bunu başarmıştır.

Neyse ki bu seçkin başaranlar arasında olma fırsatı, çoğu özgür ülkedeki birçok insan için mevcuttur. Varlık elde etme ve zengin olma potansiyeli hakkıyla doğdunuz. Geliriniz büyük ölçüde sizin tarafınızdan belirlenir. Her zaman beklenmeyen değişkenler vardır; fakat gerçek olan, ne kazanmak istediğinizi sizin seçmenizdir ve büyük olasılıkla kazanmak istediğiniz kadar kazanırsınız. Neyin yeterli olup olmadığına siz karar verirsiniz. Bazı şeylerden feragat etmeye -değiş tokuş olarak düşünün- hazırsanız ve yeterince odaklanmışsanız istediğiniz gibi büyük bir banka hesabı oluşturmaya çalışabilirsiniz.

Zenginlik kafa yapısıyla başlar. İstediğiniz serveti üreten, düşünmeyi tercih ettiğiniz şey ve buna uygun olarak hareket etmenizdir. Zenginlik oluşturma üzerine hareket etmeyi bıraktığınızda zenginlik oluşturmayı da bırakırsınız. Düşündüğünüz şey neyse... aşağı yukarı onu elde edersiniz.

Araştırmalara göre, varlıklı insanlar benzer düşünce yöntemlerini kullanarak zengin olurlar ve bu fakir insanlar için de geçerlidir. Zenginlik oluşturmak için zengin bir insan gibi düşünmeniz ve düşüncenizi eyleme dönüştürmeniz gerekir. Bu oldukça net bir zenginlik oluşturma kafa yapısına indirgenebilir.

Birçok insanın kafa yapısı, bir çalışan olarak zihnini bir işle meşgul etmektir. Pek çok kişi, gerçek zenginliği nasıl yaratabileceklerini görmek için hayatın bir noktasında sınırı geçmeyi ihmal eder ya da bunda başarısız olur. Metal para gibi para kazanmanın iki yönü vardır ve çoğu insan diğer tarafın neye benzediğini öğrenmek için hiçbir zaman rahatlarını bozmaz.

Örnek: 100 dolarlık banknotun ön yüzünde kim vardır? Elbette. Ben Franklin.

Şimdi, 100 dolarlık banknotun arka yüzünde ne vardır?

Tamam. Yüzlükler taşımıyor musunuz?

Peki.

5 dolarlık banknotun ön yüzünde kim vardır?

Tabii Abraham Lincoln.

Ve arkasında ne vardır?

Lincoln Anıtı.

Çok az insan bakmadan bunu bilir.

*Asıl nokta:* Değişim, zenginliğin üreticisidir.

Eğer zengin değilseniz ve olmak istiyorsanız olmadığınız biri olmanız gerekir. Farklı sonuçlar almak için farklı hareket etmeniz şarttır. Farklı olmanız şarttır. İçinizde ve dışınızda değişiklikler yapmaya ihtiyacınız olacaktır. Kendinizle ilgili her şeyi değiştirmek zorunda değilsiniz, fakat yapmanız gereken bazı ciddi ayarlamalar vardır.

Birçok insan şunu söyleyecektir: "Ben kimsem oyum ve herhangi bir şey ya da biri için hiç de değişmem." İyi şanslar. Başarı için değişim gereklidir. Şu an değişmek istemediğinizi hissediyor olabilirsiniz. Bu kavramdan korkmayın. Yenilenmesi gereken kişiliğiniz ya da karakteriniz değildir. Günlük alışkanlıklarınız, eylemleriniz, odağınız, projeleriniz, yargılamanız ve kararlarınızdır. Farklı sonuçlar almak istiyorsanız bu şeyleri değiştirmelisiniz.

Şimdi, 100 dolarlık banknota geri dönelim. Arka yüzde Bağımsızlık Salonu'nun güzel bir resmi vardır. İnsanlar hayata öyle belirgin bir objektiften bakmaya alışkındırlar ki bütün resmi görmekte başarısız olurlar. Sorun şu ki konu zenginliğe geldiğinde 100 dolarlık banknotun arka tarafında ne olduğunu gerçekten bilmek istersiniz.

Birleşik Devletler'de tedavüldeki en büyük kâğıt para olan 100 dolarlık banknotun arka yüzünde Bağımsızlık Salonu'nun bulunması ilginç bir tesadüftür.

Özgürlük... zengin olmak. Bağlantıyı görüyor musunuz?

*Soru:* **Uzun vadeli bir çalışan olarak servet kazanabilir misiniz yoksa bunun için girişimci olmanız mı gerekir? 40'lı yaşlarımın başındayım. İşimi seviyorum ve girişimcilik bana hitap etmiyor, fakat güvenli bir şekilde emekli olabileceğimden emin olmak istiyorum.**

Zenginlik kafa yapısıyla başlar. Eğer kafa yapınızı başka biri için çalışmaya ayarlarsanız bir işiniz olur, eleman olarak huzur duyarsınız ve buna alışırsınız. Eğer kafa yapınızı daha yüksek seviyede bir ekonomik özgürlük elde etmek için düzenlerseniz başka biri için çalışmanın güçlükleri olmadan daha fazla risk almaya ve zengin olmanın araçlarını bulmaya karar verebilirsiniz.

Gerçek şu ki risk altında olan insanlar yüksek olasılıkla zengindirler. İşverenler iş sağlar ve bu bir hediyedir. Biri size iş verdiğinde bu kişi, sizin % 100 riskinizi üstlenir ve siz karşılık olarak sıfır risk alırsınız. Bu bir hediyedir.

İş hayatına girdiğinizde eninde sonunda kendi kendinizin işvereni olursunuz. Paranızı alırsınız ve karşılığında bazı görevleri ve projeleri yerine getiren birilerine onu verirsiniz. Eğer insanlar çeki yazan kişinin risk altında olduğunu anlamazlarsa kendi servetlerini yaratmada zorluk yaşarlar.

Risk altında olmanın zenginlik oluşturmak için en emin yol olması çok ilginç bir çelişkidir.

Şu hâlde iş sahibi olmada ve başka biri için çalışmada yanlış olan bir şey yoktur. İşinizden hoşlanıyorsunuz gibi görünüyor. Her gün yapmanız gereken bir takım görevler üzerinde yönetim sağlayan birinin olması daha az stresli olabilir. Buna karşılık bu tür işler yüksek seviyede ekonomik özgürlük sağlamaz, çünkü yenilenebilir kaynakları yoktur (satış, yenilikler gibi). Ayrıca nadiren zenginlik sağlarlar.

Sizi, işinizi iş dünyası hakkında bir şeyler öğrenmek için size para verilen bir yer olarak kullanmaya davet ediyoruz. Çok az insan kolayca lise ya da üniversiteden mezun olup hemen kendi işletmeleriyle servet oluşturmaya başlar. Okullar size bir şeyler öğretebilir, fakat kendinize ait bir işletmede başarılı olmak için bilmeniz gereken her şeyi göstermez. Kendi işinize başlamaya karar verirseniz ve kendinizi riske atarsanız pazarlama, reklam, satış, muhasebe ve vergiler, yönetim, ürün geliştirme, ürün araştırma ve yatırım gibi alanlarda bilgiye ihtiyaç duyarsınız. Bu becerileri yönetmek geleneksel eğitimin kapsamı dışındadır (bu adları taşıyan dersleri alsanız bile). Bunlar riski, hesaplanmış riske dönüştüren becerilerdir; yani iyi riske.

Kendi işletmelerini yönetmeye can atanlar için hazırlanmanın en iyi yolu, bir şirketi olabildiğince çok açıdan deneyimlemektir. Bir şirkette paraları risk altında olan insanların nasıl kararlar aldıklarını izleyerek başarılı ya da başarısız olmanın alışkanlıklarını görebilirsiniz. Çok yakın ve kişisel olarak neyin işe yarayıp neyin yaramadığını göreceksiniz, hem de hiçbir bedel ödemeden.

Bir genel müdürü izlemek ilginçtir ve yararlı bağlantılar sağlayabilir; fakat pazarlama, reklam ve satış departmanlarında çalışanları da izlemek istersiniz. Satış elemanları, gelir üreticileridir, yalnızca çalışan değildirler. Onlar olmazsa şirket batar. Pek çok farklı şirkette birçok satış elemanı varlıklıdır, hem de oldukça. Nasıl mı? Satış elemanları kendi gelirlerini belirler.

*İşe Yarayan Başarı Eylemleri:* Bir işte çalıştığınız sürece kazanırken öğrenin. Ve bunu yaparken şirketiniz için büyük bir değer olun. Bunu öyle iyi yapın ki siz şirketten ayrıldığınızda aynı paraya sizin yerinizi alacak birini bulmakta oldukça zorlansınlar. Eninde sonunda elemanlıktan servet oluşturmaya doğru ilerleyecek insanların kafa yapısı, mevcut işverenleri için mümkün olduğunca çok başarı yaratmaktır. Şirketinize bağlı olun, bölümün yükselmesini sağlayın, müthiş bir satış ekibi yetiştirin vs... Sonra bu becerileri ve bilgiyi kendi maceranıza katın.

O hâlde bir çalışan olarak servet yaratmanız imkânsız mı? Elbette değil. Eğer şirketinize alışılmadık biçimde değerli bir katkıda bulunursanız ve bu size fazlasıyla ödenirse... uzun süre sonra finansal güven elde edebilirsiniz. Kazandığınızdan daha az harcarsınız, farkı artırırsınız ve bileşik faizin sizin için işlemesine izin verirsiniz. Bu, içsel disiplin ve çokça zaman gerektirir.

Eğer şirketinizde kalmak istiyorsanız şirketinize katacağınız değeri artırmak için fırsatları araştırın ve eğer uygunsa daha fazla risk alın. Sam Walton ve Bill Gates sadece nakit para yerine hem hisse senedi hem de nakit para için çalışmaya istekli olan birçok milyoner yaratmıştır. Bu kişiler şirketin planları üzerine kumar oynadılar ve çok kazandılar. Yine, risk vardı.

Gerçek şu ki bir kurumda satış ve üst yönetim (bu otomatik olarak servet kazandırmaz) dışındaki çoğu insan, işleri sayesinde zengin olmazlar. Daha yüksek seviyede risk ve sorumlulukla, işiniz size daha fazla kazanma fırsatı sağlamadıkça, ikinci bir iş olarak kendi küçük işletmenizi yönetmek üzerine dikkatle düşünmelisiniz.

Zenginliğe giden en açık yolun kendinize ait başarılı bir iş yeri yönetmek olduğunu defalarca gördük. Başka biri için çalışan her insan diğer taraftan ciddi bir şekilde ikinci bir iş olarak küçük bir işletme sahibi olmayı düşünmelidir. Ya internet tabanlı bir iş ya da mal mülk yönetme işi olabilir, fakat kendi gelirinizi belirleyebileceğiniz bir şey olmalıdır.

*Soru:* **Araştırmacılar zenginlerin nasıl para kazandıklarını gerçekten incelemişler mi? Zenginlik için gerçekten işe yarayan bir plan oluşturulmuş mu?**

Dünyadaki varlıklı kişiler en çok incelenen ve dikkatlice analiz edilen kişilerdir. Zenginler ve ünlüler tüm nüfusun çok ufak bir yüzdesidir. Onlar rüyalarımızı, hedeflerimizi ve arzularımızı temsil ederler.

Genç yetişkinler olarak çoğumuz zengin olmayı hayal ederiz. Gençken büyük olasılıkla bir talih kuşu konup erkenden zengin olacağınızı ve iyi bir hayat yaşayacağınızı hissedersiniz. Zaman geçtikçe zengin olmayı hak ettiğinize daha az inanmaya başlarsınız. Şanslı olup zengin olanlara bakar ve bunu nasıl yaptıklarını merak edersiniz.

Şans olmalıdır, çünkü çok çalışmanıza rağmen siz zengin olmadınız ama onlar oldu.

## Zenginlik Oluşturma

Bir gün talih yüzünüze güler ve birkaç milyonerle aynı masaya oturma şansınız olur. Onlarla konuştuktan sonra merak edersiniz, "Nasıl oldu da bu kadar zengin oldular, çünkü pek bir özellikleri yok." Düşünülenin tersine zengin olmak için parlak, kabiliyetli, becerikli ya da şaşırtıcı olmak gerekmediğini er geç anlarsınız. O hâlde, ne oldu?

"Zengin olma" fikri sayısız kitabın, yüzlerce seminerin, binlerce vaka çalışmasının, filmin, hikâyenin ve araştırmanın odağı olmuştur. Zenginler dikkatle izlenmiş, incelenmiş ve onlarla röportaj yapılmıştır, ancak çoğu insan hâlâ merak eder, "İyi de, onlar nasıl bu kadar zengin oldular?"

İşte sırrı şu: Varlıklı olmak bir seçim meselesidir. Odaklanma meselesidir ve hedeflerinize doğru durmadan hareket etme meselesidir. Zengin insanlar, daha önce zengin olanlarla aynı adımları takip ederler.

Eğer zengin olmak istediğiniz bir şeyse o hâlde ayak izlerini bulmanız ve onları takip etmeniz gerekir. Başarı ve zenginlik ayak izleri bırakır. Bu yolda başarılı olanlar ipuçları bırakır. Başarıyı keşfetmek için Sherlock Holmes olun. Ardından daha önce açılmış olan yolu takip edin.

Örneğin, araştırmalara göre çocuklarınızın zenginliğe ulaşmaları ve onu oluşturmaları için vermeleri gereken tek bir önemli karar vardır. Bunun cevabı, Birleşik Devletler'in nüfus sayımı ve gelir rakamlarında yatmaktadır. 2006 yılı nüfus sayımı bilgilerine göre Birleşik Devletler'de bir ailenin yıllık ortalama geliri 48,200 dolardır. Bu demektir ki hanelerin yarıdan çoğu bundan daha fazlasını ve geri kalan yarısı da daha azını kazanmaktadır.

Hane reisinin eğitim düzeyinin aile gelirine katkısı ne kadar önemlidir? Bu son derece önemli.

**2006 yılı Eğitim Düzeyine göre
Yıllık Hane Gelir Ortalamaları (binler üzerinden)**

| Eğitim Düzeyi | Ortalama Hane Geliri |
|---|---|
| Diplomasız | 22.4 |
| Lise mezunu | 36.8 |
| Üniversite mezunu | 68.7 |
| Profesyonel derece | 100.00 |

Bu rakamlar çocuklarınızı üniversiteden mezun ettiğinizde üniversiteden mezun olmayan arkadaşlarından neredeyse iki kat daha fazla para kazanacaklarını öne sürüyor. Profesyonel derecenin etkisi yaklaşık üç katı daha fazla kazanmalarına yardımcı olacak. Teknolojinin hızla gelişerek ekonomik durumu değiştirmesiyle bu avantaj gelecekte azalacak. Fakat şu an için bir üniversite diploması çocuklarınıza inkâr edilemeyecek şekilde bir rekabet üstünlüğü sağlıyor.

*Başarı eylemi noktası:* Eğer bir ebeveynseniz çocuklarınızı üniversiteye gönderin.

Peki ya siz? Servet yaratmak için sizin neye ihtiyacınız var?

*Açıklama: Zengin olmanın en iyi yollarından biri zengin insanların yaptıklarını yapmaktır.*

Ya size bir sonraki odaya geçmenizi sağlayacak bir kapının, duvarın bir parçası olduğunu gösteren başarılı insanlara katılmayı tercih edersiniz ya da bir tokmağa çarpıp kapıyı itene kadar başınızı duvara vurursunuz (daha erken zamanlarımızda bunun gibi bir şey yaptık). Alanınızda zengin olan birini bulun ve onun yaptığını yapın. Bu kişiyi

## Zenginlik Oluşturma

takip edin, inceleyin ve ona sorular sorun. Eninde sonunda benzersiz tarzınızla kendi yolunuzu izleyeceksiniz, fakat zenginliğe giden temel formülü takip ediyor olacaksınız.

Eğer bir danışman ya da yaşam koçu bularak öğrenme eğrinizi kısaltmamaya karar verdiyseniz o hâlde işiniz: Ayak izlerini bulun, analiz edin, anlayın ve onları cüretkâr bir şekilde ele alın. Bir kez servete giden formülü bulduğunuzda onu uygulamak size kalmıştır.

Hiç kimse (gerçekten *hiç kimseyi* kastediyoruz) bunu sizin için yapamaz. Sadece siz bu servet formülünü uygulayabilirsiniz. Yardımınıza gelen kimse olmayacaktır. Sorumluluk sizin omuzlarınızın üstündedir, kimsenin değil. Tamamen size kalmış. Neden? Çünkü görüyorsunuz, takip etmeniz için ayak izleri sizi bekliyor ve sadece siz kendiniz için yürüyebilirsiniz. Kimse sizi bitiş çizgisine taşımayacaktır. Kendiniz için siz yürümelisiniz.

Hepimiz bazı avantajlar ve sınırlamalarla doğarız. Zekâ, mizaç, duygusal denge, dayanıklılık, çekicilik açısından farklıyız. Uzun ya da kısa, sağlıklı ya da hasta, yakışıklı ya da daha az çekici, genç ya da yaşlı, zenci ya da beyaz, üniversite mezunu ya da okuyamamış ya da başka bir şey olabilirsiniz. Evet, bu faktörlerden bir kısmı servete giden yolu daha zorlayıcı hâle getirebilir. Fakat hiçbiri bunu imkânsızlaştırmaz. Eğer nefes alıyor ve yaşıyorsanız, karı süpürebiliyorsanız, çimleri biçebiliyorsanız, aklınızı kullanabiliyorsanız ya da telefonla satış yapabiliyorsanız zengin olabilirsiniz. Nasıl yetiştirildiğinizin ya da ebeveynlerinizin kimler olduğunun önemi yok. Tüm hayatınız boyunca fakir olmanızın önemi yok. Bunların hiçbiri zenginliğe giden kapıyı kapatmaz.

Eğer bu zenginlik formülünü sürekli olarak uygularsanız

varlıklı olabilirsiniz. Bu, zengin olmak için katı ve uzun dönemli bir söz vermenizi gerektirir. Bu formülü devam ettirmeniz şarttır. (Bu, zengin olmanızın uzun süreceği anlamına gelmiyor; süresi size bağlı.)

Yürütmek için hangi işi seçtiğinizin önemi yoktur, -ürününüz ya da servisiniz için bir talep ve ödeme oldukça- servet yaratmak hemen hemen her alanda aynıdır. Kurallar aynıdır. Ayak izleri aynıdır. Sadece onların ne olduğunu bilmeli ve takip etmelisiniz.

Diyelim ki zenginlik formülünüzün bir parçasının gelecekte para kazanmaya devam etmenizi sağlayacak görevler üzerinde daha uzun saatler boyunca çalışmanız olduğunu belirlediniz. Olumlu bir şekilde geliştirilebilir faaliyetlere nasıl daha fazla çaba harcayacağınızı öğrenirsiniz ve bunu ikinci bir iş olarak, internet işi yürüterek, sağlayabilirsiniz. Her gün, bir saat daha erken çalışmaya başlayın ve işi bir saat daha geç bırakın. Bu zamanı, önemli projeleri büyük sonuçlarla neticelendirmek için kullanın. Bunu yaparak sonuç almaya başlarsınız. Çok çalışmaya ve sonuçlara ulaşmaya neredeyse bağımlı hâle gelirsiniz. İvme kazanırsınız.

İşleri sonuçlandıran biri hâline gelirsiniz ve diğerleri size "Çok fazla çalışıyorsun" derler. Başarılı insanlarla dost olursunuz. İnsanlar eskiden size çok çalıştığınızı söylemediyse ama artık bunu belirtiyorlarsa tahmin edin ne oluyor? Değişiyor ve gelişiyorsunuz. Buna devam edin, çünkü gerçekten iyi bir şey!

Zengin insanların çoğu bu sonuca ulaşmak için ne yaptıklarının farkında bile olmaz. Sadece bulunmaya alışkın oldukları yerden -zengin olmadıkları yerden- ileriye doğru gittiklerini bilirler.

Hatırlayın, zengin olmak için kendinizi geliştirmeye ve

değiştirmeye istekli olmalısınız. Ahlakınızı, etiğinizi, dininizi ya da bunun benzeri bir şeyi değiştirmenizden söz etmiyoruz. (Aslında bazı insanlar için ahlak ve etiğin ciddi bir şekilde kontrol edilmesi gerekir; fakat kendinizi değiştirmekten bahsederken kastettiğimiz bu değil.)

Basit gerçek şu ki eğer zenginseniz -piyangoyu kazanmadıysanız ya da servetinizi miras olarak almadıysanız- diğer zengin insanların yaptığını yaptınız. Eğer değilseniz, yapmadınız. Eğer servet oluşturmak istiyorsanız kendinizle ve yaptıklarınızla ilgili bir şeyleri değiştirmelisiniz. İşte bu gerekli değişikliklere hazırlanmanız için size sekiz tavsiye.

1. **Bu noktadan sonra sizden başka kimsenin geleceğiniz üzerinde daha fazla etkisi olmayacak.**
   Yavaşça batacaksınız ya da su yüzeyinde batmadan durmayı, el ve ayakların hafif hareketiyle su içinde dik durmayı ve yüzmeyi öğreneceksiniz. Bu kararın ve devamının beyin içinde planı çıkarılır ve kaydedilir. Düşünceleriniz eninde sonunda hayatınızı etkiler. Düşüncelerinizi siz seçersiniz. Sonuçlarıyla siz yaşarsınız.

2. **Eğer parasızsanız bu, oyunun dışında kalacağınız anlamına gelmez.**
   Uzak bir ihtimal değil. Borç sütunuzdaki dolar miktarı sabit değildir. Geliriniz sabit değildir. Gelecek birkaç yıl içinde hangi yöne gideceğinize karar verirsiniz. Doğal dürtülerinizin üstesinden gelmek için yolculuğunuz kararlarla başlayacaktır. Bu biyolojik dürtüleri yenmek için çalışmak gerekir. Paranızın olmaması, varlığa giden yolu kapatmaz.

3. **Maddi endişelerinize ara verin.**
   Maddi sorunlarınız hakkında endişelenmek yerine odağınızı farklı bir açıya kaydırın. Beyninizi rahatlatmak ve ona yeniden enerji vermek için zaman ayırın, böylece doğru çözümü daha kolay bulabilirsiniz. Zihninizin olası çözümleri bulmasına izin vermek için sorunlarınızı her gün sadece birkaç dakikalığına bir kenara bırakın.

4. **Maddi rahatlığı hemen deneyimleyin.**
   Şu an hayatınızda neredeyseniz her gün maddi rahatlığı deneyimlemek için zaman harcayın. Kazandığınız her kuruş için kendinizi takdir edin. Sahip olduklarınıza bakın. Kim olduğunuzun ve neye sahip olduğunuzun şu an için yeterli olduğunu kabul ettiğinizde bu sizi daha sağlam adımlar atmaya ve daha çok yaratmaya yönlendirir.

5. **Hata yapmayı, ondan bir şeyler öğrenerek daha akıllı ve güçlü olmak için, bir şans olarak görün.**
   Hata yapmanın sizi yenmesine hiçbir zaman izin vermeyin. Hata başarısızlık sürecinin büyük bir parçasıdır. Kaybetmek ya da hata yapmaktan korkan insanların başarı ve zenginlik için çok az şansları vardır. Hata yapmak kötü hissettirir. Moral bozucudur. Fakat hatalarınızın çoğu gerçekte ne anlama gelir? Pek bir şey değil. Eğer hata yapma düşüncesi sizi hayatta istediklerinizin arkasından gitmekten alıkoyuyorsa kendinizi çok fazla ciddiye alıyorsunuz demektir. Korkunuzun üzerine gidin. Hata yapmayı, daha dayanıklı olmak için kullanın. Hata yapmayı,

daha akıllı olmak için kullanın. Sizi canlandırmasına ve motive etmesine izin verin. Bunu yapar ve sebat ederseniz zenginlik ve başarıya ulaşırsınız.

6. **Neyi kontrol ettiğinizi kontrol edin.**
Başkalarını değiştirmenin kendimizi değiştirmekten daha kolay olduğuna inanırız. Öyle değildir. Diğerlerinin değişeceğini *ummak* daha kolaydır, fakat bu bir çıkmaz sokaktır. Diğerlerinin davranışları üzerinde kontrolünüz yoktur. Siz sadece kendinizi kontrol edebilirsiniz. Öz denetimi ve başarının diğer tüm unsurlarını geliştirmek için çabanızı ortaya koyun. Zenginlik oluşturmak için işe yarayan budur.

7. **Yaratıcı ve yeni fikirlere açık olun.**
Maddi özgürlük kazanmak için aklınız sahip olduğunuz en güçlü tek aracınız ya da değerinizdir. Tıpkı vücudunuzun yiyeceklerden ve sudan besin alması gibi aklınız da zenginliği yaratmak ve korumak için yaratıcı fikirler ve finansal stratejilerle durmadan harekete geçirilmelidir. Bazen çoğunluğun yaptığını yapmaya öyle alışkın oluruz ki zihnimizi yeni fikirlere tamamen kapatırız. İnsanlar aynı şeyleri her gün görürler. Aynı şeyleri her gün yaparlar. Çok az insan 100 dolarlık banknotun arkasında Bağımsızlık Salonu'nun bulunduğunu gözlemler. Yaratan ve uygulayan insan başarılı olur.

8. **Hesaplanmış riskler alın.**
Para dünyasında zeki olmak yeterli değildir. Riskler alır ve harekete geçersiniz. Aklınızda olanı gerçeğe

dönüştürmeli ya da açığa çıkarmalısınız. (Bu, düşünceden çalışma modeline ve son ürüne geçmeniz demektir.) Hesaplamaların nasıl yapılacağını ve mali krizler için bir formül bilmeden açık riskler almak tehlikelidir. Pazarlama ve satış için uygun bir plan olmadan binlerce dolarlık bir stoğa yatırım yapmak anlamsızdır. Zekice ve hesaplanmış riskler alın.

*İşe Yarayan Başarı Eylemleri:* İşte size hızlı bir egzersiz: Yıllık geliriniz ne kadar? Bunu ikiyle çarpın ve bir kâğıt üzerine yazın. Sonra bugünden bir yıl sonraki tarihi yazın.

Şimdi, bu daha yüksek yıllık gelire ulaşmak için ihtiyacınız olan her şeyi yazın. Eylem planınızın başlangıcında işe yarayacak bir listeniz olacak. Listeyi yazarken hedeflenen gelir düzeyine ulaşmak için yapmanız gereken değişiklikleri düşünün.

Bu stratejiyi kullanmak sizi, hedeflerini kâğıda dökmeyen nüfusun % 98'inden ayıracak. Bunu yaparak kendinizi hedefler koyan ve planlar yapan başarı odaklı insanların arasına koyarsınız.

Hayattan daha fazlasını almak, asgariden daha fazlasını yapmayı gerektirir. Bugün harekete geçin. Nereye gitmek istediğinizi ve oraya nasıl ulaşacağınızı yazın. Sonra bunu çalışmaya başlayın. Bunun yapılabilip yapılamayacağı hakkında şüpheye yer bırakmayın. Bunu yapın. Daha büyük zenginlik yaratma yolundasınız.

*Soru:* **Haftada sadece birkaç saat nasıl çalışılacağı hakkında bir kitap okuyorum. Bunu satış işime nasıl uyarlayabilirim?**

Haftada dört saatlik çalışma terimi bütün işinizi dışarı

yaptırabilmenizdir. İşiniz otomatik pilotta devam ederken size endişe ve stresten uzak bir yaşam tarzı sağlar. Çekici bir ifadedir. Umut verici olan şu ki haftada sadece birkaç saat çalışıp zengin olabilirsiniz.

Ancak birçok kişisel gelişim kitabının yanlış olan kısmı, insanların doğrudan uzak ya da doğru olmayan şikâyetlerde bulunmalarıdır. Buna rağmen insanlar kitaplar için oldukça tantana koparırlar.

Dedikodu, "viral pazarlama" deyişinin başka bir şeklidir ve en sade hâliyle ağızdan ağza pazarlama demektir. "Hey, haftada sadece birkaç saat çalışman gerektiğini ve bu şekilde zengin olabileceğini söyleyen kitabı okudun mu?"

Bir milyoner olmak ya da ekonomik olarak özgür olmak için haftada sadece 10 saat çalışmanız gerektiğini söyleyen bir makale yazmak kolaydır. Bunu gerçekte oluşturmak tamamen başka bir şeydir.

O hâlde haftada sadece birkaç saat çalışmak neye benziyor? Bugün evden çalışabileceğiniz bir iş kurduğunuzu hayal edin. Bu hafta beş saat harcayın. Yeni işiniz için isim araştırması, vergi dairesinden vergi formları almanız, vergi kimlik numaranızın belirlenmesi, kurumunuza şirket kurma formlarınızı kaydettirmeniz, kayıt ücretini göndermeniz, diğer birkaç idari engeli aşmanız yaklaşık olarak beş saat sürecektir.

Gelecek hafta işiniz için banka hesabı açtırırsınız. Evden çıkışınızdan dönüşünüze kadar yaklaşık iki saat geçecektir. Sadece birkaç dakika sürmesi gerekiyor, fakat bankacılar sizi bekletmeye, ardından oturup konuşmaya bayılırlar. 11 Eylül öncesine göre daha fazla form imzalarsınız. Eve dönerken mağazaya uğrayıp dosyalar ve bir dolap alırsınız. Bilgisayarınız için güzel bir yazıcı ve büyük ihtimalle bir faks/telefon çağrı yanıtlama cihazı almanız gerekecek. Eve gidersiniz, yeni şirketiniz için dosyalama sistemine başlarsınız ve bunu bir gün olarak adlandırırsınız. Ayrıca kurulum için bir sonraki hafta yarım günlük çalışmanız boyunca (iyi şanslar) gelmelerini sağlamak için telefon şirketini ararsınız. Zaman doldu.

Gelecek hafta bilgisayara yazıcınızı bağlamanın ve yeni telefon hattı kurmanızın zamanı gelmiştir. Günün yarısını pencerede telefon tesisatçılarını bekleyerek geçirirsiniz? İşlem hızlıdır, normalde bir saatten daha az sürer. Fakat beklemek farklıdır. Yine de bilgisayarı çalıştırıp web sitenizi oluşturmak için bir program -ya da bir eBay (İnternet üzerindeki en büyük açık artırma usulü alışveriş sitesidir.) hesabı veya yeni işiniz için gerekli olan bir başlangıç hizmeti- satın alırsınız. Eğer çoklu görevde iyiyseniz programınızı kurabilirsiniz. Eğer temel becerilerden tamamen yoksunsanız web sitenizin kurulması, programınızın satın alınması ve kurulması işlerini başkalarına verebilirsiniz ve onların tüm paranıza erişmelerine izin verirsiniz. Zaman doldu.

Ertesi hafta yeni satın aldığınız programın temel bilgilerini öğrenirsiniz ve eBay'da ürünlerinizi ilan etmeye ya da yapacaklarınızı yapmaya başlarsınız. Eğer video eğitimleriyle birlikte gelmişse çoğu yazılım programının temellerini öğrenmeniz dört saatinizi alacaktır. Zaman doldu.

Bir sonraki hafta yeni hesaplarınız için şifreler oluşturursunuz. Web siteniz için bir depo satın alırsınız ya da eBay siteniz için bir depo yaratırsınız. Kural olarak web siteniz için her şeyin düzgün bir şekilde yüklendiği bir depo oluşturmak yaklaşık 10 saat sürer, bu da zamanınızın neredeyse üçte biri demektir. Yine tüm bunları başka birine yaptırabilirsiniz, fakat o zaman paranıza erişme hakları olacaktır.

## Zenginlik Oluşturma

Bu, birçok zeki iş adamının almak istemediği bir risktir. Buna rağmen bu hizmeti dışarıdan almayı seçerseniz yetkili birini bulmak için araştırma yapmanız, banka hesabınızı kontrol etmeniz, öz geçmişini kontrol etmeniz ve onu ücretle tutmanız dört saatinizi alacaktır. Zaman doldu.

Şimdi basit bir web siteniz var ya da eBay deponuz kuruldu.

Tamam... mesele anlaşıldı mı? İşlerin en basitine başlamak yaklaşık 50 saatinizi alır.

Online işler, geleneksel iş dünyasında hiç şansı olmamış kişiler için büyük bir armağandır. Web'den hayatını kazanmak oldukça basittir. Bu, ne olursa olsun tüm mevcut genel giderleriyle geleneksel bir işe başlamaktan daha kolaydır, orası kesin. Fakat gerçek şu ki haftada beş saatlik planı kullanarak üç ay sonra sadece ilk ürününüzü piyasaya sürmenizi ve ilk satışınızı yapmanızı sağlar.

Bir projeye ya da işe başlarken bizim tercihimiz (birçok işe başladık) bunu birkaç gün içinde yapmaktır. İşin birkaç aydan fazla süreye yayılmasına izin vermek yerine onu mümkün olduğunca çabuk başlatın.

Bir kez yeni işinize başladığınızda, çevrimiçi ya da çevrimdışı olsun, pazarlama çabanıza para harcamanız gerekir. Güzel bir web siteniz, bir McDonald's ya da Curves bayiliğiniz olabilir; ancak pazarlamazsanız kesinlikle şansınız olmaz.

Evet, yeni bir depoyu ya da yeni internet işinizi kurarken pazarlama işini başkalarına yükleyebilirsiniz. Fakat bu süreç 20 saatte gerçekleşmeyecektir. Ayrıca yeni işinizin pazarlanması için dışarıdan destek almayı gerçekten istiyor musunuz? Geleneksel bir işe 100,000 dolar koyarsanız -farz edelim ki bankaya ödeme yapmaya başlamak için hemen kâr etmek zorundasınız- bu işe özel olarak kimi atayacaksınız? Eğer sanal ticaret yapıyorsanız işinizi pazarlamak için kimi tutacaksınız? Bu kişinin sizin için işi başarılı bir şekilde yapacak kadar kabiliyetli, yaratıcı ve hünerli olduğunu nereden bileceksiniz? Bu hizmetler için nasıl ödeme yapacaksınız?

*İşe Yarayan Başarı Eylemleri:* Eğer internet üzerinden kendi işinizi yapmaya başlamak için beş saatlik çalışma haftasını kullanırsanız, kâr etmeye başlamanız bir yıl sürecektir. Hayatınızın geri kalanını geleneksel bir iş gibi kaplayacaktır.

Şimdi, dış kaynak kullanan bir iş fikri iyi midir? Şüphesiz.

İşinizde eksik olduğunuz kısımlarla ilgili size yardım etmek için güvendiğiniz insanları dikkatli bir şekilde tanıyın ve ön ödeme yapacak paranız olmadığında onlara kârdan ödeme yapmanın bir yolunu bulmaya çalışın. İş hayatında kanıtlanmış bir performansınız olmadıkça birçoğu bunu kabul etmeyecektir. Bu durumda zamanla işinizi inşa etmelisiniz, biraz nakit para saklamalısınız ve sonra bir ya da iki yıl içinde dışarıdan hizmet almaya başlamalısınız.

İşinizde değiş tokuş edebileceğiniz birçok şey de vardır. Örneğin, eğer bana web sitemde yardım ederseniz yeni işinizi pazarlamanıza yardımcı olmak için bir grup insanla iş ortaklığı yapmanıza yardımcı olabilirim. Para gerekmiyor, sadece zamana ihtiyacınız var.

Son olarak eğer zaten bol miktarda paranız varsa sorunların çoğu çözülür. Bankayla yine evrak işleriniz olması gerekir. Artık kimse sizin yerinize banka hesabı açamaz. Fakat zaten varlıklıysanız o hâlde zaman geçtikçe gitgide daha çok dışarıdan hizmet almalısınız. Bu, dönemsel yardım almanız ya da kiralamanız anlamına gelir.

## Zenginlik Oluşturma

Kısa bir çalışma haftası fikri güzeldir. Rüya harikadır. Rüyanız gerçekleşecektir, fakat bunun mümkün olması zaman -sizin zamanınızı- alacaktır.

*Soru:* **Konuşurken sizden duyduğuma göre kendi kendinize başarıya ulaşmışsınız. Paranız olmadan başlamışsınız ve şu an bir milyonersiniz. Para kazanmaya değer biri olduğunuzu hissetmenize izin vermek için değiştirmek ya da benimsemek zorunda olduğunuz en büyük zihinsel tutum neydi?**

İlk olarak kimse tamamen kendi kendine başarıya ulaşamaz. Hepimizin yol boyunca danışmanları, ortakları ve diğer destekleri vardı. Bu yüzden eğer zenginliğe giden yolunuzda yalnız ilerlemeye çalışıyorsanız bu stratejiyi tekrar gözden geçirmek isteyebilirsiniz.

Finansal başarıda en büyük caydırıcı olarak gördüğümüz şey korkudur. Para sorunları yaşayan birçok insan para kaybetmekten öyle çok korkar ki onlara çok fazla odaklanarak aslında sorunlarını artırırlar. İkilemlerine hiçbir çözüm düşünemezler, çünkü düşünceleri başa çıkılamaz fatura yığınları olarak gördükleri şeyi ödemenin dehşetiyle meşguldür.

Zenginlerin sıklıkla aldıkları riskler hesaplanmış riskler olsa bile, dar ve orta gelirli sınıflar risk alma üzerine düşündüklerinde para kaybetme korkusu onların geri çekilmelerine neden olur. Bazen, bir fırsattan vazgeçtikleri zamanı çoktan kaybetmiş olduklarını hiç fark etmezler. Eğer bu sürerse hiçbir zaman güvende olmazlar.

Korkunun iyi bir tarafı vardır. Biraz korku, bizi fiziksel ve duygusal olarak incinmekten korur. Aşırı saldırgan olmamızı engeller. Hareket etmeden önce düşünmemizi sağlar. Fakat kontrolsüz korku yoksulluğa yol açar. Finansal yaratıcılığı engeller ve aklımızı karıştırır. Bilinçsiz bir şekilde daha açgözlü hâle geliriz.

O hâlde sizi yenmemesi için korkuya nasıl hâkim olacaksınız? Aksi yönde olması yerine ona hâkim olmak için korkuyu yönetilebilir ve kullanılabilir seviyede nasıl tutacaksınız?

*Para kaybetme korkunuzu etkili bir şekilde bastırmak için, kazanmanın heyecanı üstün gelmelidir.* Kazanmak bağımlılık yaratır.

Bunun gerçekleşmesi için yanan bir arzu ve tutkunuz olmalıdır. Bu arzuyu ateşlemeye yardımcı olmak için paranın getireceği büyük yararları düşünün. "Varlıklı olduğumda ne yapacağım ya da ne yapabilirim?"

Varlıklı hissetme egzersizi yapın. Arzu ettiğiniz hayat tarzının keyfini şimdiden çıkarır gibi zihninizde bunu deneyimleyin.

Şimdi, buradan ileriye sarın...

Eğer varlıklı olsaydınız hayatınızın gerçekten neye benzeyeceğini hayal edin. Bunu sadece görmeyin, hissedin. Zengin ve ünlü olmanın tüm konforunun tadını çıkarıyorsunuz. Bunu bütün bir resim haline getirin.

Birlikte olmak istediğiniz türde insanlarla çevrelenmiş olduğunuzu düşünün. Parayla yapmak istediklerinizi görselleştirin. Öncelikle size ve sevdiklerinize getireceği iyi şeylere konsantre olun, belki küçük kardeşinizin üniversiteyi bitirmesine yardımcı olabilir ya da seyahat etmeyi seviyorsanız tatil için ailenizle birlikte büyük bir gemi yolculuğuna çıkabilirsiniz..., veya sevdiğiniz birinin sağlık masraflarını üstlenebilirsiniz. Yalnızca kendiniz ve aileniz için değil, başkaları için de bakım ve ilgiyi, tutku ve arzuyu ateşleyebilir. Şefkat, yaratıcı zihninizi çalıştırır.

## Zenginlik Oluşturma

Devam edin ve sahip olmanın harika olabileceği bir evi kendinizinmiş gibi hayalinizde canlandırın. Kaç odası var? Ebeveyn yatak odası ve banyosu nasıl görünüyor? Sıcak banyo küvetinde rahatlayın. Mutfak ne gibi göze çarpan özellikler içeriyor? Mutfakta aileniz ve arkadaşlarınızla bir araya geldiğinizi görün. Sizin için ne tür eğlenceler önemlidir? Özel spor salonunuzda antrenman yaptığınızı, kortunuzda basket attığınızı ya da yüzme havuzunun yanında tembelce uzandığınızı görün.

Burada önemli olan, hayatınızı para harcamadan yaşadığınızı görmenizdir.

Konuyu açıkça anladınız mı? İyi hissediyor musunuz? İşe başlamak için yeniden enerji yüklü ve hazır mısınız?

Bu egzersizi yaparak bilinçaltınızı bir yöne doğru bir parça programlarsınız. Hayalleriniz doğrultusunda sizi harekete geçirmesi için onu teşvik edersiniz. Sizi doğru yolda tutması için bunu günlük olarak yapmaya başlayın. Birkaç yıl bu yolda devam ettikten sonra hayatınızın bugün zihninizde oluşturmaya başladığınız görüntüye ne kadar benzediğine hayret edeceksiniz. Yalnızca sonuçları kendinize çektiğiniz için değil, aynı zamanda bir yön belirlediğiniz ve yeni fırsatları görmek için kendinizi geliştirdiğiniz için.

***İşe Yarayan Başarı Eylemleri:*** Geleceğinizi basit bir şekilde görselleştirerek yaratamazsınız. Fakat bilinçaltı zihninize bir yön kodlayarak hayal ettiğiniz şeye doğru sizi harekete geçirmesi için buna yönlendirecek görselleştirme egzersizleri kullanabilirsiniz. Varlık oluşturmak, aynı zamanda büyük, fakat gerçekçi ve ayrıntılı kademeli planlar yaparak düşüncelerinizi eyleme dönüştürmenizi gerektirir.

Servetinize adım atın. Daha zengin olan sizi prova etmek için yollar bulun. Arzuladığınız yaşamı şimdiden yaşıyormuş gibi hissetmenizi sağlayacak deneyimlerden zevk alın. Örneğin, gelecek ay birçok kez akşam yemeğine çıkmak yerine bir kez çok güzel bir restorana yemeğe gidin ve bir limuzin kiralayın. Düşünün, "Buna alışabilirim." Çok çalıştığınız için kendinizi ödüllendirin ve yaptığınız işin meyvelerinden keyif alma hakkınızı memnuniyetle kabul edin. Küçük yollarla zenginliği prova edin ve yavaş yavaş daha büyük faaliyetlere doğru hareket edin. Bundan keyif alın ve gelişiminize enerji sağlayın!

Zenginliğe giden yolda servetinizle ilgili minnettar ve cömert olmayı unutmayın.

### Şükredin

Özgür bir ülkede doğduğunuz için şükredin.

Birçok insan hayal bile edemiyorken gerçeğe dönüşebilecek bir rüyayı hayal edebildiğiniz için şükredin.

Tüm kabiliyetleriniz, hünerleriniz ve potansiyeliniz için şükredin.

Herkesin güçlü yönleri vardır. Sizinkileri tanımlayın, onları kullanın ve onlar için şükredin.

Fırsatlarınız için şükredin.

Bulunduğunuz yere gelebilmek amacıyla doğru şeyleri yaptığınız için şükredin.

Fırsatlarınız ve verdiğiniz kararlar için şükrederek iyi niyetli bir şekilde hayat tecrübenizi kabul ettiğinizi onaylarsınız. Sahip olduklarınızı kazandığınızı, şükranla kabul edersiniz. Şu an nerede olduğunuzun önemi yok, şükredeceğiniz bir şeyler bulabilirsiniz.

Zenginliğiniz arttıkça minnettarlığınız da artmalıdır. Evet, kazandıklarınızı hak ettiniz. Minnettar olmak, başkalarından daha iyi olmadığınızı kabul etmek demektir.

Sahip olduklarınızı nasıl elde ettiğinizi hiçbir zaman unutmamanız gereklidir. Hiçbirimiz başkalarından yardım almadan başarılı olamayız. Yol boyunca alınan her iyi karar, atılan adım, alınan bir parça yardım ve üretilen sonuç için şükredin.

Zenginliğinizi inşa ederken sıkı çalışmanızın karşılığı olan meyvelerden keyif almaya devam edin, onlar için şükredin ve onları başkalarıyla paylaşın.

### Cömert Olun

Zengin insanlar bencildir, bu nedenle ellerinde çok fazla para vardır. Doğru mu? Hayır.

Bu bazı durumlarda doğru olabilir, fakat nasıl vereceklerini bildikleri için zengin olan çok daha fazla kişi vardır. Yalnızca hayırsever davranışlardan bahsetmiyoruz.

Zenginler vergi matrahına çok fazla katkıda bulunurlar. Ülkemizin yönetilmeye devam etmesini sağlayan hizmetlere gereğinden fazla ödeme yaparlar ve aslında bunların çoğu başka ülkelerdedir. Birleşik Devletler'de zengin insanların en üstteki %1'lik dilimi her yıl toplanan gelir vergilerinin neredeyse %40'ını öderler ve zirvedeki %2 de ülkenin yürütülmesini sağlayan tüm giderlerin yarısından fazlasını öderler. Üstelik daha da ileri giderler. Yıllar boyunca Bill Gates ve Oprah Winfrey'in milyonlarca yardıma muhtaç insana verdiklerine denk miktarda parayı toplamak için on bin sıradan insan gerekir. Zengin insanlar servetlerini bir cömertlik ruhuyla artırırlar.

Mümkün olduğunda başkalarına karşı cömert olun. Araştırmalara göre geri aldıklarınız -duygusal, ruhsal ve hatta fiziksel sağlığa yararları verdiklerinizden daha fazlasına değer.

Bu verme paradoksudur. Vermenin sonucu bencil hissettirebilir. Alıcıların içten minnettarlık açıklamalarını duymak ve çok mutlu görünmeleri, insana kendini iyi hissettirir. Bunu hayatın doğasında olan kazan-kazan durumlarından biri olarak düşünün.

Karşılığında hiçbir şey beklemeyerek en samimi hislerinizle bir şey verin. Bu durum, aynı davranışı tekrar tekrar sergileyebilecek yetenekte olduğunuza dair zihninizi harekete geçirecek güçlü bir kafa yapısının kapısını açar. Akıllıca verin -yol boyunca kötü kararlarınızdan bir şeyler öğrenin- ve özgürce verin. Bir şey verdiğinizde karşılık bekleme alışkanlığına kapılmayın, yoksa daima kırılır ve öfke duyarsınız.

Kimliğinizi belirtmeksizin vermeye çalışın. Hiçbir şey söylemeden verin. Örneğin, Noel zamanı bir aile seçin. Onlara yiyecek, giysiler, hediyeler, oyuncaklar, verebileceğiniz her ne varsa verin. Gizlice Noel Baba olun. Vermenin keyfini yaşayın. Bir fark yaratmanın değerini tecrübe edin. Bunu bir kez yaparsanız sonsuza kadar bu hisse bağımlı hâle gelirsiniz. Bu deneyimleyeceğiniz en iyi hislerden biridir.

İsimsiz yardımlarla ilgili araştırmalar azdır. Bu, kişisel bir deneyimdir: Gizlice verdiğinizde içinizde doğru ve iyi bir güç hissedersiniz. Diğerlerine yardım edecek ve onlarla ilgilenecek kadar güçlü olduğunuzu görürsünüz. Kendinize daha fazla inanırsınız. Kendinize daha fazla güvenirsiniz. Davranışlarınız, sözlerinize ve inançlarınıza uyar.

Sadece para kazanmak amacıyla çalışırsanız servet yaratmak için çok zorlanırsınız. Ayrıca kesinlikle daha az keyif alırsınız.

Şimdiden başlayarak cömertlik alışkanlığını edinin. Ne

verebiliyorsanız verin. Verdiğiniz şeyin muhakkak maddesel olması gerekmiyor. Zaman, çaba, yetenek, hizmet ve hatta şefkatli bir duygu da olabilir.

Zenginliğinizi bir fark yaratmak için kullanın. Bu süreçten hoşlanın. Bu, sizi daha fazla servet yaratmak için motive edecektir... böylece başkalarına daha fazla vermeye devam edebilirsiniz.

# 11

# Destek Yapıları

Yüksek seviyede bir başarı, önemli destek yapıları kurmanızı gerektirir. Başarılı insanlar, başarıları için kendilerini aşmaları ve kısmen başkalarına güvenmeleri gerektiğini anlamışlardır. Her insanın diğerlerininkilerle birleştirildiğinde başarıya taşıyan farklı becerileri, yetenekleri ve güçleri vardır. Kendi kendinize başarıya ulaşmak; daha çok zaman, çaba, bilgi ve kaynak gerektirir.

Başkalarının görüşlerine önem vermemiz gerekir. Gerçek şu ki diğer insanlar sizinle ilgili kendinizin göremediği birçok şeyi görebilirler. Başarılı olup olmadığımızı anlamak için insanlara ihtiyaç duyarız. Tanımlanabilir olmaya gereksinim duyarız. Sık sık diğer insanların fikirlerini almak için soru sormaya ihtiyaç duyarız. Etrafınızda insanlar varsa başarıya ulaşmak daha kolaydır.

Daha başarılı olsanız bile destek yapılarına duyulan ihtiyaç artar. Nedeni çok basittir. Bir kez başarı seviyesine ulaşınca büyük olasılıkla hemen bir sonraki için çabalarsınız. Ya da bir alandaki başarı arayışınızda dönüm noktasına ulaşınca istediğiniz türdeki başarının tanımını genişletirsiniz. Bunun sonucu olarak destek yapılarına olan gereksiniminiz artar.

İnsanlar, diğerleriyle bağlantı kurmaya can atar. Bu, başarı arayışında da değişmez. Özel ilişkiler, diğerleriyle bağlantı kurmak için psikolojik ve biyolojik ihtiyaçlarımızı karşılar ve tatmin edici bir hayat için önemlidir. Başarılı insanlar bunu anlarlar ve başarılarını desteklemek amacıyla ilişkilerini aktif olarak biraz daha geliştirmeye uğraşırlar. Bu tür ilişkiler aslında birinin hedeflerine ulaşmasına fazladan yardım sağlamak amacıyla kurulur.

Başarı çoğu kez bireysel bir çaba gibi görünmesine rağmen öyle değildir. Aslında en yüksek başarı birçoğunun katkılarıyla teşvik edilen bir dizi büyük ve küçük hareketlerden oluşur. Her zaman herkesten önce egzersiz yapmaya giden sporcu hakkında sayısız hikâye olmasına rağmen bu kişi büyük olasılıkla koçlarından, takım arkadaşlarından, ailesinden ve başkalarından herhangi bir destek almıştır. İşler zorlaştığında ve odağınızı kaybettiğinizde yardım isteyebileceğiniz ve size biraz arka çıkabilecek birinin olması büyük bir destektir.

Hem resmî olan hem de resmî olmayan ilişkiler, başarıya ulaşmak için gereken zamanı azaltırken başarı şansınızı önemli ölçüde artırır. Başarıya giden en hızlı yollardan biri sizi desteklemeye istekli olan insanların deneyimlerine ve başarılarına dayanmaktır. İlişki kurmada ve onu güçlendirmede kendinizi geliştirdiğinizde başarıya ulaşma şansınız artar.

İnsanlarla kurduğunuz tüm bağlantılar başarınız için size biraz destek sağlayabilir, fakat tüm ilişkiler aynı düzeyde değildir. Geliştirilmesi gereken en yararlı destek yapılarından üçü beyin grupları, kişisel iletişim ağınız ve sorumluluk ortaklarıdır.

## Beyin Grupları

Bu terim, merhum Napoleon Hill tarafından *Think and Grow Rich* (*Düşünün ve Zengin Olun*) adlı kitabında ortaya konmuştur. Hill, beyin kuralını şu şekilde tanımlamıştır: "Uyum ruhuyla belirli bir amaç doğrultusunda çalışan iki ya da daha fazla insanın bilgi ve çabalarının koordinasyonu." Beyin grupları çoğunlukla iş dünyasında görülür, fakat her yerde değişim yaratmak için düzenli çalışmalarda yer alırlar.

Beyin grubunun tanımıyla ilgili çok fazla kargaşa vardır. Sıkça rastlanan yanlış anlamalara açıklık getirmekle başlayalım.

1. Beyin grubu, psikolojik destek grubu değildir. Bağlantı kurma, fikirleri paylaşma ve karşılıklı olarak destek sağlama düşüncesi ile benzerdir. Kendilerini çabalarına ve gruba adamakta etkin olan üyelere destek gruplarının yardım ettikleri görülür. Bu iki tip grup arasındaki belirgin bir fark, beyin gruplarının genellikle düşünceler doğrultusunda ilerlemeyi desteklemesine karşın destek gruplarının çoğunlukla düşüncelerden uzaklaşmayı desteklemesidir. Örneğin, uluslararası Girişimciler Kurulu, girişimcilerin işlerini büyütmek için en iyi tecrübelerini ve fikirlerini paylaşabilecekleri bir yer sağlama düşüncesi doğrultusunda hareket eder. "İsimsiz Alkolikler Derneği" insanları içki içmekten korumayı amaçlar.

2. Beyin grubu, kişisel destek grubu değildir. İşleyen bir destek grubu için başarı esastır. Destek grubu stratejinizin uygulanmasında ve yol boyunca karşılaşacağınız engelleri aşmada size yardımcı olur. Bu

grup, başarıya ulaşmanız için gereken her şeyi yapacak olan arkadaşları, aileyi, personeli ve gönüllüleri içerir. Bu grubu oluştururken Thomas Edison'ın ne söylediğini hatırlayın: "Arkamda öyle dostlarım var ki dostluklarımı dünyanın tüm krallarının yardımına değişmem." Kişisel destek grubunuzda bunu arayın. Arkanızda durmaya ve size gerektiğinde yardım eli uzatmaya hazır insanları arayın. Önemli olan arkadaşlar onlardır. Herhangi bir şeye ulaşmanızda yardımcı olurlar.

3. Beyin grubu; Jaycees, Kiwanas ya da bir kilise grubu gibi dinsel ya da sosyal bir kurumla aynı değildir. Bu tür gruplar içinde oldukça etkili beyin ortakları bulabilmenize rağmen genel anlamda bu kurumlar hedeflerinize aktif bir şekilde ilerlemenize yardımcı olacak şekilde teşkilatlanmış değildirler. Bu tür gruplar farklı bir amaç için, çoğunlukla hayırseverlik ya da sosyal etkileşim amacıyla, örgütlenirler. Bununla birlikte, sosyal gruplar ya da iş grupları önemli başarı temelleri olabilirler. İletişim ağınızı genişletmek için bir fırsat oluştururlar. İş, finans ya kariyer alanlarında başarı arayışında olan herkes iletişim ağını durmadan genişletmelidir.

4. Beyin fırtınası, beyin grubunun kullandığı bir yöntem olmasına rağmen beyin grubu, tamamen bir beyin fırtınası grubu değildir. Beyin fırtınası bir yaratıcılık tekniğidir ve bu terim, 1930'larda Alex Osborn tarafından grup türü problem çözme yöntemi olarak ortaya çıkarılmıştır (BBDO reklam ajansındaki O, Osborn'dur). Beyin fırtınası çoğu grupta basit bir şekilde sadece fikir yığını olarak geçer. Osborn'un

metodu kendine özgüdür. Beyin fırtınası yöntemini daha iyi öğrenmekle ilgileniyorsanız fikir babasından yöntemi öğrenmek için *Applied Imagination: Principles and Procedures of Creative Problem Solving* (Osborn 1963) adlı kitabı alın. Oldukça etkilidir.

O hâlde bir beyin grubu nedir? Ortak bir konu ve amaç çevresinde oluşturulan ve benzer iş hedeflerine sahip aynı düşüncedeki insanlar arasında gerçekleşen, bilgi alışverişi ve özel ihtiyaçlar etrafında odaklanmış yapısal bir gruptur. Aynı düşüncedeki insanların grupta olmasının amacı, ilgiyi kaybetmeden bir konu hakkında düşünmeye devam etmeyi desteklemektir. Beyin grubu başarısının püf noktası açıkça tanımlanmış sorular sormaktır. Açıkça tanımlanmış sorular etkili çözümleri hızlıca bulmayı sağlar.

Beyin grupları, başarıya ulaşmanızı ve bunu daha hızlı yapmanızı sağlayan birçok önemli destek sağlar. Birincisi, aynı düşüncedeki tecrübeli insanlarla hedeflerinizi ya da engellerinizi tartışabilmek, başarınız için kritik olan geri bildirimi almanıza bir fırsat verir. İkincisi, grup düşüncesi ve etkileşimiyle karşı karşıya gelindiğinde fikirler ve çözümler katlanarak artar. Son olarak, başarı olasılığını artırmaya yardımcı olan bir sorumluluk döngüsü vardır.

Etkili bir beyin grubu, güçlü yanlarınızı geliştirmenize yardım eder. Grubun kolektif tecrübesinden ve aklından bir şeyler öğrenirsiniz. Kendinizi, engellerinizi ve fırsatlarınızı başka birinin bakış açısından görmeye başladığınızda perspektifiniz genişleyecektir. Hedeflerinize ve hayallerinize ulaşma yolunda hareket ederken yaşamsal bir destek alırsınız. Herhangi birinin kendi başına ulaşabileceğinden çok daha hızlı bir şekilde her üyeyi daha yüksek seviyelerde başarıya fırlatan bir sinerji yaratırsınız.

## Sosyal İletişim Ağları

Sosyal iletişim son dönemlerde tamamıyla yeni bir anlam kazandı. 2006'ya kadar sosyal iletişim ağları bağlantı yöneticinizde (Rolodex) ya da adres defterinizde -zaman içinde geliştirdiğiniz kişisel ve profesyonel ilişkiler- bulunan insanların toplamıdır. 2006 civarında Myspace.com, Facebook.com, LinkedIn.com ve diğer sosyal iletişim ağı araçlarının gelişiyle bunların hepsi değişmeye başladı. Bu grupların öncelikli fikri, insanların çevrimdışı sosyal iletişim ağlarının çevrimiçi olmasını sağlamaktı. Bunun yerine çok uygun bir pazarlama aracına dönüşen ve evet, mevcut çevrimdışı bağlantılarımızla iletişim kurma aracı hâline gelen devasa bir bağlantı ağı hâlini aldılar.

Başarı çoğunlukla kimi tanıdığınızdan ziyade tanıdığınız birinin sizi kimlerle tanıştırabileceğine bağlıdır. Arkadaşlardan, tanıdıklardan ve iş bağlantılarınızdan bir iletişim ağı oluşturmak aradığınız başarıya ulaşmanın en hızlı yollarından biridir. Ne kadar çok fikirle bağlantı kurarsanız size en iyi yardımcı olabilecek kişiyi hızlıca tanımlayabilme ve onunla tanışabilme şansınız artar.

Açıklık iyi bir bağlantının temelidir, bu yüzden işe herhangi biriyle neden iletişim kurmak istediğinizi anlamakla başlayın. Kişisel ya da çevrimiçi olarak bağlantı kurmak istediğiniz tüm insanların tam bir listesini yapmak için zaman harcamanın vakti geldi. Size yardım edecek doğru insanı tanımladığınızdan emin misiniz? Nasıl anlarsınız? Daha iyi ya da belki iyi ama ulaşması daha kolay olan herhangi biri var mı?

Bir kez birileriyle bağlantı kurmaya karar verdiğinizde onlar hakkında biraz daha fazla şey öğrenmenin zamanı gelmiştir. Kendinizi tanıtacağınız, bir bağlantı olsa bile

## Destek Yapıları

önceden araştırma yapmanız gereklidir. Çevrimiçi ulaşılabilen yığın yığın bilgilerle, blogların paylaşılmasıyla ve medya sitelerine kolay ulaşımla kişi hakkında, buz kırıcı olarak ya da dostane ilişki geliştirmek için kullanabileceğiniz, anlamlı bir şeyler öğrenebiliyor olmalısınız.

Başkası aracılığıyla bir bağlantınız yoksa o hâlde işe, ulaşmak istediğiniz kişinin e-posta bilgisini araştırmakla başlayın; bu sayede çevrimiçi bağlantı kurabilirsiniz. Keşfettiğiniz bilgiyi bir tutku, hobi ya da başka bir ilgi hakkında bir soru sorarak genişletin. Hedefiniz, yardım isteği içermeyen bir sohbet başlatmak olmalı. Başarının anahtarı yardım istemeden önce bir dizi konuşma yaparak ilişkiyi geliştirmektir. Eğer ilk buluşmanızda yardım isterseniz, özellikle de bu e-posta yoluyla olursa, yeni tanıdığınız kişinin hayır demesi çok kolaydır. Bununla birlikte, eğer ilk önce bir yakınlık kurmaya çalışırsanız başarı şansınızı fazlasıyla artırırsınız.

### Sorumluluk Ortakları

Engelleyici önlemler alarak kendilerini destekleyen birine mantıklı bir şekilde sorumluluk duyan insanların sorumluluk taşımayan kişilere göre başarı olasılıkları daha yüksektir. Sporcuların koçları ve birçok yetkilinin müdürleri ve danışmanları vardır. Hedeflerinize ulaşmaya çalışırken sorumluluk hissettiğiniz biri var mı? Eğer yoksa birbirinize karşı sorumluluk taşımak için başka biriyle anlaşmalar yapın ya da bu çok önemli destek rolüne hizmet edecek profesyonel bir yaşam koçu kiralayın.

Zihninize ciddi bir şekilde sorumluluk aldığınızı göstermek için hareket edin. Aslında diğer kişiye izin ve yetki veren bir sözleşme imzalamak, sizi istediğiniz sonuçlara karşı sorumlu tutar. Başka birine sorumlu olmak güçlü bir araçtır. İlerlemek için size bir neden verir ve size kendiliğinden bir duygusal destek görevlisi sağlar. Bu kişi sizin amigonuz olacak, size dürüst geribildirimde ve yol üzerinde kalmanız için önerilerde bulunan bir yaşam koçu ve sözünüze sadık kalmanızı sağlayan, yapacağınızı söylediğiniz şeyleri yapmadığınızda sonuçları uygulamaya zorlayacak bir sorumluluk ortağı olacaktır. Daha ne olduğunu anlamadan bu kişiye yola çıktığınız zamandan daha az ihtiyaç duyarsınız. Bununla birlikte, ilerlemenize yardımcı olmak için takımınızda her zaman bu tür bir insanın olması iyi bir fikirdir.

Sorumluluğu etkili hâle getirmek için özellikle neye karşı sorumlu tutulmak istediğinizi ortağınıza anlatmanız gerekir. Sorumlu olmanın ne anlama geldiğine karar verin. Eğer hedefiniz kilo kaybetmekse o hâlde ortağınıza haftada üç kez günde 30 dakika egzersiz yapmanız ve seçilen yemek programınızı takip etmeniz ya da her hafta gerçeğe uygun miktarlarda kilo kaybetmeniz için sizi sorumlu tutmasını isteyin. Ortağınız sizi haftada bir kez mi arayacak? Ya da ortağınızı siz mi arayacaksınız veya ona e-posta mı göndereceksiniz? Kesin olun ve gelişiminizi ölçülebilir tutun.

Sorumluluğun büyük olasılıkla en çok gözden kaçırılan yönü *sonuçtur*. Başarı şansını artırmak için başarının kazanılmasına yatırım yapmış olmanız gerekir. Eğer anlaşmanın sonuçlarını yerine getirmiyorsanız bir parça canınızı yakacak bir şey ayarlayın. Ve işin sonunu getirin. Yerine getirmemenin cezasını ödemediğiniz dakika tüm sorumluluk ortadan kalkar ve sürece devam etmek için bir neden kalmaz. Ödeyeceğiniz bir ceza düzenleyerek kendinize karşı sorumlu olmak, sorumlu olduğunuz birinin bulunması kadar etkili değildir, çünkü hile yapmak çok kolaydır.

Sorumlu tutulmak istediğiniz işleri yerine getirmediğinizde çekeceğiniz cezayı belirlerken sorumluluk ortağınızın sizi ateşe atacağı bir şey düşünün. Örneğin; yazarlardan biri bir kez, belirtilen işleri yerine getirmede başarısız olduğu her seferinde sorumluluk ortağının seçtiği bir hayır kurumuna 100 dolar bağışta bulunmayı kabul etmişti. Bu oldukça motive edici bir tecrübeydi ve diğer tarafı da kapsıyordu; çünkü ortak, parayı kendi hayır kurumu için istiyordu ve bahaneler bitip gerçek eylem başlayana kadar 500 dolar civarında para toplamıştı!...

Başka birine verdiğiniz sözü yerine getirmediğinizde bu genel olarak destekleyici olabilen bir konuşma başlatır. Hatanızı kabul etmek, bir daha hata yapmamak için büyük bir itici faktör olabilir. Bu konuşmalar, özellikle sizi iyi tanıyan biri ya da profesyonel uzmanlığı olan bir koçun yol göstermesiyle gelecekteki başarınızı oluşturmak için kullanabileceğiniz içgörüleri sağlayabilir.

*Özlerinde destek yapıları; beyin grupları, kişisel iletişim ağları ve sorumluluk ortakları gibi destekle ve sorumlulukla hız sağlama amacını taşır.*

Bu kitapta öne sürülen başarı faktörlerini düzenli olarak uyguladığınızda hız kazanırsınız. Sistemli olarak küçük işleri tamamlamaya ve başarmaya başlarsınız ve bunlar sizi daha büyük başarılara götürür. Bu tür hız, bir zihin durumudur. Bu bir yaşam tarzıdır. Hayatın tüm alanlarında gerçekten başarılı olmak için başarılı birinin hayatını sürmelisiniz.

Destek yapıları, daha çok hız kazanmanızı sağlayacak, giderek yükselen eylemler seçmenize yardımcı olabilir. Çok başarılı kimseler hızın durabileceğini ve hatta bazen tersine dönebileceğini bilirler. Başarılı insanların, yolunda gitmelerine ve ilerlemelerine yardımcı olacak kişilerle kendilerini çevrelemeyi seçmelerinin nedeni budur.

*Soru:* **Aylık olarak buluşacak yerel bir beyin grubuna başlamak isteyen küçük bir grubun üyesiyim. Grubumuzun ve üyelerinin başarısını sağlamak için ortaya koymamız gereken önemli şeyler nelerdir?**

Grubunuzun nasıl görüneceğini önceden düşündüğünüz için sizi tebrik ederiz. Beyin grubunuzu tanımlamak ve geliştirmek için harcadığınız çaba grubunuzun verimliliğini ve sizin için değerini büyük ölçüde belirleyecektir. İşte grubunuzu oluştururken dikkate almanız gereken önemli faktörler:

*Amaç:* Beyin grubunuzun belirli bir amacı olmalıdır. Aklınızda açık bir amaç olmadan yapılan toplantı, sadece hiçbir yere varmayan toplantılara yol açar. Grubunuz önemli ve etkili oyunculardan oluştuğu için onlardan ne beklediğinizi ve onların da karşılığında ne almayı umduklarını tam olarak bilmelerini sağlayarak zamanlarına ve anlaşmalarına saygı duymalısınız.

*Üyelik:* Kimlerin grubun bir parçası olması gerektiğini belirleyin. Geniş bir iletişim ağı sağlamanın bir nedeni, herhangi bir yerde potansiyel bir beyin grubu üyesi keşfedebilmenizdir. Benzer ama çeşitli tarzda düşünceleri ve tecrübeleri olan insanlar olması önemlidir. Aynı zamanda grup üyelerinin aktif katılımcı olmakla ilgilenmesi de önemlidir. Eğer biri toplantılara devam etmeye, tecrübelerini ve fikirlerini grupla paylaşmaya isteksizse o zaman grubunuza kendini daha çok adamış birini tercih edin. Kimsenin gizlilik hakkında endişelenmediği bir yerde çıkar çatışmalarının, rakiplerin -eğer bir iş grubuysa- ya da sorunların bulunmaması önemlidir. Beyin grupları, insanlar bilgi paylaşımı hakkında tamamen rahat olduklarında en iyi şekilde çalışır.

Beyin gruplarının gruptaki herhangi bir kimseye önerecek

## Destek Yapıları

bir şeyleri olmayan insanların bulunduğu bir yer olmadığını anlamanız da önemlidir. Burası, kolundan tuttuğunuzu getireceğiniz ve sonra da sürüklemek zorunda kalacağınız bir yer değildir. Beyin grubu, eşit tecrübeleri, saygınlıkları olan ve birbirlerini desteklemeye ihtiyaç duyan insanlar için bir yerdir. Saygınlığı ya da tecrübesi eşit olmayan birini getirmedeki sorun şudur ki kişi katkıda bulunamaz ya da ihtiyaç duyduğu şeyleri gruptan alamaz. Düzenli, karşılıklı bir bilgi alışverişinin olması önemlidir.

*Yapı:* Grubun yapısını belirleyin; ne zaman, ne kadar süre boyunca toplanacağını, toplantının yönteminin ne olacağını ve her toplantıda kimin hangi rolü üstleneceğini. Etkili bir beyin grubunun ideal büyüklüğü altı ila sekiz insandır. Bu büyüklük, grubun tükenmemesi için çeşitli deneyimleri ve ihtiyaçları sağlayarak grupta yeterli farklılığı garanti eder. Ayda bir kez toplanma planınız iyi (eğer acil ihtiyaçlar varsa ayda iki sefere çıkarılabilir). Daha sık yapılan toplantılar verimsizdir ve zamanla ilgili sorunlar yüzünden grupta kavgalara neden olabilir. Ayrıca toplantılarınız boyunca tartışılabilecek bilgilerin potansiyel gizli doğasından dolayı beyin gruplarınızı halka açık yerlerde yapmamanız en iyisidir.

İnsanların bir beyin grubunu bir araya getirirken yaptığı en büyük hatalardan biri, süreci biçimlendirmemeleridir. Yapı bulunmadığında ve kimsenin belirli sorumlulukları olmadığında toplantılar, çoğunlukla değerli bir sonuç olmadan geçen sohbet oturumu hâline gelir. İşte size grubunuz için önerilen bir yapı:

> Her toplantı için kendi projesinden ve ihtiyaçlarından söz edecek bir kişi belirleyin. Bu kişi hedefini, projesini, sorunlarını ve belirli gereksinimlerinin ne olduğunu açıkça söylemekten sorumlu olacak.

- Bu kişiye durumunu tanımlaması için yaklaşık 30 dakika ayırın. Tanımlaması bittiğinde aydınlatıcı sorular sormaları için gruptaki herkese beşer dakika verin.

- Odanın içinde gezinin ve herkesten geçmişte bu sorunla karşılaştıklarında uyguladıkları deneyimleri, kaynakları ve doğru çözümleri paylaşmalarını isteyin. Eğer sorun çözümü gerekiyorsa o hâlde olası çözümler üzerinden hareket edin. Bu kimse deneyimlerini ya da çözümlerini paylaştıktan sonra projesini, hedefini ya da gereksinimlerini sunan kişiye herkese başka sorular sorması için izin verin.

- Odayı dolaştıktan sonra, eğer mesele problem çözmeyse geri dönün ve herkesten geribildirimleri duyduktan sonra onlarda oluşabilecek herhangi bir şeyi eklemeleri için bir şans verin.

- 10-15 dakikalık bir ara verin böylece herkes kafasını boşaltabilir. Bu adım çok önemlidir ve her toplantıda programa koyulabilir.

- Grup tarafından ele alınması gereken diğer konuları yeniden ele alın ve üzerinden geçin.

*Maliyet:* Biçimlendirilmiş bir kişisel beyin grubu için ücretlendirme genellikle gerekmez. Fakat aynı zamanda grupla ilgisi olan maliyetler için birinin bulunması alışılmamış değildir. Bu maliyetler bir toplantı yeriyle ilgilidir; eğer üyelerden birinin yerini kullanamıyorsanız kahve, çerezler, özel konuşmacılar ya da bilgiler için ücret gerekebilir.

Bir üyelik ücreti hakkında dikkatle düşünün ve onu nasıl harcayacağınıza karar verin. Yazarlardan birinin üyesi olduğu oldukça başarılı bir grup, üye başına aylık 100 dolar ücret alıyor ve grup da sekiz kişiden oluşuyor. Bu net olarak yıllık 9,600 dolar ediyor, bu da gruba konuşma yapacak bir konuşmacıyı yılda iki kez kiralamak ve yılbaşı partisi gibi küçük harcamaları ödemek için yeterli miktarda para sağlıyor. Eğer istemiyorsanız herhangi bir ücret belirlemenizin kesinlikle anlamı yoktur, bununla birlikte gruba getirebileceğiniz fazladan etki ve bilgi üzerinden bu size biraz daha esneklik kazandırır.

*İşe Yarayan Başarı Eylemleri*: Beyin grubunuzun amacı, üyelik gereksinimleri, yapısı ve giriş ücretlerinize açıklık kazandırmak için yukarıdaki tavsiyeleri kullanın. Zamanla gelişen bir beyin grubunu desteklemek için onları ne zaman tutup ne zaman serbest bırakacağınızı bilmeniz gerekir. Siz, grubunuzun olgunluğu, ihtiyaçlarınız ya da hedefleriniz değiştiğinde insanlar da ilerleyecek ve grubunuza yeni insanlar eklemeniz gerektiğini fark edeceksiniz.

Hedeflerinize ulaşırken etrafınızı size en iyi yardım edebilecek insanlarla sarmanız önemlidir. Herkes farklı bir hızda ilerler. Eğer sizden daha hızlı gelişirlerse ya da tam tersi olursa her zaman gruba uygun biri olmayabilirsiniz. Gruba en iyi şekilde hizmet etmek için herkes ne zaman bırakacağını ya da grubun düzenini ne zaman bozacağını bilmelidir. Dünyadaki en iyi spor takımları ilerlemek için oyuncularını ne zaman değiştireceklerini ya da emekliye ayıracaklarını bilirler. Başarınızı artırmak için onların başarılarını örnek alın.

İyi yapıldığında beyin grubu çalışması, performanslarını daha yüksek bir seviyeye çıkarmak isteyen başarılı kimselere yardımcı olmak için etkili bir araçtır.

*Soru:* **İnsanların iletişim ağlarını güçlendirmeye çalışırken yaptıkları en büyük hatalar nelerdir?**

İnsanların yaptığı en büyük hata, başkalarıyla bağlantı kurmamaları ve çevre oluşturmak için fırsatları kaçırmalarıdır. Etrafınız fırsatlarla çevrilidir ve bazen bunlar bir seferliktir. Birinin size yardım etmesi için tek şansınız varsa onlardan isteyin. En kötüsü ne olabilir? Cevabı biliyorsunuz. Hayır diyebilirler. Tecrübelerimize göre, eğer birini içtenlikle kabullenerek tanırsanız ve onunla iletişim kurmaya çalışırsanız nadiren sizinle konuşmamayı tercih ederler.

Örneğin; bir uçakta, otelde ya da etkinlikte birine rastlarsınız ve gelecekte size yardımcı olabileceğini düşünürsünüz. Kendinizi tanıttıktan ve mümkün olabildiğince hızlı şekilde dostane bir ilişki kurduktan sonra bağlayıcı bir soru sorun. Şöyle bir şey söyleyin, "Merak ediyorum, hayatınızda ya da kariyerinizde en büyük etkiyi yaratacağını bildiğiniz, bağlantı kurmakta en çok zorlandığınız kişi kimdi ve bunu nasıl gerçekleştirdiniz?" Size anlattığında yaratıcılığından ya da kararlılığından ötürü ona iltifat edin. Sonra "Benzer bir durumdayım, sizden tavsiye alabilir miyim?" deyin. Ardından sorunuzu sorun. Başarılı olmanız için tek hakkınız var, bu yüzden fırsatınız ortaya çıktığında hazırlıklı olun.

Eğer mümkünse karşınızdaki kişiyi tanımak için bir neden geliştirin. Blackberry'nizi çalıştırın ya da hızlı bir araştırma için ofisinizi arayın. Kendinizi tanıtın, bağlantı bilginizi kullanın ve oraya gidin. Kısa ve özlü hareket edin, doğrudan konuya girin, bilgi paylaşın ve görüşmeden sonra el yazınızla yazdığınız bir mesajla devamını getirin. Biz, bilgilere ulaşmanın bir yolu olarak genellikle bağlantılarımıza bir kitap göndermeyi öneriyoruz. Göndermek için önerebileceğiniz değerde neye sahip olduğunuzu düşünün. Ardından işin sonunu getirin.

*İşe Yarayan Başarı Eylemleri:* İnsanların iletişim ağı oluşturmaya çalışırken birçok yanlış yaptıklarını görüyoruz. Bu yanlışlardan kaçınmak için işte size tavsiyeler:

Çok fazla ya da çok az soru sormayın. İstediğiniz şey çok hızlı biçimde ve kolayca sağlanırsa yardım ya da anlaşma elde etme olasılığınız artar. Eğer birinin size danışmanlık yapmasını istiyorsanız genel anlamda danışmanlıktan ziyade belirli bir konu hakkında danışmanlık yapmasını isteyin. Konuyu, kişinin e-posta ya da kısa bir telefon görüşmesiyle yapabileceği şekilde sınırlandırmaya çalışın. Biri bir şeyi yapmayı bir kez kabul ettiğinde başka birini kabul etme ya da tekrar konuşmanız için size tavsiye verme olasılığı yüksektir. Onlarla birlikte araştırma yapmayı teklif edin ve tavsiyelerinin ya da bağlantılarının size nasıl yardımcı olduğunu bilmelerine izin verin. İnsanlar giriştikleri ya da yarattıkları şeylerin sona ermesinden genellikle hoşlanırlar.

Karşınızdaki kişiye yaltaklanmayın. Yüksek seviyede bir bağlantı ile bir ilişki kurma girişiminde çok fazla hayranlık sergileyen kişiler görüyoruz. Birine samimi olmayan iltifatlarda bulunmanın size yardımcı olacak emin bir yol olduğunu düşünmeyin. Dürtünüz genellikle saydamdır ve aleyhinize işleyebilir. Güncel konularla ilgili ve üzerinde düşünülmüş sorular sorarak dostça bir ilişki kurmaya çalışın.

Sıkıntılarınızı dile getirmeyin. Sadece şikâyet etmek için işinizi gücünüzü bırakıp onlara ulaşmaya çalıştığınızı gördüklerinde kimse size yardım etmek istemez. Şikâyetlerinizi dile getirmenin zamanı ve yeri gelecektir. İlişkinizi daha iyi bir şey için güçlendirin. Tek istisna şudur: Eğer biriyle bağlantı kurmak için ilişkinizi güçlendiriyorsanız o hâlde bir problem üzerinde çalışabilir ve onu çözebilirsiniz. Bunu yapmakta özgürsünüz, fakat tanıştığınız kişinin ne yapmayı amaçladığınızı bildiğinden emin olun.

Çok sık soru sormayın. Bir iletişim ağının işlemesini sağlayan şey karşılıklıktır. Bir parça alın, aldığınızdan bir parça daha fazla verin ve sonra gerçekten ihtiyaç duyduğunuzda tekrar sorun. Her zaman verdiğinden daha fazla alan ya da durmadan daha fazla soru soran biri, çok geçmeden herhangi bir iletişim ağının dışında bırakılır.

Dedikodunuzu evde bırakın. Dedikodu yapmak dostça ilişkiler geliştirmez. Karşınızdaki kişinin size güvenilmeyeceğini fark etmesine neden olur. Kimse biraz sonra başkalarıyla kendileri hakkında konuşmanız riskini almak istemez. Asılsız dedikodulara değil, gerçek bilgiye dayanan ilişkiler kurun.

Sonuncu fakat son derece önemli olarak, iletişim hâlinde bulunun. İletişimde kalmamayı seçip ardından beklenmedik bir anda yardım isterseniz çok fazla şey beklememelisiniz. İlişkiler çift yönlü yollardır. Bir iş ilişkisi geliştirmek için istediğiniz kişilerle iletişim hâlinde kaldığınızdan emin olun.

*Soru:* **İşimi büyütmek için çevrimiçi sosyal bağlantılarımı en iyi şekilde nasıl kullanabilirim? Ya da bunların bir zaman kaybı olduğunu mu düşünüyorsunuz?**

Çevrimiçi sosyal bağlantı kurmak hayal edebileceğinizden daha zordur. İletişim ağınızda büyük olasılıkla sizin hakkınızda tek bir şey bilmeyen birçok insan vardır. Facebook.com'daki arkadaşlarınız tam anlamıyla gerçek arkadaşlarınız değildir. Çoğunluğu büyük olasılıkla sizin hakkınızda tek bir anlamlı şey söyleyemez. Kolay bir şekilde Facebook'ta tanışırsınız ve bunun gerçekten bir anlamı yoktur.

O hâlde soru şudur: Neden diğerleriyle çevrimiçi arkadaş olursunuz? Bunun birkaç yararlı nedeni vardır. Birincisi, ilginç biri sizi arkadaş olmaya davet ederse siz de bu bağlantı üzerinden bir ilişki geliştirmek için izin vermiş olursunuz. İkinci olarak, ne kadar çok insan sizi tanırsa muhtemel piyasanız da o kadar büyük olur. Bizim durumumuzda kitaplarımızı satın alma ya da etkinliklerimize gelme olasılıkları artar. Bu yüzden devam edin ve onlarla bilgi paylaşın. Bir adım daha ileri gitmek isteyebilir ve başka birine sunmanızdan önce onların bilgiye erişmelerini sağlayarak kendilerini özel hissettirebilirsiniz. Çevrimiçi iletişim ağını herkesin ilişkiyi canlı tutmak için çok fazla bir şey yapması gerekmediğinin farkında olduğu, her iki taraf için de işleyen bir tür ilişki kurmak için kullanabilirsiniz.

O hâlde eğer çevrimiçi sosyal iletişim ağınızı gerçekten güçlendirmek istiyorsanız aldığınızdan daha fazlasını vermelisiniz. Aktif bir şekilde insanlarla sohbet etmekle meşgul olmalısınız. Onlarla ilgili sorular sormalı, onları tanımaya çalışmalı ve onlara diğerlerine vermediğiniz şeyleri vermelisiniz. Bu tanıdık geliyor mu? Çevrimdışı iletişim ağı oluşturmaya oldukça benziyor, öyle değil mi? Haklısınız. Çevre değişmediği için kurallar da değişmez. İletişim ağınızı çevrimiçi durumda geliştirdiğinizde en iyi ilişkiler doğal olarak çevrimdışı duruma dönüşecektir.

Tüm iletişim ağlarında geçerli olduğu gibi açıklık iyi bir ilişkinin temelidir. Biriyle neden ilişki kurduğunuza dair kendinize karşı açık olmakla başlayın. Daha başarılı olmanıza nasıl yardım edecekler? Sizin için tam olarak ne yapmalarını istiyorsunuz? Hedefinize ulaşmanızda size daha iyi yardım edebilecek başka biri var mı?

Ödevinizi iyi yapın. Amacınız, bağlantınızın temeli olarak hizmet edebilecek, ilgilendikleri şeylerle ilgili size fikir sağlayacak bilgiler bulmaktır. Ortada olanları araştırmakla başlayın; şirketin web sitesi, Google ve yerel gazeteler gibi. Sonra blogları araştırın, araştırmanıza technorati.com ya da blogsearch.google.com'la başlayabilirsiniz. Tutkularına, hayır kurumlarına bağlılıklarına, okul birliklerine, şehirle ilgili bağlantılarına, siyasi iş birliklerine, hobilerine, ilişki kurmak ve dostça ilişki geliştirmek için kullanabileceğiniz her şeye bakın.

Çevrimiçi iletişim ağı kurmanın gerçek değeri, insanlarla ilişki kurabilmenizin kolaylığıdır. Çoğu kimse bunu anlamaz. Basit bir biçimde bunu yapmak zorunda olduklarını hissederler, bu yüzden formları doldururlar ve çevrimiçi hâle gelirler. Eğer insanlar çevrimiçi iletişim ağı oluşturmanın gücünü artırmaya başlamazsa kavramın popülerliğini kaybedeceğini düşünüyoruz. İnsanlar ilişki geliştirmekte kullanmadıkları için Facebook'taki ya da diğer çevrimiçi sayfalardaki hesaplarını iptal edeceklerdir. Çevrimiçi bir profili okumak, bir ilişki oluşturmaya yetmez.

***İşe Yarayan Başarı Eylemleri:*** Eğer daha hızlı bir şekilde başarıya ulaşmayı ve iletişim ağınızı oluşturmayı istiyorsanız çevrimiçi durumda neler olduğunu inceleyin (siz bu kitabı bitirene kadar daha da gelişecek). İlgili olun, ihtiyaçlarınızı karşılayan çevrimiçi kişilerle bağlantı kurun ve gerçekten bir ilişki geliştirmek üzerinde çalışın. Eğer ilgilenmezlerse ya da size uygun kişiler değillerse onları iletişim ağınızdan çıkarın ve onların ağından da çıkın. İkiniz de karşılıklı olarak birbirinize büyük bir iyilik yapmış olursunuz.

## Destek Yapıları

Çevrimiçi sosyal iletişim ağı kurmanın en büyük yararlarından biri de normalde hiçbir zaman ulaşamayacağınız ama aynı sosyal ağ platformunda bulunduğunuz kişilerle karşılaşmaktır. İlişkinize başlamak kolaydır, çünkü ortam ya da yaşadığınız tecrübeler hakkında konuşmaya başlayabilirsiniz. Biz iş ilişkileri ve hatta arkadaşlıklar kurmak için çevrimiçi bağlantıları başarılı bir şekilde kullanıyoruz (genellikle telefon görüşmeleriyle devam eder). Siz de yapabilirsiniz.

***Soru:*** **Bir beyin grubunun en verimli hâle gelmesi için hepsi değişik ekonomik, eğitimsel ve yaşantısal düzeyde insanlardan oluşması gerektiğini duymuştum, bu doğru mu?**

Hayır, bu doğru değil. Görünüşte bir grupta oldukça geniş ekonomik, eğitimsel ve yaşantısal düzeyde insanların bulunması mantıklı görünse de aslında bu zararlıdır. Sorun şu ki sizi en çok desteklemesi muhtemel insanlar sizi en çok sevenlerdir. Gelir düzeylerinde, eğitim seviyelerinde ya da tecrübe düzeylerinde belirgin bir fark varsa değişim bile imkânsızlaşır. En çok deneyime sahip olan bu kişiler, aldıklarından daha çok vererek grubun danışmanları hâline gelirler ve genellikle ilgilerini çabucak kaybederler.

Eğitim ya da deneyimde büyük farklılıklar olduğunda yaşanan zorluklardan biri de, sizin şu an çözmeye çalıştığınız durumla diğer kişi yüzleştiğinden bu yana aradan büyük bir zaman dilimi geçmiş olması olasılığıdır. Birkaç yıl önce işe yarayan bilgi, genellikle günün şartlarına uymaz, özellikle bugün yaşadığımız gelişim hızıyla. Buna karşın aynı tür sorunları yaşayan kişiler bunları çözdüğünde paylaşmak için genellikle gerçek dünyaya ait, güncel, etkili, geçerli çözümleri ya da fikirleri vardır.

Büyük ekonomik farklılıklar bir beyin grubunun verimliliğine süratle zarar verebilir. İnsanlar arasında büyük ekonomik farklılıklar olduğunda bir seviyeye uygun olan çözümler diğer seviyeye uygun olmayabilir. Örneğin; altı rakamlı geliri olan biri için bir sorunu çözmek basit bir mali kararken beş rakamın ortalarında kazanan biri için imkânsız olabilir.

Eğer belirgin bir şekilde daha fazla deneyimi, daha büyük bir geliri ya da önemli ya da özel bir eğitimi olan birileri yararlı olacaksa onları grubunuzun özel bir toplantısına gelmeleri için davet edin. Toplantıyı gereksinim etrafında yönetin ve bu kişilerden bilgi alın. Eğer gerekiyorsa onlara ödeme yapın, fakat genellikle uzun vadede bir zaman taahhütleri yoksa ücretsiz olarak yardımcı olmaktan memnuniyet duyacaklardır. Grubunuzda çok becerikli insanlara sahip olmak için birçok iyi neden vardır, fakat grupta onların olması eşit ya da tutarlı katılım eksikliğinden dolayı sık sık eksilmelere ve neredeyse her zaman da grubunuzu yok olmasına neden olur.

*İşe Yarayan Başarı Eylemleri:* Birbirlerine karşı çıkmamaları için tamamen birbirine benzer ya da çok benzer insanları bir araya getirmeniz gerektiğini söylemiyoruz. Beyin grubunuzun kendi fikirlerini söylemeye ve gerektiğinde birbirlerine meydan okumaya istekli bağımsız düşünürlerle dolu olmasını istersiniz. Fakat başarılı bir beyin grubu şansınızı artırmak istiyorsanız bu bağımsız düşünürlerin ortak ekonomik, eğitimsel ve yaşantısal düzeyleri paylaşmalarını sağlayın.

Bu kuralın tek istisnası, grubunuzda emekli olan birinin varlığıdır. Bu insanların genel olarak karşılıklı bilgi edinme için eşit bir iş gereksinimleri yoktur. İhtiyaçları karşılandıktan sonra bile daha fazla verebilirler. Çoğu kez arkadaşlık için, belirli alanlarda güncel kalmak için ya da açık bir şekilde kendilerini değerli hissettirecek bir katkıda bulunmak için katılmak isterler. Grubunuz için çok büyük bir kazanç olacak ve istediğiniz başarıya ulaşmak için gereken zaman ve çabayı azaltacak birçok emekli insan vardır, bu yüzden bu değerli kaynağı gözden kaçırmayın!

**Soru: Bir beyin grubuna katılmak için hazır olduğumu nasıl anlayacağım? Kişisel gelişimim hakkında ciddiyim ve hayatımda bazı değişiklikler yapmaya hazırım, fakat henüz gerçek bir başarı performansım olmadı. Gerçekten kariyerinde hızla yükselen diğer kişilerin enerjilerini kendi yararıma kullanmak istiyorum, fakat kimseyi durdurmak istemiyorum. İyi bir beyin grubu adayı olarak görünüyor muyum?**

Gerçek bir başarı performansınız olması çok da gerekmiyor ama bir beyin grubundan hem alacağınız hem de ona katacağınız ileriye doğru bir hızınız olması gerekir. Kendiniz için belirlediğiniz yön doğrultusunda sizi ileriye doğru taşıyacak işleri her gün yapıyor ve projeleri tamamlıyor musunuz? Eğer gerçekten bir davranış biçimi belirlediyseniz ve işleri tamamlıyorsanız giriş seviyesinde bir beyin grubunun hız kazanmaya devam etmenize yardımcı olacak iyi bir destek yapısı olması muhtemeldir.

Sorunuzu ifade edişinizden bir beyin grubuna başarılı bir şekilde katılmak için hazır olmadan önce daha fazla kişisel çalışmaya ihtiyacınız olabileceğini hissediyoruz. Yüksek seviyede başarıların ve hızın siz değil ama diğer insanlar için olduğuna mı inanıyorsunuz? Bu gerçek bir sorudur. Düşünmeden cevap vermeden önce bu konuyu düşünün. Cevabınız evetse o hâlde hiçbir beyin grubu başarıya giden çözüm yolunuz olmayacaktır. Başarıya uzanan cevaplarınız "dışarılarda bir yerde" değil, içinizdedir.

Neden gerçek bir başarı performansınız olmadığını ortaya çıkarmayı görev edinin ve sizi geride tutan şeyleri düzeltin. Neler başarabileceğinizle ilgili karamsar bir tavrınız varsa her durumu ya da fırsatı nasıl karşılayacağınızı görmeye çalışmakla başlayın. Eğer güven eksikliğiniz varsa kendinize ve potansiyelinize daha güçlü bir inanç geliştirmeye başlayın. Kişisel gelişiminizi ciddi olarak ele alın. Hedeflerinizi belirlerken ve stratejinizi hazırlarken objektif olmanız yararınızadır, fakat hayatınızdaki büyük resim içinde arzularınızın ve hedeflerinizin önemi gerçekten oldukça kişisel bir sorundur. Konuyu ciddi ve kişisel olarak ele alın.

Bir aksilikle karşılaşırsanız bunun neden olduğunu sorgulayın. Bir göreve tüm çabanızı vermek yerine kestirme yoldan gitmeye mi çalıştınız? Bu aksiliğe yol açacak hatalar mı yaptınız? Eğer öyleyse bu içgörüleri özümseyin ve gelecekte karşınıza çıkabilecek benzer hatalardan kaçınmak için onları kullanın. İleriye doğru giden hareketleriniz için kendinizi sorumlu tutun. İhtiyacınız olan şeyleri daha fazla yaparak ve geçmişte yaptıklarınızı daha az yaparak hayatınızı yeniden rayına oturtun. Çabalamaya devam ederseniz kişisel bir eylem planı düzenlemenizde ve sizi planınıza karşı sorumlu tutmada yardımcı olabilecek bir yaşam koçu kiralamanız yararlı olabilir.

İleriye doğru hız kazanmak için sizi başarısızlığa uğratan o sorunun önemi olmadığını gerçekten anlamanız gerekir. Gerçekten önemi yok. Eğer bir kitap yazarsak ve iyi satanlar listesinde olmazsa hayal kırıklığına mı uğrarız? Tabii. Sizin gibi egolarımız var. Fakat bunun insan ırkının tarihi

## Destek Yapıları

kapsamında ne önemi var? *Hiç.* Gerçek şu ki yaptığınız birçok şeyde başarısızlığa uğrarsınız. Ve bu önemli değildir.

**İşe Yarayan Başarı Eylemleri:** Kişisel gelişim ve hedeflere ulaşma yoluyla başarı kazanmak gelişmenin bir yoludur. Öncelikle zihninizi olasılıklara açmalı, kendini keşfetme yoluyla öğrenmeli, harekete geçmeli ve sürekli olarak sınırlarınızı test etmelisiniz. Tüm bu süreçleri kişisel olarak ele alırsanız onları kalbinizde yaşarsınız ve onlara büyük önem verirsiniz, bu demektir ki onları gerçeğe dönüştürene kadar çalışmaya devam edersiniz.

Kendiniz üzerinde ne kadar çalışırsanız bunu yapmaya devam etmek için o kadar çok motive olursunuz. Ayrıca bir kişi olarak geliştikçe hayalleriniz ve hedefleriniz de büyümeye ve devam etmek için motivasyonunuzu artırmaya başlar.

Kendinizi yol boyunca çabalarken bulursanız *büyüklüğünüz kendi içinizdedir* mesajını kendinize hatırlatmanız yararlı olabilir. Bekleyecek bir şey yok! Bir kez bir amaç doğrultusunda karar verdiğinizde, planlar yaptığınızda ve yapabileceğiniz tüm hazırlığı yaptığınızda onu izlemekten yapacak başka bir şeyiniz kalmamıştır.

Hedeflerinize doğru adım atarken aksi yöne değil, ileri doğru yol almanızın sonucu olarak içsel gücünüzün artmaya başladığını öğrenerek şaşırabilirsiniz. Ne kadar uzun süre duraksar ve şüphenin sizi ele geçirmesine izin verirseniz ileri doğru bir adım atmanız o kadar zor olur. Gerçekten henüz hazır olmadığınızı hissetseniz bile ilerlemek için kendinizi zorlayın, böylece attığınız her adımla güveniniz artar.

Açıkça sizi sorumlu tutacak birinin olması sizin için yararlıdır. Sorumluluk herkesin sahip olmaya ve faydalanmaya ihtiyaç duyduğu bir şeydir. Eğer bir beyin grubu için henüz hazır olmadığınız sonucuna varırsanız o hâlde size destek sağlaması için bir danışman, yaşam koçu ya da sorumluluk ortağı araştırın. Sorumluluğu vurgulayan, eylem ve sonuçlarını yaratmak için bunu bir kaldıraç gibi kullanmayı bilen birini arayın.

Ana fikir şu ki gerçek gücünüzü açıklama cesaretini gösterene kadar onun hiçbir zaman farkında olmazsınız. Bunu yaptıkça gerçek gücünüz artmaya başlar ve olduğunuz kişinin büyük bir parçası hâline gelir. Gücünüzü ifade etmeye ve artırmaya ne kadar çok istekliyseniz kontrolünüzde olmayan şeylerden dolayı hissettiğiniz korku o kadar az olacak ve kontrolünüzde olan şeylere doğal bir şekilde o kadar fazla odaklanacaksınız. İlerlemeye, meydan okumaya ve başarmaya devam etmenizi kendinize telkin etmek için hedeflerinize giden yol boyunca her küçük başarıyı kullanın.

# 12

## Başarı Zihni

Başarı, zafere koşarken aceleyle gereksiz risklere girmek demek değildir; yaşadığınız hayatı, kendi nedenleriniz doğrultusunda kendi benliğinizde hissederek sonuna kadar deneyimlemektir. Başarı, hayallerinizi gerçekleştirmek ve bitirdiğinizde arkanızda tamamlanmamış hiçbir şey bırakmamak demektir.

Başarının çoğu içsel bir oyundur. Bir başarı zihni geliştirmelisiniz. Bu, iyi ve zor zamanlarda sizi ileriye yönlendirecek bir düşünce, oluş ve faaliyet yoludur. Başarı bir adım daha ileri gitmektir, herkes durduğunda bir seçenek ya da fırsat keşfetmektir. Neyin işe yarayıp neyin yaramadığını aklında tutma becerisidir. Hedeflerinize ulaşmak için uygulayabileceğiniz yeni bilgileri, sürekli olarak öğrenme sürecidir. Aynı zamanda daima daha yeni ve daha büyük engellerle uğraşmanızla ve hedeflerinize ulaştığınız için kendinizi ödüllendirmenizle ilgilidir.

Korku, birçok insanın hedeflerine ulaşmasını engeller. Başarısızlık korkusu, sıkı çalışmanın korkusu, diğer insanların ne düşüneceği korkusu, yeterince iyi olmadıkları korkusu, başarı korkusu... İlginç olan bu tür korkuların öğrenilmiş olmasıdır. Onları, otomatik yanıtımız hâline gelene kadar tekrar tekrar uygularız.

Araştırmalara göre neredeyse tüm korkularımızın üstesinden gelebiliriz ya da en azından korkulara verdiğimiz tepkiyi eğitim, şartlandırma ve korkularımızın tetikleyicilerini ortaya çıkarma yoluyla belirgin bir şekilde azaltabiliriz. Fobileri olan insanlar için en başarılı terapilerden biri onları eğitmek; zaman geçtikçe güvenli, kontrollü bir ortamda korkularının nedenini ortaya çıkarmak ve bunu bir sürece yaymaktır.

Başarı zihni, bir şeyleri ne kadar çok yaparsak onlardan o kadar az korktuğumuzu anlar. Yeni şeyler denemek ya da başkaları tarafından reddedilmekle ilgili geçmiş olumsuz deneyimleriniz yüzünden kendinizi sınırlamayın. Bu deneyimler gelecekteki sonuçlarınızın açık bir göstergesi değildir. İstediğiniz şeyi almak için tekrar tekrar uğraşmalısınız. Sizi geride tutan korkularınızla yüzleşmenizi sağlayan bir yöntem geliştirmek, daha güvenli ve başarılı hâle gelmek için kesin bir yoldur.

Başarı zihni riske girmeye yönelir ve başarısızlık için kendisine izin verir. Risk almak, insanlar için yapılması en zor olan şeylerden biridir. Risk sıkıntısı ya da güçlüğündense yerinden kımıldamamak daha kolaydır. Şimdi, eğer herhangi bir yıldız sporcu, girişimci, kâşif, araştırmacı ya da mucitle konuşursanız hepsi size aynı şeyi söyleyecektir: Başarılarından daha çok hatalarından öğrendiler.

Kısmen, riskten uzak duracak şekilde programlanmışızdır. Psikologların keşfettiğine göre, daha azıyla sonuçlanacak kesin bir fırsatla karşılaşan insanlar bunu büyük ihtimalle, getirileri daha yüksek riskli seçeneğin tarafında olsa bile, belirgin bir şekilde daha yüksek bir ödülü olan daha riskli bir duruma tercih ediyorlar. Mantıklı, hesaplı riskler almayı öğrenmek, güçlendiren bir başarı zihniyeti oluşturmak için geliştirmeniz gereken bir yetenektir.

## Başarı Zihni

Geçtiğimiz yüzyıl boyunca bir yerde toplum olarak çığır açan, keşfeden bir nesilden daima riski azaltan ve güvenli yolu izleyen bir nesle dönüştük. Eğer çığır açan atalarımız Batı'ya gitme riskini almamış olsalardı, hepimiz hâlâ Doğu Yakası'ndaki küçük bir alanda yaşıyor olurduk ve hiçbir zaman California'da altını, Wyoming'de ya da Büyük Kanyon'da petrolü bulamazdık. Batı'ya gitmek için ayrılanların birçoğu bunu başaramadılar. Savaşta, selde, yangında ya da hastalıkta can verdiler. Fakat hayret verici bir şeye ulaşan bu kişiler diğer birçok insanın yapmaya kalkışamadığı bir şeyi başardılar.

Bugün, hayalleri üzerinde harekete geçmelerinde ve başarıya ulaşmalarında insanları durduran en büyük risklerden birinin hayatı ya da serveti kaybetmeyle ilgisi yoktur. Birçok insanı hayalleri üzerinde harekete geçmelerini ve en çok istedikleri elde etmeleri için yapmaları gerekenleri yapmalarında engelleyen risk, diğer insanların ne düşündüğü hakkında endişelenmektir. Bir insanın diğerlerinin ne düşüneceğini düşünmesinden dolayı bir şey yapmasının -ya da bir şey yapmamasının- onları nasıl meteliksiz, mutsuz ve kusurlu hissettirdiğini durmadan görmekteyiz. İnsanlar arkadaşlarının ne söyleyeceği hakkında endişelenirler, komşularının konuşacağından endişelenirler, tamamen yabancı olanların ne düşüneceğinden endişelenirler ve eğer başarısız olurlarsa bunu herkesin bileceğinden endişelenirler.

Doğru bir başarı zihni geliştirmiş olan bir kişi şunu söyler, "Ne fark eder?" Günün sonunda sizin ne düşündüğünüz önemlidir, kimsenin değil. Sadece siz başarınızla ya da başarısızlığınızla yaşarsınız.

Başarı zihninin en dikkate değer yönü, başarının eylem tarafında olmasıdır. Eylem olmadan başarı nadirdir ve bu şanstan kaynaklanır. Şanslı yükselişler olabilir ve bir değerleri vardır ama bunlara güvenilemez. Başarı zihni, zamanla deneyimleri güçlendirmeye ve sürekli olarak daha fazlasını kazanmaya odaklanır. Buckminster Fuller'ın dediği gibi, "Daha az öğrenemezsiniz, sadece daha fazla öğrenebilirsiniz." Başarı zihni; yapmaya, öğrenmeye, gelişmeye ve büyümeye devam eder.

Uygulama zorunludur. Dünyadaki en önemli başarılar, birileri *bir şey yaptığı* için gerçekleşir. Hatalarından ya da başarısızlıklarından bir şeyler öğrenmeye ve ilerlemeye devam ederler. Bir mükemmellik noktasından başlamanız gerektiği inancı birçok insanın hayal ettiği başarıya ulaşmasını engeller. Gerçek şu ki her şeyi mükemmel yapmak zorunda değilsiniz, sadece başlamalısınız. İdeal koşulları bekleyemezsiniz, çünkü onlar nadiren mevcut olur. Mükemmel zamanlama için bekleyemezsiniz, çünkü nadiren gerçekleşir. Açık bir şekilde kararınızı vermeli, yönünüzü belirlemeli ve kalkışa geçmelisiniz. Yol boyunca düzenlemeler yapabilir, yeni bilgiler toplayabilir ve bilgi birikiminiz değiştikçe hedefinizde değişiklik yapabilirsiniz, fakat ilk adımı atmalısınız.

Başarı zihni, kendisine hayal kurmak için izin verir. Daima rüyalarla doludur. Başarı eylemde olmasına rağmen olasılık rüyadadır. Kendiniz ve dünya için yeni fikirler, yeni olasılıklar ve yeni rüyalar üretebilmesinden dolayı başarı zihni güçlüdür.

Rüyalarınız üzerinde düşünmek için zaman ayırın ve büyük şeyler düşleyin. Bir dağa tırmanmanın ya da bir maratonda koşmanın ötesine geçin. Bu tür hedefler, dolu bir hayat yaratmak ve sizi daha büyük düşüncelere yönlendirecek heyecan verici deneyimler yaşamak için önemlidir. Fakat

## Başarı Zihni

biz sizin hayatınızı, ailenizin ve arkadaşlarınızın hayatını değiştirecek rüyalardan -dünyayı değiştirecek rüyalardan- söz ediyoruz.

Bu rüyaları düzenli olarak takip edip ele geçirmeniz önemlidir, böylece onlar üzerinde çalışmaya başlayabilirsiniz. Hiçbir şey imkânsız olmasaydı ne yapardınız? Çok az şey gerçekten imkânsızdır. Siz sadece henüz nasıl yapılacağını bulmadınız. Bulduğunuz şey, sizin mirasınız hâline gelebilir. Uzun vadeli düşünün, büyük düşünün. Düşünürken bir radikal, bir devrimci, bir kaçak olun. Neler olabileceğini, hayatınızı neyin tanımlayabileceğini kabul edin. Büyük rüyaların arkasından gitmek, mevcut isteklerinize ulaşmayı daha kolay hâle getirir.

Başarılı kimseler ve büyük şeylere ulaşan insanlar kendilerine inanırlar. Anlamlı ve değerli bir şeyler yaptıklarına inanırlar. Herkes inanmayı bıraktıktan sonra bile onlar inançlarına tutunurlar. Bu ruhsal dayanıklılık, kararlılık ve tereddütsüz odaklanma, yapmayı belirledikleri şeylere ulaşmalarına yardımcı olur. Sporcular çoğunlukla bütünüyle tükenme anları yaşarlar ve yine de yollarına devam ederler. Birçok başarılı girişimci para eksikliği, kaynak eksikliği, destek eksikliği ve bir hayli engeli aşarak ilerler. Bunu yaparlar, çünkü doğru şeyi yaptıklarını ve kazanabileceklerini içtenlikle bilirler. Ve kazanırlar!

Eğer hedefiniz yeterince önemliyse, rüyanız yeterince büyükse o hâlde öncelikle kendinize inanma cesaretini gösterin. Başarı zihni, gerçekleri göz önünde bulundurma ve elde edilebilen en iyi bilgiyi öne sürme, devam ederken yeni çözümler bulma ve ne olursa olsun sonuna kadar dayanmayla ilgilidir. Kendinize inanmak öncelikle kişisel bir çabadır. Diğerlerini size inanmaya ikna etmek, daha sonra gelir ve kendinize gerçek ve derin bir güven duyarsanız daha kolaydır.

Şimdi burada başarı zihninizi geliştirmek için bugün bir söz verin. Başarı zihninizi geliştirmek için hiçbir zaman çok geç değildir ve onu geliştirmeyi bırakmak zamanı asla söz konusu olmaz. Düşünceleriniz, duygularınız, eylemleriniz, inançlarınız başarınızın en büyük habercileridir. Başarıyı destekleyen ve çabanızı ödüllendiren sağlam bir yapı inşa ederek bir başarı zihni geliştirin. Deneyimlemek ve başarısız olmak için kendinize izin verin. Hareketsiz kalmaktansa bir kez daha ayağa kalkmak için bir yöntem geliştirin. Diğer insanların ne düşüneceğini umursamayı bırakın.

En önemlisi, büyük hayaller kurun ve tutarlı, yönelimli ve akıllı hareketlerde bulunun. Sonra sonuçları değerlendirmek, düzeltmeler yapmak, çabanızı yeniden yönlendirmek, tekrar işe koyulmak ve durmayı reddetmek için başarı zihninizi kullanın. Bunu yapın böylece hayal edebileceğinizden de büyük bir başarı yolunda olacaksınız.

*Soru:* **Başarı için en önemlisi hangisidir: Eleştirel düşünmek mi yoksa yaratıcı düşünmek mi?**

Hem eleştirel hem de yaratıcı düşünmek, başarı düşüncesinin önemli parçalarıdır.

İnsanlar çoğunlukla yanlış olarak eleştirel düşünce ve yaratıcı düşüncenin gerçekte aynı madenî paranın karşıt yüzlerinde olduğu gibi iki karşıt güç olduğuna inanırlar. Yaratıcı düşünce, bir sanatçıya yaratıcı bir başyapıta hayat vermesi için izin veren yeteneğe yol açar. Çoğu şeyde olduğu gibi hedef, ikisinin uyum içinde çalıştığı ve başarıların hızlıca ve kolayca gerçekleştiği bir denge, orta yol bulmaktır.

Problemi çözerken hem eleştirel düşünceyi hem de yaratıcı düşünceyi kullanın. Problemi çözmek için öncelikle büyük fikirleri yaratıcı bir şekilde düşünmek önemlidir, sonra eleştirel bir şekilde onları sınırlandırın. Başarınızı oluştururken eleştirel düşüncenin ana fikri, büyük fikirleri önemsememek değildir. Şu an mümkün olan eldeki bilgiden sonuç çıkarmaktır. Yaratıcı düşünce sizi birçok çözüme götürür. Standartlara karşı çıkmanıza ve daha yüksek bir standarda ulaştıran yollar geliştirmenize izin verir. Yaratıcı düşünce, sizi oraya en hızlı şekilde ulaşmanızı sağlayacak ya da büyük sonuçlarla dolu olan yola yönlendirir.

Yaratıcı düşünce tarafınızda aklınızın içindekileri açıklamak için bir yöntem yerleştirin. Başarı zihni, dinlenmeye ihtiyaç duyar. Düşüncelerinizi yakalamanız önemlidir, bu sayede onların üzerinden geri dönebilir ve noktaları birleştirebilirsiniz. Yakalanmayan fikirler zamanla gözden kaybolmaya eğilimlidir. Düşüncelerinizin günlüğünü, büyük fikirler hakkındaki düşüncenizin bir kaydını tutmak ve başarılı olmakla ilgili hissettikleriniz sizi daha ileriye taşıyacaktır. Zihninizdeki şeyleri yazmaya başladığınızda değişik bir tür düşünce ortaya çıkar. Eğer yazmayı sevmiyorsanız onları resmedin resim yapmayı sevmiyorsanız bir mikrofona konuşun. Ne yaparsanız yapın, düşüncelerinizi kaydedin. Bugünün düşünceleri yarının ateşleyicileridir.

Not olarak günlüğünüzü her zaman bulacağınız bir yerde saklamayı unutmayın. Günlüğünüz için bir yer belirleyin ve yazmanız gerekene kadar orada saklayın. Günlüğünüz için kalıcı bir yer belirlemek -yatağın altında, gömme dolabın en üst rafında, tuvalet masası çekmecesinde, komodinde- günlüğe kaydetme rutininde önemli bir adımdır. Bu sadece günlüğünüzü kaybetme olasılığını yok etmez, aynı zamanda sürekliliği güçlendirmeye ve yeni alışkanlıklar oluşturmaya yardım eder.

Eleştirel düşünce tarafında, her şeyi sorgulamayı öğrenin. Herhangi birinin bir şeyin başarılı olmayacağını söylemesi, bunun doğru olduğu anlamına gelmez. Yazılı olan şeyin başarılı olacağı da söylenemez.

Örneğin; beynin sol tarafını kullanan insanlar ve sağ tarafını kullanan insanlar hakkında çok fazla konuşma duyuyoruz. Bu ayrımı destekleyen geçerli araştırmalar var. Fakat aynı zamanda kariyerlerini geçerli olmayan değerlendirmelerle ve bu yanallaşmanın abartılması üzerinden oluşturan birçok yetersiz donanımlı sözde uzman da var. Bunu detaylı olarak incelemeyeceğiz, çünkü buradaki daha büyük mesajdan uzaklaşmak istemiyoruz. Mesaj şu: Kendinizi sol beyinli mantıklı tip ve sağ beyinli yaratıcı tip olarak bir kutunun içine koyup sınırlandırmayın.

Gelişiminiz durağan değildir ve bazı etiketlerle yapay olarak zorlanmışken en yüksek başarı seviyenize ulaşmazsınız. Beyninizin hayatınızın erken bir noktasıyla fiziksel bağlantılı olduğuna inanılan beyin araştırmaları yıllar boyunca ilerledi. Son araştırmalar, oldukça farklı bir resim gösteriyor. Beynin istenilen şekle sokulabilmesi bir ömür boyu sürüyor. Bunun beyin zihni açısından anlamı şudur: Ne zaman başladığınız önemli değil, odaklanmış kaldığınız ve hareket ettiğiniz, hedeflerinize ulaşmanıza ve desteklemenize yardımcı olacak yetenekleri öğrendiğiniz sürece destekleyici yeni alışkanlıklar edinirsiniz.

Bu alandaki araştırmalar etkileyicidir. Örneğin; San Francisco'daki California Üniversitesi'nde Keck Merkezi Bütünleyici Nöroloji bölümünde profesör olan Dr. Michael Merzenich tarafından yapılan çalışmalar, devam eden öğrenmenin önemini ve bir faaliyeti sürekli tekrarlamanın etkilerini ortaya çıkarıyor (Deutschman 2007). Bir çalışmada fareler bir bulmacayı çözdükten sonra bir ödül almaya şartlandırılmıştır. 100 denemeden sonra fare bulmacayı mükemmel bir biçimde çözer ve 200 denemeden sonra fare bulmacayı neredeyse tüm hayatı boyunca nasıl çözeceğini hatırlayabilmektedir. Başka bir çalışmada Dr. Merzenich, profesyonel bir flütçü ve meditasyonda son derece yetenekli bir Budist rahibi de içeren oldukça eğitimli kişilerdeki beyin yapılarını incelemek için bir MRI kullanmıştır. Yapılan çalışma, oldukça disiplinli bu kişilerin zamanla aslında beyinlerinin biçimini değiştirdiklerini göstermiştir. Örneğin; profesyonel flütçünün beyninde parmakları, dili ve dudakları kontrol eden alanlarda geniş vurgular bulunmaktadır.

Beyin araştırmalarının bu türü, çok başarılı kimselerle çalıştığımızda sürekli olarak gördüklerimizi doğruluyor. Açık bir biçimde farklı şekilde düşünüyorlar. Ve bu başarı zihni, seçimler ve davranışlarla başlıyor. Bu yüzden yaratıcı ve eleştirel düşünce arasında seçim yapmanız gerekmiyor. Her ikisini de kullanın. Ayrıca en yüksek seviyede başarıya ulaşmanız için disiplinli uygulama, daha iyi alışkanlıklar oluşturmanın anahtarıdır. Bu ne kadar heyecan verici? Bir başarı zihni geliştirmeyi *tercih edebilirsiniz*. Başlamak için hiçbir zaman çok geç değildir!

**Soru: Gerçek önceliklerime evet diyebilmek için bazı şeylere hayır diyerek yeni bir başarı seviyesine ulaştım. "Evet demenin gücü" hakkında konuştuğunuzu duydum. Bahsettiğiniz şey bu mu?**

Başarınızı geciktiren şeylere "hayır" demeyi öğrenmek,

zaman yönetiminin önemli bir unsurudur. Bazı şeylere hayır demek için kendinizi disipline edersiniz, böylece kendinize ve önceliklerinize evet diyebilirsiniz. Bu önemlidir.

Evet demenin gücü hakkında konuşurken fırsatlarınızı, dünyanızı ve başarınızı büyütmek için aslında sürekli olarak daha geniş kavram olan "evet" kelimesini kullanmaktan bahsediyoruz. Evet demenin gücü, başarı zihninin can alıcı kısımlarından biridir. Evet demenin gücü, ortaya çıktıklarında fırsatlara evet demektir. Başarının büyük bir bölümü fırsatları fark etmek ve basit bir şekilde evet diyerek onları yakalamak için yeterince hazır olmaktır. Evet demekle ilgili ilginç olan bir şey, eğer gerekli değillerse ya da sizi hedefinize yaklaştırmıyorlarsa daha sonrasında her zaman hayır diyebilmenizdir. Fakat bir kez bir fırsata hayır dediğinizde fırsat çoğunlukla gider ve onu geri alamayabilirsiniz ya da alırsanız size aynı dersi veya anlaşmayı sunmayabilir.

Hayatınızdaki fırsatlara ne kadar çok evet derseniz o kadar fazla fırsat elde edersiniz. Sadece evet dediğiniz için değil, aynı zamanda etrafınızdaki tüm fırsatları görmek için zihninizi koşullandırdığınız için. Zihniniz, hedefleriniz ve şartlarınız arasındaki bağlantıları kuracak ve sizi ileriye taşıyabilecek fırsatlarla karşılaştıracaktır... Eğer sadece evet derseniz.

En başarılı insanlar geniş çeşitlilikte deneyimlere ve fırsatlara evet derler, çünkü deneyimin genişliği etkili hayaller ve kurşungeçirmez eylem planları oluşturmak için size bir bilgi havuzu sunar. Hayatta çok fazla şey deneyimlerseniz hareketsizlik noktasına geri dönemezsiniz. Her zaman ileriye doğru gidersiniz. Bir kez evet dedikten ve bunun sizin için neler yapabileceğini gördükten sonra, bir deneyime sahip olmama fikri hayal edebileceğiniz en yabancı şey hâline gelir. Bu, sizi yeni zirvelere doğru iter.

## Başarı Zihni

Hepimizin evet demenin gücüyle gelen fırsat hikâyeleri var. En coşku verenlerden biri Dave'in altı yaşından itibaren on yıl boyunca sıkı bir dini mezhep içinde yetiştirildiği geçmişinden geliyor. İşte onun hikâyesi:

"Mezhep içinde ailem ve ben sistematik olarak kontrol edilirdik. Grup, William Brandham adında bir bitiş zamanı peygamberine inanırdı. İncil'deki peygamber İlyas'ın onun vücudunda yeniden dirildiğine ve atalarının İncil'in Vahiy Kitabı yorumlarına inanırlardı. Altıncı ya da yedinci sınıftan sonra eğitime izin verilmezdi. Kadınların saçlarını kesmelerine, pantolon giymelerine, makyaj malzemesi kullanmalarına ya da kocalarına karşı itaatsizlik etmelerine izin verilmezdi. Hıristiyan müzikleri dışında müzik dinlenmezdi; televizyon izlenmez, sinemaya gidilmezdi. İnanmayan kişilerle iletişimimizi en aza indirmek ve yalnızca inananlarla evlenmek zorundaydık. Erkek kardeşimde Dikkat Eksikliği ve Hiperaktivite Bozukluğu vardı ve içinde şeytan olduğuna inanılıyordu. İçindeki şeytanı çıkarmak için düzenli olarak hırpalanırdı. Kiliseye Salı, Perşembe, bazen Cuma günleri ve Pazar günleri iki kez gidilirdi; bunlar uzun cehennem azabı toplantılardı.

Yol boyunca bizimle ilgili bir şeylerin farklı olduğunu anladım. Aniden, belki dünyanın geri kalanının ahlaksız olmayabileceğini, belki de bizim görüşümüzün bir şekilde hatalı olabileceğini anladım. Yedinci sınıftan sonra okulu bırakmayarak ve zor sorular sorarak başkaldırdım. Ve yol boyunca itaatsizliğim için bir bedel ödedim. 16 yaşıma geldiğimde kiliseden kaçmak için evi ve ailemi terk etmem gerektiğini anlamıştım. Annemle konuştum ve ona ne yapacağımı anlattım. Kiliseye son kez gittiğimde kürsünün önüne yürüdüm. Papazlar ve diyakozlar ellerini üzerime koydular ve bedensel isteklerimi yok etmek için ruhumu şeytana teslim etmem ve günahlarımdan dolayı öldürülmem için Tanrı'ya dua ettiler. Sonra ayrıldım.

Bu deneyim, aklımda 25 yaşıma geldiğimde öleceğim fikrini oluşturdu. Fikrin tam olarak nereden geldiğini hiçbir zaman anlayamadım, fakat buna tamamen inanıyordum. Bu düşünceyi fark ettiğim anda başarımı evet demenin gücüyle kamçılamaya başladım. Hayatımın her dakikasını kullanacaktım ve hiçbir şeyi yarım bırakmayacaktım. Evet diyerek bilmeden başarı zihninin önemli bir unsurunu geliştiriyordum.

Evet dediğimde balıklama atlayış yaparım. Sorgularım, meydan okurum, düşünürüm, deneyimlerim ve fikirler geliştiririm. Yalnızca ayak parmağımı suya sokmam, atlarım! Bir konu hakkında tek kitap okumam, konu hakkında 30 ya da 40 kitap okurum. Araştırma makalelerini okurum, telefon açıp bu alandaki fikir liderlerini ararım ve onlara sorular sorarım. Onların ne düşündüklerini ve sonuçlarına nasıl ulaştıklarını bilmek isterim. Deneyimin bana ve hayatıma -herhangi bir şekilde- nasıl uygulanacağını anlamak için konunun derinlerine inmeye devam ederim.

Erkek kardeşim bana ilginç bir hikâye anlattı. Yirmili yaşlarındayken evsiz olmanın neye benzediğini görmek isteyerek San Francisco'ya kadar araba kullanmış ve orada evsiz insanlarla birlikte birkaç gün kalmış. Bütün gününü onlarla birlikte geçirmiş ve geceleri onlarla uyumuş. Oldukça gerçek bir deneyimi olmuş. Ona bu deneyimden ne öğrendiğini sordum. Onun için evsizlik asla bir seçenek olmamıştı ve ailesiyle olan ilişkisini derinleştirmeye ihtiyacı vardı. Büyük olasılıkla bu uç noktaya gitmeyi tercih etmezsiniz. Erkek kardeşim gerçek bir kâşiftir, eğlence için dağlara tırmanır. Bununla birlikte bir kez bir deneyime zaman harcadığınızda kendinizi bir daha asla aynı yolda görmezsiniz. Ayrıca bu deneyim, çoğu kez tüm farkı yaratan şey üzerinde harekete geçebileceğiniz fikrine yol açar."

*İşe Yarayan Başarı Eylemleri:* Ufkunuzu genişletmek için evet deyin. Diğerlerinin nasıl yaşadığını görün. Başka bir bakış açısını deneyin. Bölgenizden hatta ülkenizden dışarıya seyahat edin. Uluslararası yolculuk yeni fikirlere ve fırsatlara gözlerinizi açacaktır. Aynı zamanda diğer ülkelerde insanların çoğunuzun hayatı boyunca asla karşılaşmadığı sorunlarla uğraştıklarını görmenizi sağlayacaktır. Bunu tabii ki televizyonda da görebilirsiniz; ancak bu doğrudan görmek, hissetmek, dokunmak, tatmak ve koklamakla aynı şey değildir.

Birçok kimse şunu söyleyecektir, "Bunu yapmayı çok isterim ama param yok." Neredeyse hiç kimsenin gidemeyeceği oldukça büyük iki ülkeyle sınır komşusuyuz. Fakat uluslararası olarak seyahat edemiyorsanız nüfusu, önemli ölçüde diğer kültürlerden oluşan büyük bir şehre seyahat edin; Çin Mahallesi'ne ya da Küçük Hindistan'a gidin. Eğer bunu yapamıyorsanız bir göçmenle arkadaşlık kurun ve ondan memleketine dair deneyimlerini paylaşmasını isteyin. Öğrendikleriniz sizi hayrete düşürecek ve tamamen farklı bir bakış açısı edindiğinizde bunun hakkında düşüneceksiniz. Onları bulundukları yere getiren veya ülkelerinin gelişmesini engelleyen inançlara yakından bakın.

Evet demenizi size hatırlatması için Buckminster Fuller'ın söylediği sözü kullanın: "Ben bir dâhi değilim. Sadece deneyimlerden oluşan kocaman bir yığınım." Evet demek, yığının büyüklüğünü artırır.

*Soru:* **Hayatta ve işte bir sürü hedefim vardı ve bugüne kadar çoğuna ulaştım. Henüz başarı gibi bir şey hiç hissetmedim çünkü birini yerine getirdikten sonra hızlıca diğeriyle değiştiriyorum ve bu herhangi bir sevinç ya da başarı duygusunu bastırıyor. Sorum şu: Gerçekten başarılı olduğunuzu nasıl anlarsınız?**

İlk olarak, bu konuda yalnız olmadığınızı bilin. Bu tür sorular bize sıkça soruluyor. Başarılı olmaya çalışan birçok insan var. Sıkı çalışıyorlar ve gittikçe daha yüksek seviyelere ulaşıyorlar. Fakat hiçbir zaman gerçekten başarıya ulaştıklarını hissetmiyorlar. Zamanla gerçek başarı gibi bir şeyin kesin olarak var olup olmadığını ve eğer varsa tam olarak neye benzediğini merak etmeye başlıyorlar.

Birçok bakımdan başarı, bir yolculuktur; varış noktası değil. Bu yüzden tek bir bitiş çizgisi yoktur. Bununla birlikte yol boyunca elbette başarılar vardır ve başarının önemli parçalarından biri bu dönüm noktalarını kabul etmek ve onları kutlamaktır. Başarı zihni, yalnızca hatalarından bir şeyler öğrenmez; aynı zamanda başarılarından keyif duyar.

Bir hedef üzerine karar verirken ya da bir yola başlarken yapabileceğiniz en önemli şeylerden biri, başarıyı açık bir şekilde tanımlamaktır. Birçok insan başarının neye benzediğini bilmez ve bu yüzden ne zaman bırakacaklarını anlamazlar. Hedefe ulaştıktan sonra uzun süre gitmeye devam ederler, çünkü tamamlamanın nasıl göründüğünü bilmezler. Sonuca bakmadan sadece çaba göstermeye devam ederler. Bitmiş bir ürünün tanımına sahip olmadan herhangi bir görevi bitiremezsiniz.

Başarınızı ölçün. Bunu, nihai hedefin ne olduğunu, başarının nasıl göründüğünü açıkça tanımlayarak ve ardından oraya ulaşmak için bir yol belirleyerek yapın. Zaman çizelgesini ve süreci düzenleyin, sonra ilerlemenizi bununla karşılaştırarak gelişiminizi ölçün. Sürece koyduğunuz gerçek çabayı ölçerken kendinize karşı dürüst olun. Tecrübelerimize göre, insanlar yaygın olarak zamanlarına ve çabalarına fazla değer veriyorlar. Bunun nedeni, düşündükleri ve fazla duygulu davrandıkları tüm zamanı saymaları ve somut bir çaba ortaya koymayarak harekete geçmemeleridir. Düşünmek ve harekete geçmek aynı şey değildir. Çabanızı ölçerken dürüst olun; böylece, başarınızı çok daha iyi ölçebileceksiniz.

Siz, başarı ve kutlamayı geçiştirme ve kolayca bir sonraki hedefe atlama alışkanlığı edinmiş gibi görünüyorsunuz. Eğer öyleyse sevinci hissetmek için bir zaman ve kendinizi ödüllendirmek için bir yol belirlemeye ihtiyacınız var. Hedefi açıkça belirlediyseniz buna ulaşıldığını ve başarının elde edildiğini ve onu kutlamanız gerektiğini bilin! Başarının ne kadar büyük ya da küçük olduğunun önemi yoktur, başarılı olmanın nasıl hissettirdiğinden gerçekten keyif almak için biraz zaman ayırın. Devam edin ve böbürlenin. Zaferinizden dolayı mutlu olun. Anlamlı bir şekilde ve hatırlayabileceğiniz bir iz bırakarak kendinizi ödüllendirin. Etrafınızdakilerden, sorumluluk ortaklarından ve arkadaşlarınızdan gelen ödülleri, iltifatları kabul edin. Kazandığınız ve hak ettiğiniz övgüyü almak iyidir.

Hedeflerinize ulaşmak için sıkı çalıştınız. Disiplinliydiniz, fedakârlıklarda bulundunuz ve başardınız. Bu çaba, bir ödül bulmalıdır. Yüksek seviyede bir motivasyonla devam etmek için, başarınız için kendinizi uygun bir şekilde ödüllendirmeniz gerekir.

Daha derin seviyede önemli bir şey başardığınızda ve zaferinizi onaylamadan bir şeye doğru hareket ettiğinizde hayatınız anlam kaybetmeye başlar. Yaptığınız şeyleri neden yaptığınıza dair anlayışınızı kaybetmeye başlarsınız. *Man's Search for Meaning* (*İnsanın Anlam Arayışı*) adlı kitabında Victor Frankl, Yahudilerin toplama kamplarında nasıl küçük başarılarını kutladıklarını ve devam etmek için bu kutlamaları nasıl kullandıklarını açıklamaktadır. Yaptıkları her şeyde bir anlam buldular ve bu anlam, onların yaşamalarını sağladı. Onaylamadığınız ve kabul etmediğiniz bir şeyden destek alamazsınız. Kendinizi, düşünmek ve keyif almaktansa ilerlemeye şartlandırırsanız, zevk alma davranışınızı kaybederseniz.

***İşe Yarayan Başarı Eylemleri:*** Başarılarınıza daha çok zaman ayırın. Başarılarınızı bir günlüğe kaydetmeyi yararlı bulabilirsiniz. Önemli bir hedefe ulaşmanın sizi nasıl hissettirdiğinden bahsedin. Bunu gerçekten tamamıyla tecrübe edin ve bununla ilgili her şeyi yazın. Kafanızın içindeki sesin ne söylediğini yazın. Vücudunuzun içindeki duyguyu yazın. Başardığınızı fark ettiğiniz anda neler hissettiğinizi yazın. Kendinizi nasıl ödüllendireceğinizi ve hak edilmiş ödülden zevk almanın nasıl hissettirdiğini yazın.

Ödüllerinizi akıllıca topladığınızdan emin olun. Eğer başarılı bir şekilde diyet yapar ve hedef kilonuza ulaşırsanız bir vücut egzersizini atlamak ya da hoşlandığınız en şişmanlatıcı yiyeceği yemek gibi bir ödül seçmeyin. Bunlar iyi ödüller olmayacaktır, çünkü bunlar sizi hedefinizden uzaklaştıran davranışı güçlendirecektir, hedefinize ulaşmanıza yardım eden çabayı değil. Daha verimli bir ödül bir mayo ya da bikini giyip sahil ya da göl kenarında daha fazla zaman geçirmek olabilir. Diğer bir seçenek özel bir takım ya da mükemmel küçük siyah bir elbise satın almaktır. Sıkı çalışmanın ödülle birlikte gelmesi önemlidir. Harcadığınız çabaya karşılık olumlu bir sonuç deneyimlemek için kendimizi koşullandırmaya ihtiyaç duyarız.

O hâlde hoplayıp zıpladığınızı hissediyorsanız bunu yapın! Eğer başarılarınızın derecesini düşürdüğünüzü ya da başarı gururunuzu sakladığınızı hissederseniz bundan vazgeçin! Başarıdan zevk alınmalıdır. Başarılı olmanın ne kadar iyi hissettirdiğini tecrübe etmek için kendinize daha çok izin verdikçe sizi ileriye taşıması için bu duyguya olan arzunuzu daha çok kullanabilirsiniz.

*Soru:* **İnsanların aslında başarısızlıktan çok başarıdan korktuklarını duydum. Sizce bu doğru mu?**

Başarı korkusu, tam anlamıyla doğru görünmüyor, öyle değil mi? Herkes bir başarısızlık korkusunu anlayabilir. Yine de kimse kaybeden biri olmak istemez. Fakat başarı korkusu? Evet, bu gerçektir. Bunu sürekli görmekteyiz.

Başarı korkusu kafa karıştırıcı olabilir. Şu dağın zirvesine çıkmak istediğinizi söylüyorsunuz, fakat yaklaştıkça bunun nasıl bir şey olacağı hakkında gerçekten düşünmeye başlıyorsunuz.

Gerçekten mutlu olacak mısınız?

Hayatınız gerçekten tamamlanmış olacak mı?

Kaybolacak mısınız ya da yapılacak hiçbir şey kalmadığı ya da tırmanacak başka hiçbir yer olmadığı hakkında mı endişeleniyorsunuz?

Yalnız mı olacaksınız?

Gerçekten istediğiniz şey bu mu?

Zirveye tırmanıp hayatınızda bir hata yaptığınızı mı hissedeceksiniz?

Birçok kere başarıdan ya da bunun bize ne getireceğinden korktuğumuzu kabul etmek için çok inatçı oluruz. Bu yüzden mutluluğumuzun dağın zirvesinde bir yerde olduğunu düşünerek kendimize yalan söyleriz, fakat ya değilse?

Aşağıdakiler, insanların yaygın olarak başarı korkusunu sergiledikleri beş durumdur. Bu listeyi okurken içinizin derinliklerine bakın ve bunlardan herhangi birinin size doğru gelip gelmediğini kendinize sorun. Şiddetli bir şekilde reddettiğiniz nedenlere özellikle önem verin. Kendinize ya da başkalarına herhangi bir şey kanıtlamaya mı çalışıyorsunuz?

### *Neden 1:* "Eğer bu hedefe ulaşırsam olduğum kişi olmayacağım. Bir şekilde değişeceğim ve arkadaşlarım beni artık sevmeyecek."

Çok sıklıkla insanlar hedeflerine ulaşırlarsa oldukları kişi olmayı bırakıp başka birinin rolünü oynayacaklarından korkarlar. Başarılı biri olmak için kötü, kana susamış bir canavar olmak gerektiğini mi düşünüyorsunuz? Maddi ve manevi olarak harika bir insan olabilirsiniz ve kendinize sadık kalabilir, sizin için önemli olan diğer insanlar tarafından çok sevilebilirsiniz.

*Başarılı olmak için değişmek zorundasınız.* Bunu doğru okudunuz. Bir daha okuyun. Altını çizin. Hatırlayın. Büyük yeni şeylere olduğunuz kişiyi ve yaptıklarınızı değiştirmeden ulaşamazsınız. Fakat bu kötü yönde bir değişim anlamına gelmiyor.

Değişmenin sizi korkutmasına izin vermeyin. Hayat; sürekli bir devinim, sürekli bir değişim hâlindedir. Önünüze değişmek ya da geride kalmakla ilgili bir tercih koyar. Bu büyümemizi, ilerlememizi ve bizi yavaşlatan engellerden kurtulmamızı sağlar.

Başarı genellikle diğerleri tarafından aklımıza sokulan her türde sınırlayıcı ve gerçekçi olmayan inançla bağlantılıdır. Fakat gerçek şu ki başarı aslında çok iyi olan bir şeydir.

Açık söylemek gerekirse çocuklarınızın -yeğenlerinizin, kuzenlerinizin, arkadaşlarınızın- başarılı mı yoksa başarısız mı olmasını isterseniz? O hâlde kendiniz neden olmayasınız?

### Neden 2: "Ben buna değmem. Başarılı olmayı hak etmiyorum."

Bu tür bir başarı korkusu, kendi kendini sabote etmenin büyük bir kaynağıdır. Her şeyden önce, eğer öz saygınızla ilgili bir sorununuz varsa bunu kabul edecek kadar dürüst olmalısınız. Başarılı olmayı hak etmediğinizi düşündüğünüzü kabul edebilir misiniz? Çoğu zaman, insanlar kendilerine karşı dürüst olmazlar. Kendi kendini aldatma, aldatmanın en basit şeklidir!

İnsanlar kendilerinden duydukları şüpheyi birçok küçük, önemsiz nedenin arkasına saklar ve "Ben bu kadar değerli değilim!" kapalı kapılar arkasındaki gizlenmektir. Eğer sebebini bulamazsanız ona müdahale edemezsiniz. Hayatta herhangi bir şeye ulaşmanızın en önemli faktörlerinden biri, kendinize karşı açık olmaktır.

Olumsuz bir öz eleştirinin sebep olduğu başarı korkusunun daha birçok nedeni vardır. Bunlardan biri, gelişiminizi sürdürmedeki ve hayatınızda ulaştığınız başarıları koruma yeteneğinizdeki inanç eksikliğidir. Bazıları şunu düşünür: "Vay be, sanırım inanılmayacak kadar şanslıyım."

Başka bir inanç da şudur: Sizin yerinizi alacak ya da sizi yerinizden edecek sizden daha iyi ve akıllı birileri vardır. Bununla ilgili sizinle tartışmayacağız. Haklısınız! Sizden daha iyi ve akıllı insanlar vardır ve her zaman olacaktır. Bununla birlikte sizinle karşılaştırılamayacak milyonlarca insan da vardır. Arzuladığınız başarıyı *hak ettiğinizi* kabullenmek için ne gerekiyorsa yapın.

### Neden 3: "Bu imkânsız!"

Bir şeyin mümkün olduğuna inanmıyorsanız ne yapabilirsiniz? İnanın. Kendinize -daha da iyisi yüksek sesle ve duygulu bir şekilde- şunu söyleyin: *"Eğer başka biri yaptıysa, ben de yapabilirim!"*

Birileri bu gezegende hemen hemen her şeyi yaptı. Baktığınızda büyük ihtimalle sizin durumunuza benzer birçok durum olduğunu görürsünüz. Biri onları yapmadan önce imkânsız kabul edilen sayısız başarı örnekleri vardır. Daha önce kimse bir mili dört dakikanın altında koşamamıştı... ta ki biri yapana kadar. Kimse Everest Dağı'na çıkmamıştı... ta ki biri yapana kadar. Bu şeyleri ilk kez biri başardığında -ve onları "mümkün" hâle getirdiğinde- birçokları çabucak onu takip etti. Başarı ulaşılması zor bir şey değildir. Hedefinize ulaşmak için yapmanız gerekenleri analiz edin. Sizinkilere benzer bir hedefe ulaşan kişiyle hangi yönleriniz ortak? Kendinizle ilgili neye sahip olmanız ya da neyi değiştirmeniz gerekiyor? Yolunuzda ne gibi engeller var ve onları nasıl aşacaksınız? Bir kez tüm bunları yaptığınızda işinizin % 80'inin bittiğini düşünün.

Başarınızın anahtarı kendi eşsiz katkınızı yaparken başka birinin örneğini izlemektir. Farklı yerlere gitmek için insanlar her gün aynı şehirlerarası yolları kullanırlar. Sadece içinizdeki büyük düşünürü, büyük şampiyonu ve büyük savaşçıyı serbest bırakmalısınız.

Bunun hedefinizin gerçek olasılığına ya da olanaksızlığına dair bir soru olmadığını fark edin. Bu kişisel inancınızdır. Bu inancı kabul etmeyen ve sizin imkânsız diye düşündüğünüz şeyi yapan insanları bulun. Sonra hedefinizi yeniden düzenleyin ve onu başarma iddiasına hazır olun.

### Neden 4: "Bunu yapamam!"

Çocuklar bu bahaneyi sever. Bir görev gerçekten ilginizi çekmediğinde -matematik ödeviniz ya da kendi kahvaltınızı hazırlamak gibi- "Bunu yapamam" bahanesini öne sürdüğünüzü hatırlıyor musunuz? Bu genellikle, "Bunun nasıl yapılacağını bilmiyorum" anlamına gelir. Bazen de "Bunu iyi bir şekilde yapmak için çok fazla çaba ve egzersiz gerekiyor" anlamındadır.

Çoğu zaman bu bahane sizin için de geçerliydi! Biri matematik problemini çözmenize yardım edebilirdi ya da sizin için kahvaltı hazırlayabilirdi. Ya bugün? Diğer insanların sizin için tüm zor işleri yapacağını bekleyerek hâlâ aynı bahaneyi kullanıyor musunuz? Of!

"Bunu yapamam!" bir bilgi ya da yetenek eksikliğinden kaynaklanır. Bu problem kolayca belirlenir. Yapmanız gereken herhangi bir şeyi yapmak için bilgi edinebilir ve kendinizi eğitebilirsiniz. Bu gerçekten oldukça basittir. Ne yazık ki birçok insan buna bu şekilde bakmaz. Yeteneksizliklerinin bir bakıma şunun işareti olduğunu düşünürler: "Eğer bunu yapamıyorsam kısmet değildir."

Bir günlüğüne, yapamayacağınıza şiddetli bir şekilde inandığınız bir şeyi *yapabileceğinize* inanırsanız neler olacağını düşünün. Bunu gerçekten uzun uzun düşünün. Büyük olasılıkla bunun, işin en zor kısmını atlayıp işi bitirmeniz için yeterli olduğunu anlayacaksınız.

### Neden 5: "Hedef benim çabama değmez."

Ya hedef size heyecan verici görünmüyorsa?

Diyelim ki iyi bir iş bulmak için bilgisayarlar hakkında yeterince şey biliyorsunuz. Bu alanda daha çok şey öğrenebilir hatta maaş zammı ve daha iyi bir pozisyon bekleyebilirsiniz. Bu yaklaşık üç yılınızı alır, fakat oraya ulaşabileceğinizi bilirsiniz. Yılda 120,000 doların üzerinde kazanacağınızı, güzel bir arabanız ve eviniz olacağını bilirsiniz.

Sorun şu ki gününüzün çoğunu havasız bir ofiste bilgisayar ekranının karşısında oturarak geçirme düşüncesinden nefret edersiniz. Ailenizle hiç zaman geçirememek düşüncesinden nefret edersiniz, fakat onların uğruna bunu yapmaya hazırsınızdır.

Ne yapmalısınız? Bu, bir parça hileli bir sorudur. Bir hedefin açık bir şekilde çabanıza değmeyeceğini hissediyorsanız basit bir seçeneğiniz olabilir. Hem çabanıza değecek hem de sizi mutlu edecek başka bir hedef bulmak için en baştan başlarsınız. Zevk aldığınız ya da yapmaya değer bulduğunuz -ya da Allah korusun her ikisi de- bir şey yapabilecekken neden sevmediğiniz bir şey için yıllarınızı boşa harcayasınız?

*İşe Yarayan Başarı Eylemleri:* Bu başarı korkusu durumlarından herhangi biriyle mücadele ettiniz mi? Onları hayatınızdan çıkarmak için harekete geçin. Elbette, herkes bir şeylerden korkar. Teröristler ve et yiyen bakteriler korkunçtur. Bununla birlikte iyi şeylerden korkmanın bir mantığı yoktur.

Korkularınızı, bilinciniz için değerli bir araç olarak kullanın. Bu, korkunun bir yararıdır. Sınırlayıcı inançlarınızı açığa çıkarmak için yol gösterici olabilir.

Herhangi bir korku -gerçek tehlikeleri yansıtanlar dışında elbette- size kendinizle ilgili bir şeyler anlatabilir. Korkunun olduğu yerde sınırlayıcı inançlar da vardır. Bu bilgiyi kendi avantajınıza kullanmayı öğrenin. Sınırlayıcı inançlarınızın doğrudan kökenine inip onları yok etmeye başlamadan önce izleyin. Başarıya ulaşma korkusunu, kendinizi daha da ilerletmek için kullanın.

*Soru:* **Çocukların hayatlarını rayına oturtmaları için onlara başarı kurallarını öğretmenin en etkili yolu nedir?**

Bu kitabın yazarlarının her birinin çocukları var ve hepsi bu kitaptaki prensipleri onlara öğretme ihtiyacını hissediyor. Bazı fikirleri paylaşıyor bazılarında fikir ayrılığı yaşıyoruz. Dave bu soruyu üç yaşında bir çocuk babası olarak ve Mollie de sekiz, on ve on üç yaşlarında üç çocuk annesi olarak yanıtlayacak.

### Dave

Bu kitabı yazarken kızım üç yaşındaydı ve bu şeyler hakkında düşünerek bir hayli zaman harcadım. Henüz çok küçükken onlara sunduğumuz birçok örneğin ve onlar için yarattığımız birçok deneyimin hayatları boyunca iz bırakacağına kesinlikle inanıyorum. Bunu aklımda tutarak durmadan deneyimlerimi artırmanın, olumlu dersler öğretmenin ve birçok yetişkinin genellikle vermeyeceği kötü derslerden kaçınmanın yollarını arıyorum. Bir örnek vermeme izin verin.

Kızım iki yaşındayken ailemiz ve arkadaşlarımızla bir tatil gününde kamp yapıyorduk. Gözlemlemekte olduğum kızım karanlık ağaçlığa doğru yürümeye karar verdi. Bu yüzden ne yapacağını gözlemlemek ve elbette kendisini incitmediğinden emin olmak için güvenli bir mesafeden onu sessizce takip ettim. Biz yürürken başka bir yetişkin gizlice yanıma geldi ve "Diğer tarafta tepeden ineceğim ve bana yaklaştığında sıçrayıp onu korkutacağım, böylece bir daha karanlıkta uzaklaşmaz" dedi. Kendimden geçtim ve ona bunu yaparsa kesin bir şekilde onu ağaçlığa sürükleyip onda kalıcı psikolojik hasarlar bırakacağını söyledim, bunda ciddiydim! O uzaklaştı ve kızım ağaçlıklar içinde bir parça daha ilerledi ve bir kayanın üzerine oturdu. Bir süre sonra ona doğru yürüdüm ve ne yaptığını sordum, o da bana aya baktığını söyledi. Sadece ayı görmenin zor olduğu ateşin etrafından uzaklaşmak ve onu kolayca görebileceği bir yere gitmek istemişti.

Eğer yanlış fikirli kişinin kızımı korkutmasına izin verseydim, bunun hiç de olumlu olarak göremediğim birçok sonucu olurdu. Karanlıktan korkmayan kızımın karanlık korkusu duymasına yol açabilirdi. Ormanı sevmemesine neden olabilirdi. Kızımda insanlara karşı sağlıksız bir güvensizlik geliştirebilirdi.

Kızımla konuşma fırsatını kullandım ve geceleri güvende olmak hakkında konuştum. Göremediği yerleri yoklayabilmesi için eline bir sopa alması ve nereye gittiğini her zaman anne ve babasına söylemesi hakkında konuştuk. Bütün bunlar iyi niyetli arkadaşımın planından çok daha olumlu sonuçlar doğurmuştu.

Çocuklara başarı prensiplerini öğretmenin yolu, onlar için başarılı olabilecekleri durumlar yaratmaktır. Sorunları çözmelerine yardım edin ve bunu yaptıklarında çılgınca tebrik edin. Sonuçları kendi kendilerine bulmaları ve hedeflerine ulaşmanın memnuniyetinden zevk almaları için teşvik edin. Onlara rekabet hakkındaki gerçeği anlatın. İşte, politikada, aşkta ya da hayatta olduğu gibi her oyunda kazananlar ve kaybedenler vardır. Kazanmanın keyfini yaşamalarına izin verin. Çok basit şeyler olsa bile onların yaşındayken asla yaşamadığınız şeyleri yaşamaları için fırsatlar yaratın. Onları ilk zamanlarda etnik yiyeceklerle tanıştırın. Onları kültürel festivallere götürün. Erken yaşta ikinci bir dil öğrenmeye başlamalarını sağlayın.

Öz saygıyı geliştirin. Kızıma asla herhangi bir şeyin imkânsız olduğunu söylemedim, sınırlarını kendi kendine keşfetmesine izin verdim ve onları nasıl aşacağını öğrenmesine yardım ettim. Uygun bir şekilde övdüm. Zekice olmadıklarında öyle olduklarını söylemek onları zeki yapmaz ya da öz saygıyı oluşturmaz. Bir şeye nasıl ulaşacaklarını onlara göstermek ve hünerlerinden dolayı onları övmek etkilidir. Başarısız olmalarına, risk almalarına izin verin. Risk almaya erkenden teşvik edin ama sağduyuyu ve güvenliği elden bırakmayın. Diğer çocukların korku verici buldukları şeyleri yapmaya istekli oldukları için onları ödüllendirin. Okuma, öğrenme ve eğitim gibi şeylere değer verin ve onlara da değer vermeyi aşılayın. Aynı zamanda onlara yaşam deneyimlerine nasıl değer vereceklerini öğretin.

Sıkı çalışmanın değerini onlara erkenden öğretin; güçlü bir iş etiği gözlem yaparak değil, uygulayarak öğrenilir. Kendi sözlerinizi yerine getirerek onlara sözünü tutmayı öğretin. Sahip olacakları en iyi öğretmen sizsiniz.

Erkenden ve sıklıkla onlarla başarı hakkında konuşun ve başarıyı öğretin. Onlara paranın değerini ve paranın nasıl işe yaradığını öğretin, eğer kendiniz de hâlâ bilmiyorsanız bunu erkenden öğrenmeleri için bilen biriyle tanıştırın.

Bilhassa onlar öğrenirken yanlarında bulunun. Onlarla birlikte merak edin, onlarla birlikte keşfedin ve onlarla birlikte kutlayın. Onlarla birlikteyken bir ömür boyu örnek olarak işe yarayacak bir anı oluşturursunuz. Bunlar önemli anlardır.

Keşfetmeye, meydan okumaya teşvik edin ve "Çünkü ben öyle dedim" cümlesini cevap olarak kabul etmemeyi öğretin. Bu ifadeyi kelime hazinenizden çıkarın ve bunu ya da eşit ölçüde yetkisizleştiren bir ifadeyi kullanan yetişkinlere itiraz ettiklerinde onları destekleyin. Onlara kararlılığı öğretin ve bunu kanıtladıklarında onları ödüllendirin. Bazı zamanlar inançlarında inatçı olmalarına izin verin. Doğru sonuca söyleyerek değil, yaşayarak ulaşmaları için onları yönlendirin.

Son olarak, onlara vermeyi ve almayı öğretin; yalnızca hediyeleri ve parayı değil, aynı zamanda övgüyü ve takdiri de. Çok erken başlayamazsınız. Eğer çocuklarınızda başarının temelini atmak istiyorsanız onlara kendi başarılarını yaratmayı; risk almayı; araştırmayı, eğitime ve deneyime değer vermeyi öğretin. Bunları yaparsanız onlara birçoğumuzun hiçbir zaman sahip olmadığı bir temel vermiş olursunuz.

Ayrıca her zaman, iyi ve kötü zamanlarda, herkesin önünde ve baş başayken onları ne kadar sevdiğinizi göstermeyi unutmayın. Sevilmek çocukların kendilerini ve diğerlerini sevmeyi öğrenmelerine yardımcı olur.

Çocukların erken yıllarında en büyük etkinin kendiniz olduğunu asla unutmayın. Kendiniz için yaptığınız ve eylemleriniz yoluyla gösterdiğiniz şeyler, çocuğunuzun geleceği için rotayı belirleyecektir. Eğer her sabah yataktan çıkıp kendinizi biraz daha zorlamak, biraz daha öğrenmek, bir şey daha başarmak sizi teşvik eden bir şey değilse, hayatta nerede durduğunuza ve nereye doğru gittiğinize uzun bir bakış atın. Hayatınız, onların her zaman doğrunun yol göstericisi olarak kullanacakları bir örnek olsun.

### Mollie

Kişisel ve sosyal gelişim alanında çocuk psikolojisi dersleri verdim. Fakat bunun cevabı, bir anne olarak kendi deneyimlerimden geliyor. Başarı için kişisel tanımımın büyük kısmı, çocuklarıma olabileceğim en iyi anne olmaktır. Başarı prensiplerini hem çocuklarıma bir rol modeli olarak göstermeyi hem de bunları yaşam araçları olarak onlara öğretmeyi ciddiye alıyorum. Çocuklar yaptıklarınızı takip ederler, söylediklerinizi değil. Eğer başarılı çocuklar yetiştirmek istiyorsanız sözlerinizin arkasında durun. Güvenilir olun. Tutarlı olun.

Başarı prensiplerini çocuklarınıza anlatmanın en önemli adımlarından biri onları *dinlemektir*. Zamanınızı öyle düzenleyin ki çocuklarınızla birlikteyken yalnızca bedensel olarak değil, tamamen orada olun. Onlara tüm dikkatinizi verin. Her dakika onlarla birlikte olun. Bu eksiksiz dakikalar derin ilişkilere, anlamlı konuşmalara, yeni keşiflere ve keyifli çocuk yetiştirmeye öncülük edecektir. Bu dakikalar, çocuklarınız için ömür boyu sürecek hatıralar oluşturacak. Bu deneyimler onların başarılarının temelini atacak olan -ve cenazenizde bahsedilecek olan- görünürde sıradan ve önemsiz dakikalardan meydana gelir.

Etik ve başarı prensipleri hakkında devam eden bir tartışmayı çocuklarınızla olan ilişkinize katın. Bu, hayatlarının geri kalanını etkileyecek her türlü konu açısından önemlidir. Meşgul ebeveynler "sohbet" diye bir şeye inanmazlar. Çocuğunuz küçükken ve zamanla büyümeye başlarken fiziksel, entelektüel ve duygusal olgunluklarını dikkate alarak herhangi bir önemli konuyu onlarla tartışmak gerekir.

Çocuklarınıza başarı prensiplerini kullanmaları ve yetenek geliştirmeleri için fırsatlar verin. Onlara içsel disiplini öğretmek için küçük işler verin. Onlara projeler verin ve tamamlayana kadar gerçekten yapıp yapmadıklarını denetleyin. İşleri tamamlama alışkanlığı edinmelerinde yardımcı olun. Para ve zenginlik oluşturma konusunda eğitmek için küçük ev yapısını kullanın. En büyük iki çocuğumuz şimdiden borsayı takip ediyor, girişimciliği öğreniyor, para kazanmak için fırsatlar araştırıyor ve bileşik faizin etkisini anlıyor. Çocuklarımızı paylaşmanın sorumluluğu ve keyfi hakkında eğitiyoruz ve harçlıklarını veya ev işlerinden aldıkları parayı üçe bölüyorlar: uzun dönemli tasarruflar, kısa dönemli tasarruflar/harcamalar ve verilecekler. Aile olarak gönüllü olun.

Kitaptan öğrenmeye, seyahat ve yaşam deneyimini içeren çok yönlü eğitime değer verdiğinizi çocuklarınıza gösterin. Onları soru sormaları, araştırmaları, eleştirel düşünme yeteneklerini kullanmaları ve kendi cevaplarını bulmaları için cesaretlendirin. Hesaplı riskler almaları, aksiliklerin üstesinden gelmeleri ve başarılarını kutlamaları için onları destekleyin. Yalnızca üretilen sonuçlara değil, öğrenme ve gelişme sürecine de odaklanmayı onlara öğretin.

Çocuklarınıza hayallerini sorun ve yetişkinler olarak yollarını kaybederlerse anımsamaları için onlar adına bunları kaydedin. Yaşları ilerleyince günlük tutmaları için onları cesaretlendirin. Onların eşsiz ilgileri doğrultusunda çocuklarınızın dünyasını sürekli olarak genişletin ve onlara seçenekler sunun. Biz çocuklarımızı müzik aleti çalmaları ve ikinci bir dil öğrenmeleri için destekliyoruz. Müzik aletlerini ve dilleri kendileri seçtiler. Çocuklarımızın ilk kez bir şeyi deneyimlediklerinde gözlerinin nasıl parladığını görerek dakikaların tadını çıkarıyoruz. "Bugün, dünyanız tam anlamıyla biraz daha büyüdü" diyebilmemiz ne büyük şans!

Çocuklarınızı koşulsuz olarak sevin. Odaya girdiklerinde hayatınızda oldukları için mutlu olmanız nedeniyle gözlerinizin parladığını görmelerine izin verin. İyi ve kötü seçimleri, başarıları ve hataları yüzünden onları sevin. Büyürlerken ve kendi başarılarını yaratmak için dünyaya açılırlarken sevginiz, çocuklarınız için bir çapa görevi görsün.

Anne baba olmak büyüleyici olabilir. Yol boyunca başarılarınızı kutlamayı unutmayın! Olmak istediğiniz ebeveyn tipi hakkında açık bir anlayışınız olduğunda bu dakikalar daha derin bir anlam kazanır. En büyük çocuğumuz anaokulundayken okulda herkese açık bir davet verildiğini hatırlıyorum. Bir duvarda çocuklara bir evin taslağıyla birlikte bir kâğıt verilmişti ve altında bir cümle okunuyordu, "Benim evim _____ olduğu bir yerdir." Çocukların kendilerini bir şeyler yaparken resmettikleri ve "yemek yediğim," "uyuduğum" ve "oynadığım" şeklinde faaliyetler yazdıkları çeşitli resimleri taradım. Oğlumun resmi oldukça alt sıralardaydı. Onun yorumu şuydu: "Benim evim sevildiğim bir yerdir" ve ailemizin evimizde el ele tutuşmuş dururken bir resmini çizmişti. Bu, gerçekten kalbime dokunan bir andı ve eşimle benim hayatta başarılı olacak bir çocuk yetiştirdiğimize dair doğru yolda olduğumuzu kanıtladı.

Bir ebeveyn olarak asla kendinizi bırakamazsınız. Çocuklarınızdan vazgeçmezsiniz. Bu, açık bir şekilde, seçenek değildir. Çocuklarınız büyüdükçe ve onların üzerindeki etkiniz azaldıkça arkadaş seçimlerini ve zamanlarını nasıl geçirdiklerini yönlendirmeye devam edin. Herhangi bir meraklı çocuğun itirazlarının önemi yoktur, onların iyi seçimler yapmaları ve yaptıklarını iyi anlamaları için onlara fırsatlar yaratabilirsiniz. Küçük başarılarına dikkat çekin. Onları ödüllendirin. Gelişimlerini onlarla birlikte kutlayın.

Başarılı bir anne baba olmanın son satırı şudur: Çocuğunuzun bağımsızlığını ve başarısını desteklemek için *ne gerekiyorsa yapın.* Çocuklar herhangi bir garantiyle gelmez. Örneğin; en küçük çocuğumuz birkaç yıl konuşmadı, bu yüzden işaret dilini öğrendik ve ona ihtiyacı olan profesyonel desteği verdik. Kızımız şimdi normal bir sınıfta ve uzun adımlarla yürümeye devam ediyor. Ortanca çocuğumuz altıncı ayda bir beyin yaralanması ve bunu takiben bir yıl boyunca nöbetler geçirdi. Kızımız şimdi çok iyi gelişiyor. Geçtiğimiz yıl en büyük çocuğumuz evde eğitim almak istediğini söyledi, açıkça daha fazlasına ihtiyaç duyduğu belli oluyordu. Onun ihtiyaçlarını karşılayacak çözümleri aktif olarak araştırdık. Şimdi iki müfredatlı bir okula yazıldı, okulda bazı ileri dersler alıyor ve evde bazı bağımsız çalışma projeleri hazırlıyor.

Her çocuk kendine özgüdür ve her ailenin bir takım ebeveynlik sorunları vardır. Benim için başarılı bir anne baba olmak; her çocuğu oldukları gibi kabul etmek, onlara tüm potansiyellerini fark etmeleri için ihtiyaç duydukları becerileri ve kaynakları vermek ve yol boyunca her dakika onlarla olmaktan keyif almaya çalışmaktır.

**Soru: Başarı rehberlerinin şunu söylediğini duyuyorum, "Eğer hayal ederseniz ona ulaşabilirsiniz." Bu fazla basitleştirme gibi görünüyor. Yoksa siz bu ifadeye katılıyor musunuz?**

"Tüm yapmanız gereken onu hayal etmektir, böylece ona ulaşabilirsiniz" ifadesi kötü bir basitleştirmedir. Buraya kadar okuduğunuzdan yüksek bir seviyeye ulaşmanın içsel disiplin ve çaba gerektirdiğini biliyorsunuz. Bu yönelimli eylem gerektirir. Uygulama, anahtar noktadır. Bu yüzden açık bir şekilde sadece hayal etmekten daha fazlasını yapmanız gerekir.

Bununla birlikte doğru araçlarla insanların hemen hemen bütün rüyalarına ulaşabileceklerine katılıyoruz. Başarı zihinleri, hayallerin gücüne inanır. Daha da önemlisi başarı zihinleri, herhangi bir sözde imkânsızlıktansa "nasıl yapılır" üzerine odaklanır. Yüksek seviyede başarıya ulaşmış olanlar, işlerin neden yapılamadığına odaklanmayı ve enerji harcamayı reddederler. Aksine işleri nasıl yapabilecekleri hakkında düşünmekle meşgul olurlar.

Birçok insan hayallerine ulaşmalarını engelleyen fark edilen ya da sahte sınırlamalara izin verir. Fakat siz bu insanlardan değilsiniz, öyle değil mi? Bu kitabı okuduktan sonra daha fazlasını isteyen birisiniz. Daha fazlasına sahip olmak için azimlisiniz. Elbette, belki geçmişte denediniz ve bu işe yaramadı. Belki hata yaptınız ve aksiliklerle karşılaştınız, belki şu anda harika bir noktada değilsiniz. Belki paranız kısıtlıydı ya da aileniz çabalarınızı desteklemeye isteksizdi. Belki de sadece denemekten korktunuz. Ne önemi var, bu dünyanın sonu değil. Hayallerinizi bırakmayın.

*İşe Yarayan Başarı Eylemleri:* Başarı zihninizi geliştirmeye yardımcı olmak için şimdi bu egzersizi uygulayın. Hayatta başarmak istediğiniz şeylerin tam bir listesini yapın. (Bölüm 5'teki egzersizi yaptıysanız geri dönüp kurduğunuz hayallerinizin listesine bakmak isteyebilirsiniz.) Listeniz, zamanınızı nasıl geçirmek isteyeceğinizi, nereye gitmek istediğinizi ve neleri başarmak istediğinizi içersin.

Şimdi, ulaşamayacağınız nedenlerin hepsini yazın. Başarısızlığınıza neden olacak her şeyi yazın. İnsanların söyleyeceği ya da söyleyeceğini düşündüğünüz her şeyi yazın; bize güvenin, siz aslında onların, hatalarınız hakkında düşündüklerinin çok daha fazlasını hayal ediyorsunuz. Hayalinize neden ulaşamayacağınıza dair her nedeni yazın. Titiz olun. Herhangi bir rahatsız edici düşünceyi ya da olumsuz fikri atlamayın. Hepsini kâğıda not edin.

Sonra kendinize sorun, "Hayalime ulaşsaydım neler olurdu?" Cevaplarınızı yazın.

Son olarak, kendinize şu iki soruyu sorun: Eğer denersem olabilecek en kötü şey nedir? Ve eğer bu olursa ne yaparım? Cevaplarınızı yazın.

Hazır biraz perspektif kazanmışken hayallerinize ulaşmanızı engelleyebilecek olumsuz faktörlerin bulunduğu listeye geri dönün. Her maddeyi sırayla ele alın ve başarınıza gerçekten bir engel oluşturup oluşturmadığını dürüstçe değerlendirin. Eğer değilse üzerini çizin. Eğer gerçekten bir engelse kendinize sorun: "Sonucu nasıl değiştirebilirim?"

Bir örneğe bakalım. Hayalinizin, şehrinizdeki evsizlik sorununu çözmek olduğunu varsayalım. Bunda başarılı olmanızı hangi faktörlerin engelleyeceğini kendinize sorun.

Cevap: İnsanlar bunun imkânsız olduğunu söyleyecekler, arkadaşlarım bunu neden denediğimi sorgulayacaklar, çok fazla para harcanacak, başarısız olabilirim, hangi hükümet yönetmeliklerinin çabalarımı durduracağını bilmiyorum.

Ardından çözüm üretmek için şu soruyu yöneltirsiniz: "Nasıl?". Sonuçları nasıl değiştirebileceğinizi kendinize sorun.

İnsanların bunu mümkün olarak görmelerini nasıl sağlayabilirim? Arkadaşlarımın bunun zahmete değer bir fırsat olduğunu görmelerini nasıl sağlayabilirim? Gereken parayı nasıl toplayabilirim? Başarısız olmayacağımdan nasıl emin olabilirim? Hangi hükümet yönetmeliklerinin evsizlere yönelik özel çözümleri olduğunu nasıl öğrenebilirim?

Bu, birkaç soruya verilecek muhtemel cevaplar şunlardır:

İnsanların bunu mümkün olarak görmelerini nasıl sağlayabilirim?

## Başarı Zihni

Evsizliği bir insan ve bir aile için sona erdirebilirim ve herhangi birine aynı şeyi nasıl yapabileceğini gösterebilirim. Örneği belgeleyebilirim ve bunu evsizlere yardım etmekle ilgilenen yüzlerce kişiye verebilirim ve onların da aynı şeyi yapmalarını sağlayabilirim, böylece daha büyük bir çaba oluşur. Bir kişinin evsizliğine son verirken izlemesi için medyayı davet edebilirim. Bunun nasıl yapıldığını görmeleri için kilisemin üyelerini davet edebilirim, böylece daha fazla insana anlatabilirler. Ergenlik çağındaki gençleri, Kartal İzci projelerini buna odaklamaya davet edebilir, böylece Amerikan Erkek İzcileri'nin dikkatini çekebilir ve bütün ülkede bir fark yaratabilirim. Otobüs bankı reklamı yapan şirketin bir haftalığına bildiriler için tüm bankları vermesini sağlayabilirim. Wal-Mart'taki her arabaya el ilanları koyabilirim.

Gereken parayı nasıl toplayabilirim?

Bir hayırseverin gerekli parayı bağışlamasını sağlayabilirim. Bağışlar için başvurabilirim. Şehirdeki tüm kiliselere gidip onlara ne yaptığımı anlatabilir, projemi açıklamama izin vermelerini ve benim için özel bir bağışta bulunmalarını isteyebilirim. Şehirdeki her işletmeden amacım için 10 dolar bağışta bulunmalarını isteyebilirim. Çocuklara sentlerinin nasıl bir farklılık yaratabileceklerini göstererek okulda para toplayabilirim. Projemi internette belgeleyebilirim ve bağış isteyebilirim. Ne yaptığımı belgelemek ve yardım ettiğim evsiz insanların hikâyelerini anlatmak için yerel bir video şirketi ya da televizyon ekibi çağırabilirim. Yerel bir sinemada insanların daha yüksek bir giriş ücreti ödeyerek katıldıkları özel bir gösterim düzenlememe izin verilmesini sağlayabilirim. Ünlü bir kişiden ve bir restorandan bana destek vermelerini isteyebilirim ve ünlü kişiyle bir akşam yemek için biletler satabilirim. Başlangıç olarak kendi birikimlerimden para çekebilirim.

Yukarıdaki soruları cevaplamak için burada listelemediğimiz başka hangi yollar düşünebiliyorsunuz? Birçok var!

Bakın bir şeyin nasıl ve neden çalışmadığı hakkında düşünmeye başladığınızda neler oldu? Harika bir şekilde yaratıcı oldunuz ve ilk başta imkânsız görünen bir şey için birçok çözüm ürettiniz.

Aynı yöntemi hayallerinize ulaşmaya yardımcı olması için kullanın. Her zaman hayalini kurduğunuz işe başlamaya karar verirseniz neler olacaktır? Başkalarının ne düşündüğünü umursamazsanız neler olacaktır? Bu kez sadece yaparsanız neler olacaktır?

Bu şeyleri nasıl yapacaksınız? Yapabileceğinizi biliyoruz, çünkü hayaller nadiren imkânsızdır. Sadece, henüz tüm olası çözümleri dikkate almadınız.

# Kaynakça

Armstrong, Lance ve Sally Jenkins. 2000. *It's Not About the Bike.* New York: Putnam.

Buzan, Tony. 2002. *Head First.* New York: Thorsons (bir HarperCollins baskısı).

Deutschman, Alan. 2007. *Change or Die.* New York: HarperCollins.

Ferriss, Tim. 2007. *The 4-Hour Workweek.* New York: Crown.

Frankl, Victor. 1985. *Man's Search for Meaning.* New York: Washington Square Press.

Hill, Napoleon. 1963. *Think and Grow Rich.* New York: Random House.

Lakhani, David. 2006. *The Power of an Hour.* Hoboken, NJ: John Wiley & Sons.

Osborn, Alex. 1979. *Applied Imagination: Principals and Procedures of Creative Thinking.* New York: Charles Scribner's Sons.

Peale, Norman Vincent. 2007. *The Power of Positive Thinking.* New York: Fireside Publishing.

Seligman, Martin E. P. 2006. *Learned Optimism.* New York: Vintage Publishing.